구약성경을 원문으로 읽으면서 배우는

구약성경 히브리어

[개정4판]

권 성 달 지음

그리심

구약성경 히브리어(개정4판)

2011년 1월 20일 초판 1쇄 발행
2015년 3월 10일 개정3판 3쇄 발행
2018년 1월 20일 개정4판 1쇄 발행
2020년 9월 25일 개정4판 2쇄 발행

저 자 • 권 성 달
발행인 • 조 경 혜
발행처 • 도서출판 그리심
07030 서울시 동작구 사당로 2길 72 인정apt. b-01
등록번호 • 제 7-258호(1998. 4. 23)
출 판 사 • 전화 523-7589 팩스 523-7590
홈페이지 • http://grisim.biz
전자우편 • grisimcho@hanmail.net

값 : 책 뒷면에

ISBN 978-89-5799-270-8 93230

권 성 달
• 아주대학교 학사
• 총신대신학대학원 석사
• 예루살렘대학교 석사
• 히브리대학교 박사
• 대한성서공회 성경번역위원
• 현, 웨스트민스터신학대학원대학교 구약학 교수
• 현, 성경과이스라엘연구소 소장

저서 · 역서 & 소논문 등

성경히브리어 액센트에 대한 고찰(성경원문연구 제23호, 2008), 출애굽기 3:14의 번역에 대한 언어학적 고찰(성경원문연구 제26호, 2010), 성서 히브리어 명사문장에서의 한정성에 관한 연구(성경원문연구 제29호, 2011), 성서 히브리어 세구성소 명사문장에 관한 연구(성경원문연구 제33호, 2013), 성경아람어울판(목양, 2013), HYH(=to be) Sentences in Biblical Hebrew, (written in Hebrew) Jerusalem: Yuval Tal Ltd.(2013), 성서히브리어 명사문장의 어순에 관한 연구(성경원문연구 제35호, 2014), 히브리어 중심의 이스라엘 언어 정책(새국어생활 제25권, 2015), 성서 속의 식물들(대한성서공회, 2015), 성서아람어의 어순에 관한 연구(성경원문연구 제41호, 2017), 홀로코스트 - 그 역경을 넘어서(그리심, 2016), 창세기의 히브리어 동사체계: 시제(tense), 상(aspect), 법(mood)의 관점에서(구약논집 제12집, 2017), 생생한 성경히브리어울판(솔로몬, 2018), 알레포 사본과 레닌그라드 사본에 대한 비교 연구(성경원문연구 제43호, 2018) 등.

한국연구재단 관련

인문사회연구분야 신진연구자지원사업/중견연구자지원사업 추진(단독연구, 2009~2015년 총4 차례)

한국연구재단 인문사회연구분야 토대기초연구지원사업 추진(공동연구, 고전히브리어 및 아람어와 코이네 헬라어 디지털 문법용어집 및 디지털사전, 2013~2016년)

한국연구재단 인문사회연구분야 토대기초연구지원사업 추진(공동연구, 미쉬나주해총서, 2017-2020년)

초판 머리말

히브리어는 뭔가 모를 묘한 저력이 있는 신비한 언어임을 느낀다. 하나님의 선택을 받은 이스라엘 백성은 장고의 세월 동안 모진 외세의 침략으로 수난과 한 맺힌 슬픈 역사를 경험했으며 수많은 언어에 노출되었음에도 불구하고 그들의 모국어인 히브리어를 단 한번도 포기하지 않았다. '나사렛 예수 유대인의 왕'이라는 십자가 위의 죄패에도 히브리어는 가장 먼저 자리잡고 있었다. 구약성경은 약 1,000년의 기간을 두고 기록되었으나 히브리어는 놀랍게도 그 통일성을 잃지 않았다. 주후 70년 디도 장군의 예루살렘 침략 이 후 전 세계로 흩어져 2,000년 가까이 디아스포라를 경험한 이스라엘 백성이 지금 현재 이스라엘 땅에서 그들의 모국어인 히브리어를 회복하여 일상생활의 언어로 사용하고 있다는 것은 실로 놀라운 일이다.

특히 성경 히브리어를 익히는 것은 그 땅을 배경으로 기록된 성경을 이해하는데 있어서 매우 중요한 일이라 할 것이다. 수많은 인명과 지명은 물론 그들의 삶 자체가 그들의 언어인 히브리어에 깊이 묻어있기 때문에 그러하다. 히브리어는 신약 시대에도 이스라엘 백성의 모국어였기 때문에 히브리어에 대한 이해는 비단 구약뿐 아니라 신약을 이해하는데 있어서도 많은 도움을 받을 수 있다.

'히브리어는 다른 언어에 비해 어려운 언어'라고들 한다. 이는 히브리어가 다른 언어 보다 더 어려운 문법이나 언어구조를 가져서라기 보다는 글의 방향이 오른쪽에서 왼쪽이라는 특이성과 생소한 알파벳의 모양으로 인해 처음 접하는 이들에게 많은 부담을 주기 때문이다. 그러나 어렵게 느껴지는 히브리어 알파벳도 유심히 살펴보면 오늘날 우리가 사용하는 영어의 알파벳과 매우 유사함을 알게 될 것이다. 사실 영어의 알파벳은 히브리어가 속한 셈어에서 출발하였으며 최초의 알파벳이 발견된 곳도 페니키아 지역이 아닌 이스라엘 땅이

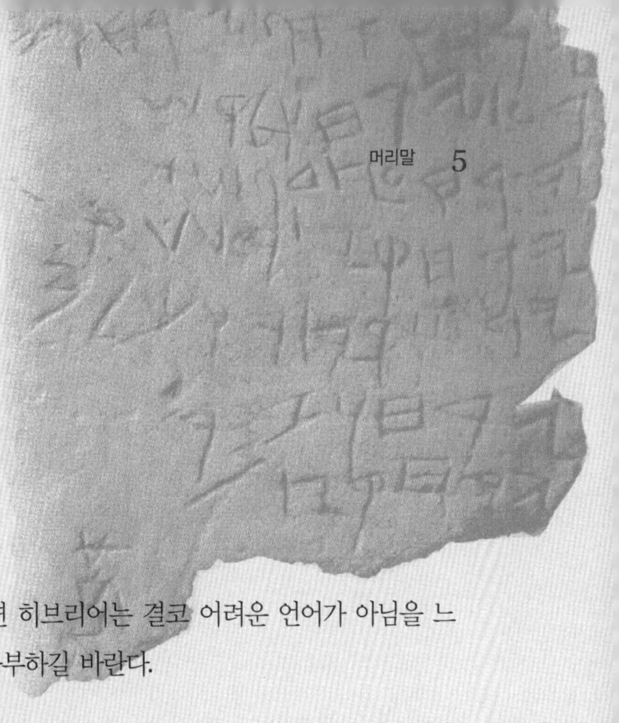

다. 따라서 애착을 갖고 히브리어에 접근한다면 히브리어는 결코 어려운 언어가 아님을 느끼게 될 것이다. 다음 사항에 주안점을 두고 공부하길 바란다.

1. 제1과(자음)와 제2과(모음)의 공부를 철저히 하자. 히브리어 공부의 성패는 1, 2과에 달려있다고 해도 과언이 아니다. '히브리어가 어렵다'고 말하는 이들의 공통점은 '읽기'가 제대로 안된다는 것이다. 현재 이스라엘의 유대인 회당에서는 매주 집회 때마다 '성경읽기'가 진행되는데 1년 동안 '모세오경'을 모두 읽는다. 수많은 고초 속에서도 그들의 모국어로서 히브리어가 건재할 수 있었던 것은 회당을 중심으로 한 히브리어 성경낭독의 힘이 아닐까 싶다. 히브리어 본문을 큰 소리로 꾸준히 읽는 연습을 하는 것은 히브리어를 익히기 위한 매우 중요한 지름길이다. 요즘은 인터넷 상에서도 히브리어 성경읽기 낭독을 얼마든지 접할 수 있으므로 이를 잘 활용하도록 하자.

2. 본서는 총 35과로 구성되어 있다. 1-2과에서는 알파벳을, 3-9과에서는 명사, 형용사, 전치사, 대명사 등을 다루었고 10-26과에서는 규칙동사를, 27-35과는 불규칙 동사를 다루었다. 특히 26과는 문법의 핵이라 할 수 있는 동사 중 규칙동사의 변화가 총정리되어 있으므로 이 과를 철저히 익힌다면 히브리어의 수준을 한 단계 올릴 수 있을 것이다. 또한 본서의 끝부분에는 연습문제 및 번역연습에 대한 해답과 단어정리 및 동사변화표가 수록되어 있다.

3. 히브리어를 공부하는 목적은 히브리어로 기록된 원어 성경을 읽고 해석하는 데에 있다. 이러한 목적에 부합하기 위해 본서는 매 과의 연습문제에 성경 히브리어 본문에 나오는 구절들만 수록하였다. 따라서 연습문제에 나오는 히브리어 본문을 계속 반복적으로 읽

고 분석하고 해석하는데 초점을 두고 공부한다면 좋은 효과를 볼 수 있을 것이다.

본서가 출판되기까지 많은 분들의 도움과 노고가 있었다. 먼저 본서의 출판이 가능하도록 길을 열어주신 전 총신대학교 성지언어연구소 소장이셨던 정훈택 부총장님께 감사드리며 그 일이 잘 마루리 되도록 모든 수고를 아끼지 않으신 현 성지언어연구소 소장 박형대 교수님께도 감사드린다. 바쁜 가운데서도 책의 모든 내용을 꼼꼼하게 읽고 조언을 해 주신 김정우 교수님과 실무자로서 여러 교수님들과 강사님들의 의견을 수렴하여 실제적인 조율과 함께 여러 조언을 아끼지 않으신 김지찬 교수님, 그리고 원고를 끝까지 꼼꼼하게 읽고 교정을 해 준 이은혜 간사와 여러 조교들, 본교재의 편집을 위해 애써주신 그리심의 장종길 장로님께도 감사를 드린다.

2011년 1월 안양에서

권 성 달

개정4판 머리말

본서는 2011년 1월 초판이 발행되고 2012년 1월 30일 개정판이 발행된 이후 몇 차례의 개정 작업이 있었다. 총신대 신대원 동계강좌의 표준교재로 나아가는 길은 고산준령을 넘는 길임을 느낀다. 그동안 여러 교수님들과 강사님들과 조교들의 개정 제안에 따라 필자 혼자 개정 작업을 해왔으나 이번에는 총신대 언어연구소 소장이신 박형대 교수님이 개정 작업에 적극적으로 참여해 주셨고 여러 분들의 도움으로 본 개정판이 나오게 되었다. 앞으로도 보다 좋은 교재가 되기 위해 계속 노력할 것이다.

본 개정판은 가장 적절한 내용 구성을 위해 명사를 두 과(3과와 5과)로 나누었다. 또한 성경히브리어에서 가장 많이 출현하는 הָיָה와 אָמַר 두 동사는 비록 불규칙동사이지만 그 중요도를 감안하여 17과에 배치하였다. 전체적으로 총 37과로 구성되어 있다. 1-2과에서는 알파벳을, 3-9과에서는 명사, 형용사, 전치사, 대명사 등을 다루었고, 10-28과는 규칙동사를, 29-37과는 불규칙동사를 다루었다. 특히 28과는 문법의 핵이라고 할 수 있는 동사 중 규칙동사의 변화가 총정리되어 있다. 그 외에도 단어 배치 및 문법 설명, 예문 구성, 연습문제 등의 개정 작업이 있었다. 이러한 개정 작업이 성경히브리어를 배우는 신학도들에게 보다 적절한 도움이 되기를 간절히 바란다. 오른쪽에서 왼쪽으로 쓰는 히브리어를 반대 방향으로 일일이 타이핑을 해 가면서 꼼꼼히 함께 작업을 해 주신 그리심의 장종길 장로님의 노고에 진심으로 감사드린다.

2018년 1월

권 성 달

목 차

부록 :

구약성경 히브리어

구약성경을 원문으로 읽으면서 배우는

숫자	음가	명칭			알파벳	
		한글	영어	히브리어	필기체	인쇄체
1	ʼ	알레프	alef	אָלֶף	א	א
2	b̲ b	베트	bet	בֵּת	ב	ב בּ
3	g̲ g	기멜	gimel	גִּימֶל	ג	ג גּ
4	d̲ d	달레트	dalet	דָּלֶת	ד	ד דּ
5	h	헤	he	הֵי	ה	ה
6	v	바브	waw	וָו	ו	ו
7	z	자인	zayin	זַיִן	ז	ז
8	ḥ	헤트	ḥet	חֵת	ח	ח
9	ṭ	테트	tet	טֵת	ט	ט
10	y	요드	yod	יוֹד	י	י
20	k̲ k	카프	kaf	כַּף	ך כ	ך כ כּ
30	l	라메드	lamed	לָמֶד	ל	ל
40	m	멤	mem	מֵם	ם מ	ם מ
50	n	눈	nun	נוּן	ן נ	ן נ
60	s	싸메흐	sameḥ	סָמֶךְ	ס	ס
70	ʽ	아인	ayin	עַיִן	ע	ע
80	p̲ p	페	pe	פֵּי	ף פ	ף פ פּ
90	ṣ	짜데	tsade	צָדֵי	ץ צ	ץ צ
100	q	코프	qof	קוֹף	ק	ק
200	r	레쉬	resh	רֵשׁ	ר	ר
300	š	쉰	shin	שִׁין	ש	שׁ
	ś	씬	sin	שִׂין	ש	שׂ
400	t̲ t	타브	taw	תָּיו	ת	ת תּ

제1과 알파벳과 발음 – 자음

자음쓰기 연습

							알레프	א
							베트	ב
							기멜	ג
							달레트	ד
							헤	ה
							바브	ו
							자인	ז
							헤트	ח
							테트	ט
							요드	י
							카프	כ

							카프 쏘피트[1]	ךְ
							라메드	ל
							멤	מ
							멤 쏘피트	ם
							눈	נ
							눈 쏘피트	ן
							싸메흐	ס
							아인	ע
							페	פ
							페 쏘피트	ף
							짜데	צ
							짜데 쏘피트	ץ

1) '쏘피트'(סוֹפִית)란 '마지막(final)'이라는 뜻을 가진 형용사로 '카프 쏘피트'란 '(단어) 끝에 오는 카프'라는 뜻이다.

							코프	ק
							레쉬	ר
							쉰	שׁ
							씬	שׂ
							타브	ת

1.1 자음쓰기

성경 히브리어 알파벳에는 대문자와 소문자의 구분은 없고 인쇄체와 필기체의 구분만 있다. 현재 이스라엘 사람들은 히브리어를 쓸 때 인쇄체를 사용하지 않고 필기체만 사용한다. 쓰기가 훨씬 용이하고 신속하기 때문이다. 그러나 한국에서 히브리어를 처음 접하는 이들이 인쇄체와 필기체를 모두 익히기에는 무리가 있으며 성경 히브리어를 읽고 해석하는 것이 우리의 목표이므로 인쇄체만 익히도록 한다. 우리가 익힐 인쇄체는 쓰는 순서가 일정하게 정해져 있지 않으므로 순서에 지나치게 주의를 기울일 필요가 없다. 그러나 두 개 이상의 자음이나 문장을 쓸 때는 반드시 오른쪽에서 왼쪽으로 써야 한다.[2)]

1.2 발음문제

성경 히브리어는 약 3천년 전의 언어이므로 발음체계가 현대와 많은 차이가 있다. 현대 히브리어는 성경 히브리어와 많은 유사점이 있으나 발음에 있어서는 다소간의 차이가

---

2) 히브리어는 크게 셈어 어족에 속하며 아모리어, 우가릿어, 페니키아어, 아람어, 모압어, 암몬어, 에돔어 등과 함께 북서부 셈어에 속한다. 동부 셈어에는 아카드어, 바벨론어, 앗수르어 등이 있으며 남부 셈어에는 아랍어, 에티오피아어 등이 있는데 히브리어 쓰기가 오른쪽에서 왼쪽으로 확정된 것은 대략 주전 12세기부터이다.

있다. 따라서 성경 히브리어의 정확한 발음을 추적하는 일도 어려운 일이지만 실제로 발음을 재현하는 일 또한 쉬운 일이 아니다. 현대에 사용되는 언어 중 고대 셈어의 체계를 가장 잘 간직하고 있는 아랍어는 특히 히브리어 자음의 발음에 많은 도움이 되나 이 또한 한국인들에게는 쉬운 일이 아니므로 많은 연습이 필요할 것이다.[3)]

1.3 자음 문자 안의 점(다게쉬)

히브리어 자음 중 6개는 단어 처음이나 폐음절 다음에 올 때 점(히브리어로 '다게쉬')이 붙고 개음절 다음에 올 때는 점이 붙지 않는다.[4)] 점의 유무에 따라 다음 6개의 문자에 발음의 차이가 있다. 이것을 보통 '베게드케페트'(Begedkefet) 문자라 부른다. 이 6개의 문자에 점이 있으면 파열음(plosive)이 되고 점이 없으면 마찰음(fricative)으로 발음된다.

ב / בּ(b̲/b), כ / כּ(k̲/k), פ/ פּ(p̲/p), ג/ גּ (g̲/g), ד/ דּ(d̲/d), ת / תּ (t̲/t)

또한 מְלֹא, יִפֹּל 등과 같이 동일한 자음이나 다른 자음을 중복하여 기록하는 대신 자음 문자 안에 점을 붙이기도 한다.

1.4 단어 끝에 오는 문자

다음 5개의 알파벳은 단어 끝에 올 때 모양이 달라진다.

כ ⇨ ךְ, מ ⇨ ם, נ ⇨ ן, פ ⇨ ף, צ ⇨ ץ

단, 단어 끝에 כ(카프)가 올 때 ד(달레트)와 구분하기 위해 ךְ로 표시한다.

1.5 음가

다른 언어에서와 마찬가지로 성경 히브리어의 음가도 각 알파벳의 명칭 첫부분이 음가이다. 그러므로 음가를 알기 위해서는 알파벳의 명칭을 잘 익혀야 한다.

א '알레프'. 우리말의 자음 'ㅇ'과 같이 모음이 함께 할 때만 소리가 난다. ʼ로 표시한다.

בּ '베트'. 점이 있는 '베트'(בּ)는 영어의 b, 점이 없는 '베트'(ב)는 영어의 v와 같다. b와 b̲로 표시한다.

גּ '기멜'. 점이 있는 '기멜'(גּ)은 우리말의 'ㄱ', 영어의 g 소리가 나며 점이 없는 '기

---

3) 본 서에서는 일반적으로 받아들여지고 있는 티베리아 발음체계를 기본적으로 따르고 필요한 경우 현대 히브리어식 발음을 따르고자 한다.

4) 폐음절과 개음절에 대해서는 제2과에 자세히 설명되어 있다.

멜'(ג)은 우리말의 'ㄱ'에서 인후를 마찰시켜 나는 소리와 같다. g와 g로 표시한다.

ד 'ㄷ달레트'. 점이 있는 '달레트'(דּ)는 우리말의 'ㄷ', 영어의 d 소리가 나며 점이 없는 '달레트'(ד)는 영어 this나 the에서의 th 소리와 같다. d와 d로 표시한다.

ה '헤'. 우리말의 'ㅎ', 영어의 h 소리가 난다. h로 표시한다.

ו '바브'. 영어의 v 소리가 난다.[5] v로 표시한다.

ז '자인'. 우리말의 'ㅈ', 영어의 z 소리가 난다. 영어의 z가 더 정확한 발음이다. z로 표시한다.

ח '헤트'[6] 우리말과 영어에는 없는 발음인데 가래를 뱉을 때 내는 발음으로 독일어 buch의 ch 발음과 같으며 ḥ로 표시한다.

ט '테트'. 우리말의 'ㅌ', 영어의 ṭ 소리와 흡사하다. 정확한 발음은 우리말의 'ㄸ'을 인후에서 내는 소리와 같으며 t로 표시한다.[7]

י '요드' 혹은 '유드'. 우리말의 모음 'ㅣ', 영어의 y 소리가 난다. y로 표시한다.

כ '카프'. 점이 있는 '카프'(כּ)는 영어의 k, 점이 없는 '카프'(כ)는 히브리어의 '헤트'와 비슷한 소리이다. k와 k로 표시한다.

ל '라메드'. 우리말의 'ㄹ', 영어의 l 소리가 난다. 영어의 l이 더 정확한 발음이다. l로 표시한다.

מ '멤'. 우리말의 'ㅁ', 영어의 m 소리가 난다. m으로 표시한다.

נ '눈'. 우리말의 'ㄴ', 영어의 n 소리가 난다. n으로 표시한다.

ס '싸메흐'. 우리말의 된소리인 'ㅆ' 소리와 흡사하다. 영어의 s는 항상 된소리가 나는 것이 아니므로 정확한 발음표기라 할 수 없지만 s로 표시한다.

ע '아인'. 인후부에 힘을 주어 좁힌 후에 복부에서 나오는 '아'를 강하게 발음하면 되며 ` 로 표시한다.

פ '페'. 점이 있는 '페'(פּ)는 영어의 p, 점이 없는 '페'(פ)는 영어의 f 소리가 난다.

---

5) 본래의 발음이 '와우'였는지, '바브'였는지에 대해 이견이 있지만 이곳에서는 '바브'로 발음한다.
6) 헤트의 'ㅎ' 발음은 우리말의 히읏(ㅎ) 소리와 구별하기 위해 히읗(ㅎ) 밑에 밑줄로 표시하였다.
7) 영어나 우리말에는 이와같은 발음이 없으므로 정확하게 발음하기 힘들다. '떼트'가 보다 가까운 발음이나 여기서는 현대 히브리어를 따라 '테트'로 발음한다.

p와 p̲로 표시한다.

צ 'ㅉ짜데'. 우리말의 'ㅉ', 영어의 ts 발음과 비슷하나 우리 말의 'ㅉ' 소리에 보다 가깝다. ṣ로 표시한다.

ק '코프' 혹은 '쿠프'. 우리말의 'ㅋ', 영어의 q 소리와 비슷하다. 인후 깊숙한 곳에서 나오는 'ㄲ' 소리이다.[8] q로 표시한다.

ר '레쉬'. 우리말의 'ㄹ', 영어의 r로 표기하나 정확한 소리는 목젖에서 떨리는 소리로서 혀를 빠르게 연속으로 구르는 발음이다. r로 표시한다.

שׁ '쉰'. 영어의 sh 소리가 난다. š로 표시한다.

שׂ '씬'. 히브리어 '싸메흐', 즉 'ㅆ'과 비슷한 소리인데 정확한 발음을 파악하기가 어려우나 'ㅅ'과 'ㅆ'의 중간 소리였을 것으로 추정한다.[9] ś로 표시한다.

תּ '타브'. 점이 있는 '타브'(תּ)는 우리말의 'ㅌ', 영어의 t 소리이며 점이 없는 '타브'(ת)는 영어 thing, thank에서의 th 소리와 같다. t와 t̲로 표시한다.

1.6 후음문자

히브리어 자음 중 목 부분에서 나오는 א(알레프), ה(헤), ח(헤트), ע(아인) 4개의 문자를 후음(guttural)문자라 한다. 이 후음문자들은 음의 특이한 성질로 인해 대개 문자 안에 점(다게쉬)을 찍을 수 없으며 그 문자들과 함께 오는 모음이나 주변의 모음에 약간의 변화를 준다. 문자 ר (레쉬)는 후음은 아니지만 비교적 목과 가까운 부분에서 발음이 되므로 후음문자와 비슷하게 취급되는 경우가 종종 있다.

1.7 비슷한 문자들

자음의 모양이 비슷하여 혼동하기 쉬운 문자들은 다음과 같다.[10]

ז/ו, ד/ר/ך, ב/כ, נ/ג, ס/ם, י/ו, ו/ן

---

8) '꼬프' 가 보다 가까운 발음이나 여기서는 현대 히브리어를 따라 '코프' 로 발음한다.

9) 성경 히브리어는 본래 모음이 없었으므로 שׁ(쉰)과 שׂ(씬)은 하나의 문자로 취급되어 히브리어 알파벳은 22개로 처리한다.

1.8 숫자 대용으로 사용되는 자음

유대인들은 숫자 대신 자음을 사용하는 경우가 종종 있다. א은 1, ב는 2, ג은 3 등으로 사용하는데 지금도 달력에서 연대, 날짜, 요일 등을 표시할 때나 성경의 장, 절 표시에서 사용하며 특히 BHS 히브리어 성경의 좌우 여백에 표시된 마소라 표시가 숫자 대신 알파벳 문자로 기록되어 있다. 15와 16은 하나님의 이름과 흡사하다고 하여 יה와 יו로 표기하는 대신 טו(9+6=15)와 טז(9+7=16)으로 표기한다. [11)]

연습문제

1. 다음은 창세기 1:1-20이다. 각 문자의 히브리어 알파벳 명칭을 말하고 음가를 말하라.

א בראשית ברא אלהים את השמים ואת הארץ.

ב והארץ היתה תהו ובהו וחשך על פני תהום ורוח אלהים מרחפת על פני
המים.

10) 동일한 단어가 비슷한 문자로 인해 서로 다르게 기록된 다음의 병행구절을 보라.

히브리어	음역	병행구절	히브리어	음역	병행구절
הַחֲרֹדִי	하하로디	삼하 23:25	הַחֲרוֹרִי	하하로리	대상 11:27
רִיפַת	리파트	창 10:3	דִיפַת	디파트	대상 1:6
עַכְבּוֹר	아흐보르	왕하 22:12	עַבְדּוֹן	아브돈	대하 34:20
שְׂרָיָה	쓰라야	스 2:2	עֲזַרְיָה	아자르야	느 7:7

11) 히브리어 알파벳의 숫자 값은 본서 321페이지에 있다.

제2과 알파벳과 발음 – 모음

발음	모양				보기
	장모음	단모음	반모음	완전철자법 (순장모음)	
아	□ָ ā 카마쯔	□ַ a 파타흐	□ֲ ă 하탑-파타흐	□ָה â	אָב בַּת אֲדָמָה 아다마 바트 아브
에	□ֵ ē 쩨레	□ֶ e 쎄골	□ְ, □ֱ ě 쉐바, 하탑-쎄골	□ֶה ê	עֶבֶד שֵׁם אֱנוֹשׁ בְּ 베 에노쉬 쉠 에베드
이	□ִ ī 히렉			□ִי î	מִן עִיר 이르 민
오	□ֹ ō 홀람	□ָ o 카마쯔-하툽	□ֳ ŏ 하탑-카마쯔	□וֹ, □ֹה ô	כֹּל יוֹם חָכְמָה חֳדָשִׁים 호다쉼 호흐마 욤 콜
우	□ֻ u 키부쯔			□וּ û 슈룩	שֻׁלְחָן סוּס 쑤쓰 슐한
묵음	□ְ 쉐바				מִלְחָמָה 밀하마

2.1 모음의 발음

현대 히브리어에서는 모음의 장단에 구분이 없으나 성경 히브리어 시대에는 그 구분이 있었던 것으로 보인다. 모음의 장단 구분은 히브리어의 발음 규칙 및 여러 가지 모음의 변화를 설명하는데 유용하므로 장단을 구분하여 익히도록 하자.

모음쓰기 연습

							아 ā	◌ָ
							아 a	◌ַ
							아 ă	◌ֲ
							아 â	◌ָה
							에 ē	◌ֵ
							에 e	◌ֶ
							에 ĕ	◌ְ
							에 ĕ	◌ֱ
							에 ê	◌ֶה
							이 ī	◌ִ

							이 î	□ִי
							오 ō	□ֹ
							오 o	□ָ
							오 ŏ	□ֳ
							오 ô	□וֹ
							오 ô	□ֹה
							우 u	□ֻ
							우 û	□וּ
							묵음	□ְ

2.2 이중 모음(diphthong)

발음	모양	보기
아이	□ָי , □ַי	אֲדֹנָי 아도나이 עָלַי 알라이
오이	□וֹי	גּוֹי 고이
우이	□וּי	עָשׂוּי 아쑤이

이중 모음은 다른 모음 뒤에 י (요드)가 붙는 형태로 י (요드)를 '이'로 발음해 주면 된다. 그러나 אֵי나 אֶי의 경우 '에이'가 아닌 '에'로 발음한다.

예) בֵּית 베트

2.3 개음절과 폐음절

개음절이란 모음으로 끝나는 음절을 말하며 폐음절이란 자음으로 끝나는 음절을 말한다. 가령 דָּוִד(다비드-다윗)에서 דָּ(다)는 모음으로 끝났으므로 개음절이고 וִד(비드)는 자음으로 끝났으므로 폐음절이며 דָּוִד(다비드)는 2음절로 구성된(개음절+폐음절) 단어이다. 폐음절이 단어 중간에 올 때는 음절이 끝나는 자음 아래에 쉐바(ְ)를 붙이며 그 쉐바는 모음으로 취급되지 않기 때문에 발음하지 않는다. 그러나 폐음절이 단어 끝에 올 때 ךְ를 제외한 나머지는 쉐바를 붙이지 않는다.

예) שֻׁלְחָן 슐한 – שֻׁלְ (슐, 폐음절) + חָן (한, 폐음절),
מִלְחָמָה 밀하마 = מִלְ (밀, 폐음절) + חָ(하, 개음절) + מָה(마, 개음절)

폐음절의 발음에서 조심해야 할 것은 음절이 끝나는 곳에서 ל, מ, נ 세 개의 문자가 올 경우 우리말의 받침으로 발음하지만 그 외의 경우는 보조모음 'ㅡ'를 붙여서 발음해야 한다.[1)]

예) כֹּל 콜 ('코르'가 아님), יוֹם 욤 ('요므'가 아님), מִן 민 ('미느'가 아님)
אֵת 에트 ('엣'이 아님), אָב 아브 ('압'이 아님), הַר 하르 ('할'이 아님)

2.4 강세(stress)

히브리어에서 강세(stress)는 일반적으로 종음절(아람어로 מִלְרַע '밀라')에 온다.

예) בְּרֵאשִׁ֫ית 베레쉬트, בָּרָ֫א 바라

그러나 전종음절(아람어로 מִלְעֵיל '밀엘')에 오는 경우도 있다.

예) מֶ֫לֶךְ 멜레흐, בַּ֫יִת 바이트

1) 우리말에서 'ㅡ'는 모음으로 분류되지만 히브리어나 영어 등에서는 모음이 아님을 조심하자. 영어에서도 모음 없이 자음만 쓰이는 경우 우리말로는 보조모음 '으'를 붙여서 발음한다.
예) strike '스트라이크'

강세가 없으면서 개음절인 경우 일반적으로 장모음을 갖는다.

예) יְהוּדָה 예후다, אֱלֹהִים 엘로힘

강세가 없으면서 폐음절인 경우 일반적으로 단모음을 갖는다.

예) אַבְרָם 아브람, כַּרְמֶל 카르멜

2.5 악센트(accent)

악센트(accent)는 주후 약 5-10세기 경 유대인 학자들인 마소라 학자들이 모음기호와 함께 창안한 특별한 기호로서 대개 한 어절에 하나의 악센트 기호를 가지며 일반적으로 악센트 기호가 있는 곳에 강세가 있다.[2)]

다음은 창세기 1장 1절 히브리어 본문이다.

בְּרֵאשִׁית בָּרָא אֱלֹהִים אֵת הַשָּׁמַיִם וְאֵת הָאָרֶץ׃

창세기 1장 1절은 7개의 어절이 있으며 각 어절에는 하나의 악센트가 있어서 7개의 악센트 기호를 가진다. 또한 악센트 기호가 있는 곳에 강세가 있다. 7개의 어절 중 다섯번째(הַשָּׁמַיִם)와 일곱번째(הָאָרֶץ)는 강세가 전종음절에 있으며 그 외에는 모두 종음절에 강세가 있다.

2.6 기타 부호들

① 마케프(מַקֵּף)

마케프는 두 개(혹은 그 이상)의 어절을 연결하는 '¯' 모양의 부호로서 마케프로 연결된 두 개의 어절은 발음상 하나의 어절으로 취급한다. 따라서 마케프로 연결된 두 개의 어절은 하나의 악센트 기호만을 가지며 마케프 앞에 나오는 어절은 주강세를 갖지 못한다. 예) כִּי־טוֹב

② 메테그(מֶתֶג)

메테그는 세로로 된 짧은 선으로 모음의 왼쪽에 붙기도 하고 단독으로 쓰이기도 한다.

---

2) 여기서 '어절'이란 '단어(word)'와 구별된 것으로 띄어쓰기가 되지 않는 최소한의 단위를 말한다. 악센트 기호는 총 26가지인데 구체적인 목록은 부록 1에 나타나 있다.

이 부호는 해당 모음을 길게 발음하라는 표시이나 주강세를 갖지는 못한다. 절 끝에 오는 단어에 메테그와 동일한 모양의 부호가 오는데 이는 메테그가 아닌 악센트 기호이므로 혼동하지 않아야 한다. 절 끝에 오는 악센트(씰룩 혹은 쏩 파쑥이라 부름)는 반드시 단어 끝에 콜론(:)과 함께 등장한다.

예) וַֽיְהִי־אֽוֹר׃ 마케프 앞에 있는 첫번째 부호는 메테그이며 두번째 기호는 악센트이다.

③ 마피크(מַפִּיק)

마피크는 단어 끝에 오는 자음 ה가 완전철자법으로 사용된 모음 문자(אָה, אֶה, אֹה)가 아니라 완전한 자음으로서 음가 h를 갖고 있음을 표시하기 위해 붙이는 점이다.

예) גָּבַהּ gāvah

2.7 동일한 모양, 다른 발음

① ָ ('아' 혹은 '오')

대부분의 경우 '아'(ָ)로 발음되나 다음의 두 경우에는 '오'(ָ)로 발음된다

가. 강세 없는 폐음절에서

예) אָח (아흐 āḥ, 형제) 한 음절 단어이므로 강세가 있어서 '아' 로 발음된다.

חָכְמָה (호흐마 ḥokmâ, 지혜) 두 음절로 구성된 단어로서 첫째 음절이 폐음절이면서 강세가 없으므로 '오' 로 발음된다. 각 음절에서 강세의 유무는 악센트 기호의 유무에 따라 결정된다. 즉, 악센트 기호가 있는 곳에 강세가 있다.

나. 합성쉐바인 '오'(ֳ) 앞에서

예) צָהֳרַיִם (쪼호라임 tsohŏraîm, 정오), נָעֳמִי (노오미 noŏmî)

② ְ (유성쉐바와 무성쉐바)

쉐바(ְ)는 '에' 소리로 날 때가 있고 묵음인 경우가 있다. '에' 소리가 나는 경우를 '유

성쉐바'라 부르고 소리가 나지 않는 경우를 '무성쉐바'라 부른다. '무성쉐바'의 경우 모음으로 취급하지 않지만 '유성쉐바'의 경우 모음으로 취급하나 단모음 보다 더 짧은 모음으로 보통 '반모음'(half vowel 혹은 extra short vowel)으로 부른다.

유성쉐바와 무성쉐바에 대한 규칙은 학자나 사용 시기에 따라 매우 다양하고 복잡하나 간단히 정리하면 다음과 같다.

가. 쉐바가 폐음절에 붙을 경우에는(단어 중간에 오는 경우에는) 대개 무성(묵음)이다.
예) אַרְבַּע (아르-바 ar-ba, 넷), מִשְׁפָּט(미슈-파트 mish-pāṭ, 법)[3] 그러나 음절이 끝나는 곳에 쉐바가 오더라도 동일한 자음이 두번 연속으로 올 때(쉐바가 있는 자음과 그 다음 자음)는 '에'로 발음된다.
예) הַלְלוּ (할렐루 hal-lel-lû, 찬양하라), הִנְנִי (히네니 hi-ne-nî, 내가 여기 있다)

나. 단어 중간에 두개의 쉐바가 연속으로 나란히 올 때 첫번째 것은 무성이고 두번째 것은 유성 '에'로 발음된다.
예) יִמְצְאוּ (임쩨우 im-tse-û, 그들이 발견할 것이다)

다. 단어 처음에 오는 쉐바는 항상 유성으로 (짧은)'에'로 발음한다.
예) כְּנַעַן (케나안 kĕnaan, 가나안), יְהוֹשֻׁעַ (예호슈아 yĕhôšua, 여호수아)

2.8 단순쉐바와 합성쉐바

앞에서 설명한 유성쉐바와 무성쉐바와 같이 쉐바(ְ)만 있는 경우를 '단순쉐바'라 부르며 쉐바와 단모음 a, e, o가 합쳐서 사용된 쉐바를 '합성쉐바' 부른다. 합성쉐바는 다음 세 개가 있다: ֲ (a), ֱ (e), ֳ (o)

합성쉐바는 단순쉐바가 와야할 자리에 후음 문자가 올 때 후음 밑에서만 사용된다. 따라서 후음이 아닌 다른 문자는 합성쉐바를 취할 수 없다.

---

3) 자음 שׁ에 무성쉐바가 붙어 שְׁ인 경우 영어 표기로는 'sh'로 하면 되지만 우리말은 표기하기가 매우 까다롭다. 단어 처음이나 중간의 경우에는 '슈'로, 단어 끝에서는 '쉬'로 표기하는 것이 가장 가까운 표기인 듯 하다. 예) מִשְׁפָּחָה(미슈파하 mishpāḥâ), אִישׁ(이쉬 îsh)

한 단어(품사)에서 강세가 종음절에 있는 경우 전전종음절에 있는 개음절은 히브리어 발음의 관습상 대개 쉐바로 짧아진다.

예) דָּבָר ⇨ דְּבָרִים , גָּדוֹל ⇨ גְּדוֹלִים

그러나 그 개음절의 자음이 후음인 경우 단순쉐바가 아닌 합성쉐바를 갖는다.

예) אָדוֹן ⇨ אֲדוֹנִים, חָכָם ⇨ חֲכָמִים

2.9 모음문자

히브리어 자음 중 ה(헤), ו(바브), י(요드) 세 문자는 원래 자음이었으나 후에 모음으로도 사용이 되었다. י(요드)는 '이'와 '에' 소리를, ו(바브)는 '오'와 '우' 소리를, ה(헤)는 '아', '에', '오' 소리를 나타내기 위해 사용되었다. י(요드)와 ו(바브)가 모음과 함께 사용되면 '완전철자법' 이라 부르고 요드와 바브 없이 모음을 사용하면 '불완전철자법' 이라 한다. 성경 히브리어에서는 이 둘을 병행하여 사용하며 특히 후기 성경 히브리어(바벨론 유수 이후의 성경 히브리어)로 가면서 완전철자법을 쓰는 경향이 나타난다. 현대 히브리어에서는 완전철자법을 주로 사용한다.

서법	모음	예		
완전철자법	וּ וֹ ִי	הוּקַם 후캄	קוֹדֶשׁ 코데쉬	דָּוִיד 다비드
불완전철자법	ֻ□ ֹ□ ִ□	הֻקַם 후캄	קֹדֶשׁ 코데쉬	דָּוִד 다비드

ה(헤)가 단어 끝에 오면서 모음으로 사용될 때는 발음하지 않는다.

예) שָׂרָה (싸라 śā-râ / '싸라흐'가 아님), מֹשֶׁה (모쉐 mō-shê / '모쉐흐'가 아님),
שְׁלֹמֹה (쉘로모 shĕlō-mô / '쉘로모흐'가 아님)

2.10 조심해야 할 발음

① 후음문자 중 חַ(헤트)나 הַ(헤)가 단어 끝에서 모음 ַ(파타흐)와 함께 올 때 모음을 자음보다 먼저 발음한다. 이러한 파타흐를 '도입 파타흐'라 한다.

예) כֹּחַ(코아흐 kō-aḥ, 힘), רוּחַ(루아흐 rû-aḥ, 영, 바람)
גָּבוֹהַּ(가보아흐 gāvōah, 높은)

② 단어 끝에 오는 יו ָ는 '-아이브 aiv'가 아닌 '-아브 av'로 발음한다.

예) אֱלֹהָיו(엘로하브 ĕl-lō-hāv, 그의 하나님), עָלָיו (알라브 āl-lāv, 그 위에),
그러나 אֱלֹהַי (엘로하이 ĕl-lō-hai, 나의 하나님), עָלַי (알라이 āl-lai, 내 위에) 등은 이중 모음으로서 '-아이' 로 발음한다.

③ 자음 ו 가 וֹ, וּ 와 같이 모음으로 사용된 것처럼 보이더라도 바로 앞에 다른 모음이 올 경우(무성쉐바를 포함) '보(vo)'나 '부(vu)'로 발음한다.
예) עָוֹן (아본 ā-vôn, 불법), מִצְוֹת (미쯔보트 mits-vôt, 명령들)

읽기 연습은 성경 히브리어에 익숙하기 위해 매우 중요하다. 모음기호를 제외한 기호들은 대부분 '악센트' 기호들이다. 악센트와 모음 기호를 구분하여 읽도록 하며 악센트 기호가 있는 곳에 대개 강세가 있음을 주의하여 읽도록 하자. 성경 히브리어 본문 낭독을 위한 인터넷 싸이트들이 있다. 그 중 텍사스 대학에서 제공하는 것이 유용한데 주소는 다음과 같다:

http://www.laits.utexas.edu/hebrew

그 곳에서는 발음 뿐 아니라 히브리어의 자음과 모음을 여러 가지로 익히면서 공부할 수 있으므로 그곳을 자주 애용하도록 하자.

텍사스 대학에서 제공하는 히브리어 성경 낭독의 발음은 극히 일부분만을 제공해 주며 현대 히브리어식 발음이다. 인터넷 상에서 히브리어 성경 전체의 낭독을 제공해 주는 곳이 있는데 아브라함 슈무엘로프(Abraham Shmuelof)라는 유대인 신부가 녹음한 것이다.

http://www.mechon-mamre.org/p/pt/ptmp3prq.htm#mp3

장별로 제공해 주기 때문에 매우 편리하며 이 또한 완벽한 성경 히브리어식 발음은 아니나 매우 유용하므로 읽기 연습을 위해 잘 활용할 수 있기를 바란다.

연습문제

1. 다음 개음절을 읽어보라.

(1) שַׁ	(2) לֵ	(3) גִּ	(4) דֹ	(5) וְ
(6) טֶ	(7) זוֹ	(8) פֶּ	(9) אֱ	(10) הֱ
(11) הִי	(12) ךְ	(13) יָ	(14) יוּ	(15) צֹה
(16) טָה	(17) רוֹ	(18) סִ	(19) שָׁגִּי	(20) מֶדֹ
(21) בָּכוּ	(22) כָּכָה	(23) הֲזִ	(24) קֶפֶּה	(25) תֵּה
(26) יוּדוֹ	(27) הוֹדוּ	(28) מִנִי	(29) יְשׁוּ	(30) קָקָאוֹ

2. 다음 폐음절을 읽어보라.

(1) טוֹב	(2) תֵּן	(3) אֵל	(4) עַם	(5) כֹּל
(6) יוֹם	(7) אִישׁ	(8) אַל	(9) אֵין	(10) נוּן
(11) אָח	(12) זוּז	(13) שׁב	(14) בַּת	(15) מִן
(16) לֵב	(17) אִם	(18) לַן	(19) גַּר	(20) פֶּן
(21) אַף	(22) הַר	(23) אַז	(24) יָד	(25) הֵם
(26) בֵּן	(27) שִׁיר	(28) דֹּב	(29) סוּס	(30) פִּיל

3. 다음 단어들을 읽어보라.

(1) גָּדוֹל	(2) בַּיִת	(3) יְהִי	(4) יֶלֶד	(5) אָדָם
(6) אֲנִי	(7) עַתָּה	(8) יֵשׁוּעַ	(9) הוֹשֵׁעַ	(10) כֹּחַ
(11) חֹדֶשׁ	(12) כְּלִי	(13) חַסְדּוֹ	(14) לָמָּה	(15) הָאָרֶץ
(16) תּוֹרָה	(17) צִידוֹן	(18) עֵבֶר	(19) לָהֶם	(20) אֱנוֹשׁ
(21) מָקוֹם	(22) גִּבְעָה	(23) שֶׁמֶשׁ	(24) דֶּלֶת	(25) קָשֶׁה
(26) הוּא	(27) נַחַל	(28) תַּפּוּחַ	(29) פְּרָת	(30) הַלְלוּיָה

4. 다음 인명, 지명들을 읽어보라.

(1) יִשְׂרָאֵל (2) דָּוִד (3) שְׁמוּאֵל

(4) בֵּית לֶחֶם (5) יְהוֹשֻׁעַ (6) חֶבְרוֹן

(7) אֶפְרַיִם (8) רְאוּבֵן (9) יְהוּדָה

(10) בֵּית-אֵל (11) עִמָּנוּ אֵל (12) מִיכָאֵל

(13) אֵלִיָּהוּ (14) יִצְחָק (15) גִּבְעוֹן

(16) זְכַרְיָה (17) יוֹנָה (18) דָּנִיֵּאל

(19) בָּבֶל (20) כְּנַעַן (21) רוּת

(22) חֲבַקּוּק (23) יָפוֹ (24) אֶסְתֵּר

(25) דָּן (26) כַּרְמֶל (27) עָמוֹס

(28) נַחוּם (29) בִּנְיָמִין (30) אַבְשָׁלוֹם

제 3 과 명사 Ⅰ, 정관사

אָב	아버지, 선조	בֵּן	아들	מֶ֫לֶךְ	왕
אָח	형제	בַּת	딸	עִיר	도시
אִישׁ	사람, 남자	דָּבָר	말(씀), 것	עַם	백성
אִשָּׁה	여자, 아내	דָּוִיד, דָּוִד	다윗	שֵׁם	이름
אֱלֹהִים	하나님	הַר	산	סוּס	수말
אֶ֫רֶץ	땅	יָד	손	סוּסָה	암말
בַּ֫יִת	집	יוֹם	날	שָׁנָה	해(year)

3.1 명사의 성과 수

명사의 성, 수는 다음과 같다:

수 \ 성	남성		여성	
단수	סוּס	수말	סוּסָה	암말
복수	סוּסִים	수말들	סוּסוֹת	암말들
쌍수	סוּסַיִם	두 마리의 수말들	סוּסָתַיִם	두 마리의 암말들

① 히브리어 명사와 형용사에는 남성과 여성만 있으며 중성은 없다. 위의 표처럼 동일한 어원을 가진 명사가 남성과 여성을 가지는 것은 주로 사람이나 동물을 나타내는 단어에서다. 동물 보다는 사람에서 훨씬 더 많이 나타난다. 성경 히브리어에서 말(horse, סוּס)을 나타내는 단어는 단 한 차례만 여성, 즉 '암말'이란 뜻으로 사용되었으나 이 단어로 표를 만든 이유는 성과 수에 따라 어근의 모음이 변하지 않기 때문이다.

② 여성단수 어미형태인 הָ나 ת-는 여성을 나타내는 표지이다.

예) סוּסָה 암말, אִשָּׁה 여자, 아내, בַּת 딸

③ 일반적으로 남성복수에 붙는 어미는 ־ִים, 여성복수는 ־וֹת, 그리고 쌍수에 붙는 어미는 ־ַיִם이다. 이러한 어미들이나 여성단수 어미가 붙을 때 히브리어의 발음 관습상 명사의 모음이 변하는 경우가 대부분이다.

예) מֶלֶךְ 왕/ מְלָכוֹת 여왕들, דָּבָר 말(word)/ דְּבָרִים 말들(words)

④ 모든 명사가 다 쌍수 형태를 갖는 것은 아니며 쌍으로 표시할 수 있는 것만 쌍수를 갖는다.

예) יָדַיִם 두 손들, יוֹמַיִם 이틀

3.2 정관사

3.2.1 규칙변화

히브리어에는 부정관사가 없고 정관사만 있다. 정관사는 명사나 형용사 바로 앞에 위치하며 뒤에 따라 오는 문자에 점(다게쉬)을 추가시킨다. 따라서 정관사의 기본 형태는 ·הַ이다.[1)]

예) מֶלֶךְ + ·הַ = הַמֶּלֶךְ 그 왕

3.2.2 불규칙변화

그러나 정관사 다음에 오는 단어의 첫 문자가 점(다게쉬)을 취하기 힘든 문자인 후음문자(א, ה, ח, ע)나 ר가 올 때나 몇 몇 경우 정관사 ·הַ는 약간의 변화(모음과 점의 변화)를 일으킨다.[2)]

---

1) 아랍어의 정관사가 '알'(al)인 것을 보면 히브리어 정관사 הַ 뒤에 붙는 점은 원래 ל였으나 뒤에 오는 문자에 동화되어 '점'으로 나타나게 된 것을 짐작할 수 있다.

2) 3.2.2와 4.1.1항에서 예로 등장하는 단어들은 문법설명상 불가피하나 빈도수가 낮은 단어들이 많으므로 어휘의 뜻은 암기하지 말고 모음 변화만 익히도록 하자.

① א와 ר, 그리고 대부분의 ע 앞에서 הָ가 된다.

일반적으로 후음에 넣지 않으나 후음과 비슷한 자음으로 취급되는 ר와 약한 후음인 א, 그리고 대부분의 ע 앞에서는 ר나 후음 문자에 점을 취하는 대신 ה의 모음이 단모음 아(ַ)에서 장모음 아(ָ)로 바뀐다.

예) הָאִישׁ 그 남자, הָרוּחַ 그 영, הָעִיר 그 도시

② ה와 ח 앞에서는 대부분 הַ가 된다.

예) הַהֵיכָל 그 궁전 , הַחֶרֶב 그 칼

③ 강세를 가진 הָ֫와 עָ֫ 앞에서는 장모음화가 일어나서 הָ가 되지만 강세가 사라지면 모음이 쎄골이 되어 הֶ 모양이 된다.

예) הָהָ֫ר 그 산, הָעָ֫ם 그 백성, הֶהָרִ֫ים 그 산들

④ 강세의 유무와 관계 없이 חָ와 חֳ 앞에서는 הֶ가 온다.

예) הֶחָכָם 그 현명한 (자), הֶחֳלִי 그 질병

⑤ 몇 몇 단어들은 정관사 뒤에서 첫번째 모음이 카마쯔로 바뀐다.

예) אֶרֶץ 땅 ⇨ הָאָרֶץ 그 땅, הַר 산 ⇨ הָהָר 그 산

⑥ 단어의 첫 자음이 י나 מ으로 시작하는 단어가 쉐바 모음으로 시작할 때 정관사가 점 없이 오는 경우가 있다.

예) הַיְאֹר 그 나일강, הַמְרַגְּלִים 그 정탐꾼들

3.3 명사의 연계형

아랍어, 독일어, 헬라어 등에는 지금도 명사의 격이 남아 있으나 성경 히브리어에는 명사의 격이 없다. 따라서 격표시는 다른 방법으로 하는데 속격 (소유격)을 표시하는 방법이 바로 절대형과 연계형 개념이다. 2개 이상의 명사를 연속적으로 표현하고자 할 때 우리말

의 '의'나 영어의 of에 해당되는 단어를 넣지 않고 여러 개의 명사만을 나열하는데 가장 끝에 오는 명사가 '절대형'이며 앞에 오는 명사가 '연계형'이다. 연계형의 형태는 다음과 같다:

성, 수 / 형	단수		복수	
	남성	여성	남성	여성
절 대 형	סוּס	סוּסָה	סוּסִים	סוּסוֹת
연 계 형	סוּס	סוּסַת	סוּסֵי	סוּסוֹת

① 표에서 보는 바와 같이 남성단수와 여성복수에서는 절대형과 연계형 사이에 아무런 차이가 없고 여성단수와 남성복수에서만 차이가 있다. 즉, 다음과 같이 변한다.

여성단수: הָ (절대형) ⇨ תַ (연계형)
남성복수: ים ִ (절대형) ⇨ י ֵ (연계형)

예) סוּס אַבְרָהָם 아브라함의 수말, סוּסַת מֹשֶׁה 모세의 암말,
סוּסֵי יַעֲקֹב 야곱의 수말들, סוּסוֹת יִשְׂרָאֵל 이스라엘의 암말들

남성단수와 여성복수의 연계형에서 자음은 변하지 않으나 모음이 변하는 것들이 있다. 모음의 변화는 대개 첫번째 자리에서 일어나는데 장모음에서 단모음이나 반모음으로 변한다.

예) יָד (손) → יַד (-의 손), בֵּן (아들) → בֶּן (-의 아들)

② 정관사와 함께 올 때 정관사는 절대형에만 붙는다. 연계형의 수가 아무리 많더라도 가장 끝에 오는 절대형에만 정관사를 붙이면 된다.

예) בְּנֵי הַמֶּלֶךְ 그 왕의 아들들
שֵׁם מֶלֶךְ עַם־הָאָרֶץ 그 땅의 백성의 왕의 이름

③ 다음 연계형들은 불규칙하게 변하는 것들이다.

	아버지	형제	입	여자/아내	죽음	집
절대형	אָב	אָח	פֶּה	אִשָּׁה	מָוֶת	בַּיִת
연계형	אֲבִי	אֲחִי	פִּי	אֵשֶׁת	מוֹת	בֵּית

예) אֲבִי שְׁכֶם 세겜의 아버지, אֲחִי יוֹאָב 요압의 형제,
פִּי דָּוִד 다윗의 입, אֵשֶׁת אוּרִיָּה 우리아의 아내,
מוֹת אַבְרָהָם 아브라함의 죽음, בֵּית־אֱלֹהִים 하나님의 집

연습문제

❖ 다음을 번역하라.

(1) הַשָּׁנָה

(2) הַיּוֹם

(3) שֵׁם הָהָר

(4) אִישׁ אֱלֹהִים

(5) עַם אֱלֹהִים

(6) מֶלֶךְ הָאָרֶץ

(7) בֶּן הָאִישׁ

(8) בֵּית מֶלֶךְ

(9) שֵׁם הָעִיר

(10) יַד יְהוּדָה[3]

(11) אֲבִי מֶלֶךְ

(12) אֱלֹהֵי יְהוּדָה

(13) עִיר דָּוִד

(14) הַר אֱלֹהִים

---

3) יְהוּדָה 유다

제 4 과 전치사, 대명사, 명사문장

טוֹב	좋은	עֶבֶד	종	בְּ	(안)에, 로(in, at)
יָדַע	알다, 동침하다	עָשָׂה	행하다, 만들다	בֵּין	사이에(between)
יְהוָה	여호와[1]	רֹאשׁ	머리, 정상	כְּ	처럼, 같이(as, like)
לֹא	않다(no, not)	שָׁם	거기	לְ	에게, 위하여(to, for)
לָמָּה	왜			מִן	로부터(from)
מָה	무엇		**전치사**	עַד	까지(until)
מִי	누구	אֶל	로(into, to)	עַל	위에, 대하여(on, about)
מִצְרַיִם	이집트	אֵת/אֶת	함께(with)	עִם	함께(with)

4.1 전치사

전치사는 성, 수, 인칭 등에 따라 자음의 형태가 변하지 않는 불변화사(particle)에 속하며 명사나 대명사 접미사 앞에 온다. 명사 앞에 오는 전치사 중에는 명사와 붙여서 쓰는 '비분리 전치사'가 있고 명사와 분리하여 쓰는 '분리 전치사'가 있다.

4.1.1 비분리 전치사

대표적인 비분리 전치사는 다음 세 개이다.

בְּ(안)에, 로 (in, at), לְ 에게, 위하여 (to, for), כְּ 처럼, 같이 (as, like)

① 이 세 전치사는 다음과 같이 모음이 변한다.

가. 기본 형태는 쉐바(ְ)이다.

예) בְּעִיר 도시에서, כְּמֶלֶךְ 왕처럼, לְאִישׁ 사람에게

1) 이름을 중요하게 생각하는 유대인들은 십계명 중 제3계명으로 인해 하나님의 이름을 직접 부르는 것을 매우 꺼린다. 그래서 하나님의 이름인 יְהוָה를 '아도나이'라고 읽는다. 주의! יְהוָה가 אֲדֹנָי와 함께 올 때(신 3:24 등)는 '아도나이 엘로힘'으로 읽는다.

나. 전치사 다음에 오는 명사의 첫 자음이 모음 쉐바(ְ)와 함께 올 때, 즉 모음 쉐바가 연속으로 올 때 전치사에 붙는 쉐바는 '이'(ִ) 모음으로 바뀐다.

즉, ◌ְ ◌ְ ⇨ ◌ְ ◌ִ 예) לְשְׁמוּאֵל ⇨ לִשְׁמוּאֵל 사무엘에게

그러나 모음 쉐바(ְ)가 자음 요드(י) 와 함께 올 때 요드(י)의 모음이 생략된다.

예) לְיְהוּדָה ⇨ לִיהוּדָה 유다에게

다. 뒤에 후음자음과 복합모음이 올 때 전치사의 모음은 복합모음과 같은 단모음을 취한다.

◌ֲ ◌ְ ⇨ ◌ֲ ◌ַ	◌ֱ ◌ְ ⇨ ◌ֱ ◌ֶ	◌ֳ ◌ְ ⇨ ◌ֳ ◌ָ

예) בַּחֲלוֹם 꿈에, בֶּאֱמֶת 진실로, בָּאֳהָלִים 장막들에서

אֱלֹהִים , אֱמֹר , אֲדֹנָי 의 단어가 올 때 예외적으로 알레프의 모음이 생략되기도 한다.

예) בֵּאלֹהִים 하나님 안에, לֵאמֹר 말하기를, לַאדֹנָי 나의 주께

라. 이 세 전치사가 정관사와 함께 오는 경우 정관사의 모음은 전치사에 붙고 정관사의 자음은 사라진다.

예) הַמֶּלֶךְ + לְ ⇨ לַמֶּלֶךְ 그 왕에게
הָאִישׁ + לְ ⇨ לָאִישׁ 그 사람에게
הֶהָרִים + בְּ ⇨ בֶּהָרִים 그 산들에서
הָאָרֶץ + בְּ ⇨ בָּאָרֶץ 그 땅에서

② 소속의 전치사 לְ

전치사 לְ가 '-에게 속한'이란 뜻을 가질 때가 가끔 있다. 그 때는 '-의'로 번역할 수도 있다.

예) מִזְמוֹר לְדָוִד 다윗에게 속한 시 (혹은 다윗의 시)

4.1.2 분리 전치사

뒤에 오는 명사와 결합하지 않고 분리하여 쓰는 전치사로 앞에 소개한 비분리 전치사 세 개를 제외한 거의 대부분의 전치사가 여기에 속한다. 대표적인 분리 전치사를 소개하면 다음과 같다.

אֶל	-로 into, to	עִם	-함께 with
עַל	-위에, 대하여 on, about	אֵת / אֶת	-함께 with
עַד	-까지 until	בֵּין	-사이에 between

4.1.3 전치사 מִן

전치사 מִן(-로부터 from)은 분리 전치사와 비분리 전치사로 모두 사용된다. 이 전치사가 분리 전치사로 사용될 때는 모음과 자음에 변화가 없다.

예) מִן־הַמֶּלֶךְ (삼하 18:13) 그 왕으로부터

그러나 비분리 전치사로 사용될 때는 다음과 같은 변화가 일어난다.

① 전치사에 속해 있는 자음 눈 (ן)은 다음에 오는 자음에 동화되거나 없어진다.
예) מִמֶּלֶךְ 왕으로부터

② 전치사 다음에 יְ 로 시작되는 단어가 올 경우에 요드에 붙는 모음은 생략된다.
예) מִיהוּדָה 유다로부터

③ 후음 중 א ,ה ,ע 나 ר 앞에서 מֵ가 되기도 한다.
예) מֵהַמֶּלֶךְ 그 왕으로부터, מֵעִיר 도시에서, מֵרֹאשׁ 머리(정상)에서

4.2 인칭대명사

인칭 / 성, 수		단수	복수
1인칭		אֲנִי אָנֹכִי	אֲנַחְנוּ
2인칭	남성	אַתָּה	אַתֶּם
	여성	אַתְּ	אַתֶּן
3인칭	남성	הוּא	הֵמָּה הֵם
	여성	הִיא הִוא	הֵנָּה

① 이곳의 인칭대명사는 독립된 형태로 사용되므로 '독립 인칭대명사'라고도 한다. 인칭대명사는 접속사 ו나 의문불변사 ה와만 결합하여 사용하는 것을 허용하며 그 외 어떤 단어도 결합하여 사용하지 않는다.

② 독립인칭대명사의 자음은 변하지 않으며 모음은 악센트에 따라 약간씩 변한다.

예) אֲנִי 대신 **אָנִי**, אֲנַחְנוּ 대신 **אֲנָחְנוּ**

③ 1인칭 단수에서 אֲנִי(71%)와 אָנֹכִי(29%)가 함께 사용되는데 약 360회 출현하는 אָנֹכִי의 형태는 후기 성경 히브리어(바벨론유수 이후의 성경 히브리어)로 가면서 거의 사용되지 않는다.

④ 3인칭 여성단수에서(지시대명사, 지시형용사 포함) הִיא(61%)와 הִוא(39%)가 함께 사용되는 것은 특이한 현상이다. הִיא는 성경 전체에 골고루 나타나지만 הִוא는 총 193회 중 1회(사 39:1)를 제외하면 모두 모세오경에서만 출현한다.

⑤ 3인칭 남성복수에서는 הֵמָּה(52%)와 הֵם(48%)이 거의 비슷하게 사용되나 3인칭 여성복수에서는 항상 הֵנָּה만 사용된다.

⑥ 독립 인칭대명사는 문장에서 핵심주어, 핵심술어의 기능 외에 이중 주어, 이중 목적어, 이중 소유격, 해설의 기능, 세 구성문장에서의 역할, 특수구문 등 매우 다양한 기

능을 한다.[2]

4.3 지시대명사

인칭 / 성, 수		단수	복수
이것 this	남성	זֶה	אֵלֶּה
	여성	זֹאת	
저것, 그것 that	남성	הוּא	הֵם הֵמָּה
	여성	הִיא	הֵנָּה

① 근칭 지시대명사(this) 여성단수는 대개 זֹאת이다.[3]

② 근칭 지시대명사 중 זוּ 형태가 15회 등장하는데 남성, 혹은 여성으로 사용되며 모두 운문체에서 나타난다.

③ 근칭 지시대명사 복수형태는 성의 구별 없이 나타나며 주로 אֵלֶּה가 사용된다.[4]

④ 원칭 지시대명사(that) 여성단수는 인칭대명사의 경우와 같이 הִיא와 הִוא가 함께 사용된다.

⑤ 지시대명사는 독립 인칭대명사와 같이 문장에서 다양한 기능을 한다. 인칭대명사와 다른 점은 동사의 목적어로 사용된다는 것, 전치사와 함께 결합하여 사용한다는 것, 정관사와 함께 지시형용사로도 사용된다는 것 등이다.

동사의 목적어로 사용된 예: עָשִׂיתִי זֹאת (창 20:5, 내가 이것을 행했다.)
전치사와 함께 사용된 예: לָזֶה 이 자에게, כָּאֵלֶּה 이 자들과 같이
지시형용사로 사용된 예: הַיּוֹם הַזֶּה 이 날

---

2) 본 단계에서는 독립 인칭대명사의 다양한 기능들을 생략하고 핵심주어와 핵심술어로 사용된 문장만을 취급하도록 한다.

3) זֹאת 대신 가끔 זֹו와 זֹה의 형태도 발견된다.

4) אֵלֶּה 대신 가끔 אֵל도 사용된다.

4.4 의문대명사

의문대명사	מִי 누구, מָה 무엇

① 의문대명사는 대개 모음의 변화가 없으나 מָה는 정관사의 변화와 비슷하게 모음이 변하며 때로 מַה나(대개 마케프와 함께 옴) מֶה로 된다.

② 의문대명사는 주격 뿐 아니라 목적격, 소유격으로도 사용된다.
예) בֶּן־מִי אַתָּה (삼상 17:58) 너는 누구의 아들이냐?

③ 의문대명사는 직접의문문 뿐 아니라 간접의문문에서도 사용된다.
예) לֹא יָדְעוּ מַה־הוּא (출 16:15) 그들은 그것이 무엇인지 알지 못했다.[5)]

④ 의문대명사는 부정대명사로 '누구든지', '무엇이든지' 의 뜻으로도 사용된다.
예) מִי לַיהוָה אֵלָי (출 32:26) 여호와를 위한 자는 누구든지 내게로 (오라)[6)]

⑤ 의문대명사 מָה는 형용사와 함께 감탄적으로 쓰인다.
예) מַה־טּוֹב וּמַה־נָּעִים (시 133:1) 얼마나 좋고 얼마나 즐거운가![7)]

⑥ 의문대명사는 전치사와 함께 사용되기도 한다.
예) לְמִי 누구에게, לָמָּה 무엇을 위하여=어찌하여

4.5 명사문장

모든 셈어가 그렇듯이 히브리어의 중요한 특징 중 하나는 명사만을 나열하여 매우 단순한 문장을 만들 수 있다는 것이다. 그러한 문장을 '명사문장(nominal sentence)', 혹은 '동사 없는 문장(verbless sentence)'이라 부른다. 명사문장에는 명사를 포함하여 대명사(인칭대명사, 지시대명사, 의문대명사), 형용사, 부사, 수사, 전치사구 등의 구성 성분이 올 수 있다. 명사문

5) 여기서 יָדְעוּ 는 앞으로 배우게 될 칼 완료 3인칭복수 동사로 '그들이 알았다'는 뜻이다.
6) אֵלָי는 앞으로 배우게 될(9.2항) 전치사에 대명사 접미사가 붙은 형태로 '나에게'라는 뜻이다.
7) 여기서 טּוֹב와 נָּעִים에 점(다게쉬)이 붙은 것은 의문대명사 מָה는 정관사와 비슷하게 모음이 변하며 정관사는 뒤에 따라 오는 문자에 점(다게쉬)을 추가시키기 때문이다.

장의 단어순서는 주어-술어, 혹은 술어-주어이다.

① 명사문장을 영어나 한글로 번역할 때 히브리어에는 없는 단어를 추가하여 번역한다. 영어에서는 주로 'be' 동사를 사용하며 한글에서는 '이다', '있다', 혹은 '되다' 세 종류로 번역한다.

예) אֲנִי יוֹסֵף (창 45:3) I **am** Joseph. 나는 요셉**이다.**
אֲנַחְנוּ בְקָדֵשׁ (민 20:16) We **are** in Kadesh. 우리는 가데스에 **있다.**

② 명사문장의 시제 번역은 반드시 문맥에 따라야 하므로 명사문장의 번역은 과거, 현재, 미래 모두가 가능하다.

예) הוּא בְמִצְרָיִם (대하 10:2) 그는 이집트에 **있었다.** (과거)
מִי אַתָּה (창 27:18) 너는 누구**냐?** (현재)
הִנֵּה־שָׁם אֲחִיָּה (왕상 14:2) 보라 아히야가 그곳에 **있을 것이다.** (미래)
אֲנִי־לוֹ לְאָב (대상 22:10) 나는 그에게 아버지가 **될 것이다.** (미래)

연습문제

1. 다음을 번역하라.

(1) לְדָוִד (2) בְּשֵׁם

(3) כְּמֶלֶךְ (4) לִיהוּדָה

(5) בֵּאלֹהִים (6) כְּאִישׁ

(7) לָעִיר (8) בַּבַּיִת

(9) בָּאָרֶץ (10) כָּאִישׁ

(11) עַד־הַבַּיִת (12) עַל־הָאָרֶץ

(13) מִן־הָעָם (14) עִם־יִצְחָק

(15) אֶת־הַבֵּן (16) עִם־הָאָב

(17) מִיהוּדָה[8] (18) לַדָּבָר

(19) מִיִּשְׂרָאֵל[9] (20) בַּיּוֹם

(21) בַּשָּׁנָה (22) אֶל הַמֶּלֶךְ

---

8) יְהוּדָה 유다

9) יִשְׂרָאֵל 이스라엘

2. 다음 명사문장을 번역하라.(현재로 번역할 것)

(1) מִי־אֲנִי (대상 17:16)

(2) אֲנִי יְהוָה (왕상 20:13)

(3) מִי־אַתְּ / אָנֹכִי רוּת (룻 3:9)

(4) אֲנִי שָׁם (삼하 14:32)

(5) מִי־אֵלֶּה (창 33:5)

(6) זֶה הוּא (삼상 16:12)

(7) יְהוָה עִם־דָּוִד (삼상 18:28)

(8) מִי כַּיהוָה (시 113:5)

(9) בַּת־מִי אַתְּ (창 24:47)

(10) אֲנַחְנוּ בַּבָּיִת (왕상 3:18)

(11) מַה־זֶּה (에 4:5)

(12) אַתֶּם עֲבָדִים לְשָׁאוּל (삼상 17:8)[10]

---

10) שָׁאוּל 사울

제5과 명사 II, 접속사

אָדָם	아담, 사람	כֶּלֶב	개	פַּרְעֹה	바로(Pharaoh)
דֶּרֶךְ	길	כְּנַעַן	가나안	קוֹל, קֹל	소리
יַרְדֵּן	요단	מַיִם	물		
כֹּהֵן	제사장	נֶפֶשׁ	생명, 혼		
כֹּל	모든	פֶּה	입		

5.1 쎄골 명사 [1)]

히브리어 명사는 구성된 자음의 갯수와 모음의 형태에 따라 여러가지 유형을 갖는다. 그 중 특히 가장 많이 등장하는 명사의 유형은 소위 '쎄골 명사'이다. 쎄골 명사란 일반적으로 두번째 자음이 '쎄골'(ֶ) 모음을 갖는 명사를 말한다.

원시 히브리어는 세 개의 모음 즉 a, i, u 모음만을 가지고 있었다. 쎄골 명사는 그 세 개의 모음 유형을 따라 다음과 같이 세가지 유형으로 나뉘어 진다. 일반적으로 히브리어는 마지막 음절에 강세를 갖는데 쎄골 명사는 모두 첫 음절에 강세를 가진다는 특징을 갖고 있다.

① a 유형

이 유형은 원래 원시 히브리어에서 qatl과 같은 모양이었다.[2)]

그러나 성경 히브리어에서 격 체계가 없어지면서 보조 모음 e를 취하여 qatel과 같은

---

1) 본 과에는 유형 설명을 위해 불가피하게 배우지 않은 단어들이 많이 나오는데 배우지 않은 단어들은 유형만 기억하도록 하자.
2) 여기서 qatl이란 대표적인 기본 세 자음 q,t,l에 모음 a가 추가된 것을 의미한다.

형태가 되었다가 두 모음을 일치시키기 위하여 최종적으로 qetel과 같은 형태를 갖게 되었다. 즉 qatl ⇨ qatel ⇨ qetel 의 형태로 변화하게 되었다. 쎄골 명사 중 이 유형에 속하는 명사가 가장 많은데 이 유형에 속하는 단어들은 다음과 같다:

מֶלֶךְ 왕, עֶבֶד 종, דֶּרֶךְ 길, כֶּלֶב 개, אֶרֶץ 땅, נֶפֶשׁ 생명/혼

② i 유형

이 유형은 원시 히브리어에서 qitl이었는데 최종적으로 qetel과 같은 형태로 나타난다. 이 유형에 속하는 단어들은 다음과 같다: סֵפֶר 책/문서, צֶדֶק 의, בֶּגֶד 옷

③ u(o) 유형

이 유형은 원시 히브리어에서 qutl(qotl)이었는데 최종적으로 qotel과 같은 형태로 나타난다. 이 유형에 속하는 단어들은 다음과 같다: קֹדֶשׁ 거룩, חֹדֶשׁ 달, אֹהֶל 천막

쎄골 명사들이 앞으로 배우게 될 복수 연계형이나 대명사 접미사와 함께 사용될 경우에는 원시 히브리어의 첫 모음이 살아나 מַלְכֵי(~의 왕들), עַבְדֵי(~의 종들), מַלְכִּי(나의 왕), סִפְרִי(나의 책), קָדְשִׁי(나의 거룩) 등으로 나타난다.

5.2 불규칙 복수 명사

① 일반적으로 남성복수에 붙는 어미는 ִים, 여성복수는 וֹת-라고 하였는데 남성복수에 וֹת-가 붙거나 여성복수에 ִים-이 붙는 경우가 있다. 여성복수 형태가 붙는 남성명사들은 다음과 같다.[3]

	아버지	꿈	장소	상	이름	소리
단 수	אָב	חֲלוֹם	מָקוֹם	שֻׁלְחָן	שֵׁם	קוֹל
복 수	אָבוֹת	חֲלֹמוֹת[4]	מְקֹמוֹת	שֻׁלְחָנוֹת	שֵׁמוֹת	קֹלוֹת

---

3) 명사의 성(남성, 여성)은 굳이 외울 필요가 없는데 그 이유는 히브리어 명사의 성을 한글로 번역할 때 영향을 미치지 않기 때문이다. 그러나 명사의 수(단수, 복수)는 번역에 영향을 미치므로 파악하는 것이 중요하다. 그러므로 명사의 수와 기본형을 파악하는 것이 중요하다고 하겠다.

4) 원래 복수 형태는 חֲלוֹמוֹת가 되어야 하지만 히브리어에서는 한 자음을 사이에 두고 전, 후에 완전철자법을 사용하는 것을 싫어하므로 חֲלֹמוֹת와 같은 형태가 되었다. מְקֹמוֹת, קֹלוֹת도 마찬가지 이유이다.

② 남성복수 형태(ִים-)가 붙는 여성명사들은 다음과 같다. 특히 이 불규칙 명사들 중 단수형태에서 복수형태로 바뀔 때 자음이 바뀌는 것이 많으므로 특별한 주의가 필요하다.

	도시	해/년	돌	여자/아내
단수	עִיר	שָׁנָה	אֶבֶן	אִשָּׁה
복수	עָרִים	שָׁנִים	אֲבָנִים	נָשִׁים

③ 복수가 될 때 어미는 규칙적으로 붙지만 명사의 기본형인 단수 형태의 모음 및 자음이 변하는 다음과 같은 명사들은 조심해야 한다:

	날	남자/사람	집	딸
단수	יוֹם	אִישׁ	בַּיִת	בַּת
복수	יָמִים	אֲנָשִׁים	בָּתִּים	בָּנוֹת

5.3 접속사 וְ

① 접속사 וְ 는 대개 '그리고'의 뜻이지만 문맥에 따라 '그러나', '혹은', '그래서', '그런데'의 뜻을 가지기도 하며 어떤 경우는 번역을 하지 않는 것이 매끄러울 때도 있다.

② 기본적인 모음은 וְ 이지만 접속사 뒤에 오는 단어에 따라 발음상의 문제로 인해 וֶ, וִ, וַ, וָ, וּ 등으로 바뀐다.

가. 합성 쉐바로 시작하는 단어 앞에서는 합성 쉐바에 포함된 단모음으로 바뀐다.
예) וַאֲנִי 그리고 나는, וֶאֱמֶת 그리고 진실

나. יְ 로 시작하는 단어 앞에서 וִ 로 바뀌며 요드 아래의 쉐바는 사라진다.
예) וִיהוּדָה 그리고 유다

다. 첫 음절에 강세를 갖는 단어 앞에서, 특히 단어쌍(word pair)에서 וָ 로 바뀔 수 있다.

예) שָׁמַיִם וָאָרֶץ 하늘과 땅

라. אֱלֹהִים 앞에서는 예외적으로 וֵ 로 바뀌며 알레프는 묵음이 된다.

예) וֵאלֹהִים 그리고 하나님

마. 다음 두가지 경우는 וּ 모양을 취한다.

i) 모음과는 관계 없이 자음 중 순음(입술소리) ב, מ, פ 앞에서

예) אִישׁ וּבַיִת 사람과 집, כֹּהֵן וּמֶלֶךְ 제사장과 왕,

מֹשֶׁה וּפַרְעֹה 모세와 바로

ii) 쉐바를 갖는 모든 자음 앞에서

예) דָּוִד וּשְׁלֹמֹה 다윗과 솔로몬, תּוֹרָה וּדְבָרִים 율법과 말씀들

연습문제

1. 다음 구들을 번역하라.

(1) שֵׁם הָעִיר (창 4:17)

(2) מַלְכֵי מִדְיָן (삿 8:12)[5]

(3) אֵת דִּבְרֵי יְהוָה (민 11:24)

(4) כָּל־הָעָם (룻 4:9)

(5) אֱלֹהֵי הָרִים (왕상 20:23)

(6) בְּנוֹת מְלָ֫כִים (시 45:10)

(7) בֵּין כָּל־נֶ֫פֶשׁ (창 9:15)

(8) כָּל־עַבְדֵי פַּרְעֹה (창 50:7)

(9) רָאשֵׁי בְנֵי־הַמֶּ֫לֶךְ (왕하 10:8)

(10) בְּיַד־אִשָּׁה (삿 4:9)

(11) כָּל־יְמֵי אָדָם (창 5:5)

(12) אֲבִי כָּל־בְּנֵי־עֵ֫בֶר (창 10:21)[6]

(13) בְּדֶ֫רֶךְ כָּל־הָאָ֫רֶץ (수 23:14)

(14) מִבְּנֵי יִשְׂרָאֵל (수 4:4)

---

5) מִדְיָן 미디안
6) עֵ֫בֶר 에벨

(15) בְּשֵׁם־יְהוָה (렘 26:9)

(16) עַד הַיּוֹם הַזֶּה (삼상 5:5)

(17) מִיַּד־אִישׁ (삼상 12:4)

(18) בְּמֵי הַיַּרְדֵּן (수 3:13)

(19) אֶל־אֶ֫רֶץ כְּנַעַן (레 14:34)

(20) עַל־בָּתֵּי בְּנֵי־יִשְׂרָאֵל (출 12:27)

2. 다음 명사문장을 번역하라.(현재로 번역할 것)

(1) הוּא אֲבִי־מוֹאָב (창 19:37)[7]

(2) הִיא עִיר דָּוִד (삼하 5:7)

(3) בֶּן־יְהוֹשָׁפָט הוּא (대하 22:9)[8]

(4) אִישׁ אֱלֹהִים אָתָּה (왕상 17:24)

(5) אֵלֶּה שְׁמוֹת בְּנֵי יִשְׂרָאֵל (출 1:1)

(6) הַקֹּל קוֹל יַעֲקֹב וְהַיָּדַיִם יְדֵי עֵשָׂו (창 27:22)[9]

---

7) מוֹאָב 모압

8) יְהוֹשָׁפָט 여호사밧

9) עֵשָׂו 에서

제 6과 형용사

אִיּוֹב	욥	נִינְוֵה	니느웨
גָּדוֹל	큰, 위대한	עַ֫יִן	눈(eye), 샘(spring)
חָזָק	강한	צַדִּיק	의로운
חָכָם	지혜로운	קָשֶׁה	어려운, 완고한
יָפֶה	아름다운	רַב	많은, 위대한
מְאֹד	매우	רַע	악한, 나쁜

6.1 형용사의 성과 수

형용사의 성과 수는 다음과 같다.

수 \ 성	남성	여성
단수	טוֹב	טוֹבָה
복수	טוֹבִים	טוֹבוֹת 혹은 טֹבוֹת

형용사의 기본형 뒤에는 명사에서와 같이 성과 수에 따라 뒤에 붙는 어미가 달라진다. 남성단수는 기본형이므로 어미가 붙지 않고 여성단수 어미는 ָה 이며, 남성복수에 붙는 어미는 ִים, 여성복수는 וֹת-가 붙는다.

6.2 형용사의 용법

① 형용사의 용법은 크게 두 가지인데 관형적 용법과 서술적 용법이다.

i) 관형적 용법으로 사용될 때는 단어의 순서가 중요하다. 항상 명사 뒤에서 앞에

나온 명사를 꾸며 주며 문장이 아닌 구를 형성한다. 즉 명사+ 형용사의 순서이다.

예) אִישׁ טוֹב   좋은 사람

정관사가 올 때는 명사와 형용사에 모두 정관사를 붙여야 한다.

예) הָאִישׁ הַטּוֹב   그 좋은 사람

ii) 서술적 용법으로 사용될 때는 단어 순서가 자유로우며 구가 아닌 문장을 형성한다.

예) אִישׁ טוֹב 혹은 טוֹב אִישׁ   사람은 좋다.

정관사가 올 때는 명사에만 정관사를 붙인다.

예) הָאִישׁ טוֹב 혹은 טוֹב הָאִישׁ   그 사람은 좋다.

② 형용사의 성과 수는 명사와 일치되어야 한다.

남성단수	מֶלֶךְ טוֹב	좋은 왕 혹은 왕은 좋다.
여성단수	אִשָּׁה טוֹבָה טוֹבָה הָאָרֶץ	좋은 여자 혹은 여자는 좋다. 그 땅은 좋다.
남성복수	הָאֲנָשִׁים הַטּוֹבִים	그 좋은 사람(남자)들
여성복수	נָשִׁים טוֹבוֹת	좋은 여자들 혹은 여자들은 좋다.

③ 형용사에는 쌍수가 없다. 따라서 명사가 쌍수일 때 형용사는 복수 형태를 사용한다.

예) הַיָּדַיִם טֹבוֹת   그 손들은 좋다.

④ 4과에서 나온 지시대명사가 지시형용사로 사용되기도 하는데 정관사와 함께 관형적 용법으로 나타난다.

예) הַיּוֹם הַזֶּה   이 날,   הַיּוֹם הַהוּא   그 날

⑤ 형용사 중 ה(헤)로 끝나는 단어는 여성단수와 남,여 복수에서 ה(헤)가 탈락된다.

수 \ 성	남성	여성	뜻
단수	קָשֶׁה יָפֶה	קָשָׁה יָפָה	어려운, 완고한 아름다운
복수	קָשִׁים יָפִים	קָשׁוֹת יָפוֹת	어려운, 완고한 아름다운

⑥ 형용사의 명사화 - 형용사가 명사화되어 단독으로 쓰이거나 연계형으로 사용될 때가 있다.

예) כָּל־הַטּוֹב (삼상 14:36) 모든 좋은 것

עִם־יְפֵה עֵינַיִם (삼상 16:12) 눈의 아름다움을 가진=아름다운 눈을 가진

6.3 비교급과 최상급

히브리어 형용사에는 비교급과 최상급을 표현하는 특별한 형태가 없다. 비교급을 표현할 때는 전치사 מִן / ·מִ (-보다) 를 사용한다.

예) חָכָם אַתָּה מִדָּנִאֵל (겔 28:3) 너는 다니엘보다 더 지혜롭다.

최상급을 표현하는 방법은 다양한데 형용사 앞에 정관사를 붙이고 비교되는 명사 앞에 전치사 מִן이나 בּ를 붙여 표현하기도 한다.

예) הַיָּפָה בַּנָּשִׁים (아 1:8) 여자들 중 가장 예쁜 자

명사와 형용사의 연습

모음의 변화와 명사의 성에 너무 집착하지 말고 다음을 해석해 보라. 형용사의 형태를 보고 명사의 성, 수를 짐작할 수 있다. יְהוָה(아도나이)와 같은 고유명사는 표면적으로는 정관사가 없지만 정관사가 포함된 명사와 같이 취급됨을 조심하라.

형용사: רַע, רָעָה, רָעִים, רָעוֹת (악한, 나쁜)

חָזָק, חֲזָקָה, חֲזָקִים, חֲזָקוֹת (강한)

(1) עַם טוֹב

(2) דָּבָר קָשֶׁה

(3) אֶרֶץ רָעָה

(4) הַכֹּהֵן הַגָּדוֹל

(5) הַבַּת הַחֲזָקָה

(6) הָעִיר הַיָּפָה

(7) אֱלֹהִים גָּדוֹל

(8) קָשֶׁה הַשֵּׁם

(9) יְהוָה צַדִּיק

(10) הָאֲנָשִׁים הַקָּשִׁים

(11) מַיִם טוֹבִים

(12) הָעִיר רָעָה

(13) יָמִים רַבִּים

(14) שָׁנָה טוֹבָה

(15) שֵׁמוֹת יָפִים

(16) גְּדֹלוֹת הַנָּשִׁים

(17) דָּוִד הֶחָזָק

(18) הַיָּד גְּדוֹלָה

(19) הָאָח הָרָע

(20) חֲכָמִים הַמְּלָכִים

연습문제

❖ **다음을 번역하라. (명사문장은 현재로 번역할 것)**

(1) יָפָה הִוא מְאֹד (창 12:14)

(2) אֶל־נִינְוֵה הָעִיר הַגְּדוֹלָה (욘 1:2)

(3) עַד הַיּוֹם הַזֶּה (수 22:3)

(4) נֹחַ אִישׁ צַדִּיק (창 6:9)[1]

(5) יְהוָה הַצַּדִּיק (출 9:27)

(6) הַמַּיִם רָעִים (왕하 2:19)

(7) בְּיָד חֲזָקָה (시 136:12)

(8) הָאָרֶץ הַטּוֹבָה הַזֹּאת (신 9:6)

(9) יוֹם יְהוָה הַגָּדוֹל (욜 3:4)

(10) הָאִישׁ קָשֶׁה וְרַע (삼상 25:3)

(11) הֵמָּה חֲכָמִים (렘 4:22)

---

1) נֹחַ 노아

(12) עַם־רַב אַתָּה (수 17:15)

(13) גָּדוֹל הַיּוֹם הַהוּא (렘 30:7)

(14) מִי־הָאִישׁ הֶחָכָם (렘 9:11)

(15) לֹא־טוֹב הַדָּבָר הַזֶּה (삼상 26:16)

(16) מֶלֶךְ גָּדוֹל אָנִי (말 1:14)

(17) טוֹבָה הָאָרֶץ מְאֹד מְאֹד (민 14:7)

(18) נָשִׁים יָפוֹת כִּבְנוֹת אִיּוֹב (욥 42:15)

(19) יְהוּדָה וְיִשְׂרָאֵל רַבִּים (왕상 4:20)

제 7과 대명사 접미사: 단수명사

אֹיֵב	원수, 적	מָקוֹם	장소
חֶ֫רֶב	칼	נֶ֫דֶר	맹세
כֶּ֫סֶף	돈, 은	נַעַר	소년
לֵבָב, לֵב	마음	צָבָא	군대
לַ֫יְלָה	밤	קֹ֫דֶשׁ	거룩
מִין	종류		

7.1 대명사 접미사 – 단수명사

단수명사 뒤에 붙는 대명사 접미사는 다음과 같다.

수	인칭		대명사접미사	뜻
단수	1인칭	אֲנִי	-ִי	나의 -
	2인칭남성	אַתָּה	-ְךָ	너의(남) -
	2인칭여성	אַתְּ	-ֵךְ	너의(여) -
	3인칭남성	הוּא	-וֹ	그의 -
	3인칭여성	הִיא	-ָהּ	그녀의 -
복수	1인칭	אֲנַחְנוּ	-ֵנוּ	우리의 -
	2인칭남성	אַתֶּם	-ְכֶם	너희의(남) -
	2인칭여성	אַתֶּן	-ְכֶן	너희의(여) -
	3인칭남성	הֵמָּה	-ָם	그들의 -
	3인칭여성	הֵנָּה	-ָן	그녀들의 -

סוּס(-의 수말), סוּסַת(-의 암말) 뒤에 대명사 접미사를 붙이면 다음과 같다.

			남성단수	뜻	여성단수	뜻
수	인칭		סוּס	-의 수말	סוּסַת	-의 암말
단수	1인칭	אֲנִי	סוּסִי	나의 수말	סוּסָתִי	나의 암말
	2인칭남성	אַתָּה	סוּסְךָ	너의(남) 수말	סוּסָתְךָ	너의(남) 암말
	2인칭여성	אַתְּ	סוּסֵךְ	너의(여) 수말	סוּסָתֵךְ	너의(여) 암말
	3인칭남성	הוּא	סוּסוֹ	그의 수말	סוּסָתוֹ	그의 암말
	3인칭여성	הִיא	סוּסָהּ	그녀의 수말	סוּסָתָהּ	그녀의 암말
복수	1인칭	אֲנַחְנוּ	סוּסֵנוּ	우리의 수말	סוּסָתֵנוּ	우리의 암말
	2인칭남성	אַתֶּם	סוּסְכֶם	너희의(남) 수말	סוּסַתְכֶם	너희의(남) 암말
	2인칭여성	אַתֶּן	סוּסְכֶן	너희의(여) 수말	סוּסַתְכֶן	너희의(여) 암말
	3인칭남성	הֵמָּה	סוּסָם	그들의 수말	סוּסָתָם	그들의 암말
	3인칭여성	הֵנָּה	סוּסָן	그녀들의 수말	סוּסָתָן	그녀들의 암말

① 명사 뒤에 대명사 접미사를 붙일 때에는 명사의 절대형이 아닌 연계형 다음에 대명사 접미사를 붙여야 한다. 따라서 명사 중 여성단수와 남성복수 형태를 조심해야 한다. 대명사 접미사의 뜻은 소유격으로 '나의 말', '너의 말', '그의 말' 등이다.

② 3인칭남성 단수 대명사 접미사의 형태는 וֹ- 대신에 ־הוּ-가 오기도 하며 3인칭 남성/여성 복수 대명사 접미사에서는 ם ָ, ן ָ 대신에 ־הֶם-, ־הֶן-이 오기도 한다.

예) לְמִינוֹ (창 1:11), לְמִינֵהוּ (창 1:12) 그 종류대로,
לְמִינֵהֶם (창 1:21) 그것들의 종류대로

③ 명사에 대명사 접미사가 붙을 때 그 명사는 한정된 것으로 보아야 한다. 따라서 대명사 접미사와 함께 사용되는 명사에는 정관사를 붙일 수 없으며 이 명사 뒤에 형용사가 관형적 용법으로 올 때는 형용사에 정관사를 붙여 주어야 한다.

예) סוּסָתִי הַגְּדוֹלָה 나의 큰 암말.

만일 형용사에 정관사가 빠진다면 즉, סוּסָתִי גְּדוֹלָה는 '나의 암말은 크다'라는 문장이 된다.

7.2 대명사 접미사 - 불규칙 연계형

명사의 연계형 중에는 불규칙 연계형들이 있다. 불규칙 연계형이란 절대형에서 연계형이 될 때 자음이나 모음이 변하는 형태를 말한다. 이와 같은 불규칙 연계형을 갖는 명사들은 다음과 같이 변한다.

절대형 명사			אָב 아버지	אָח 형제	אִשָּׁה 여자, 아내
연계형 명사			אֲבִי	אֲחִי	אֵשֶׁת
단수	1인칭	אֲנִי	אָבִי	אָחִי	אִשְׁתִּי
	2인칭남성	אַתָּה	אָבִיךָ	אָחִיךָ	אִשְׁתְּךָ
	2인칭여성	אַתְּ	אָבִיךְ	אָחִיךְ	-
	3인칭남성	הוּא	אָבִיו	אָחִיו	אִשְׁתּוֹ
	3인칭여성	הִיא	אָבִיהָ	אָחִיהָ	-
복수	1인칭	אֲנַחְנוּ	אָבִינוּ	אָחִינוּ	-
	2인칭남성	אַתֶּם	אֲבִיכֶם	אֲחִיכֶם	-
	2인칭여성	אַתֶּן	אֲבִיכֶן	אֲחִיכֶן	-
	3인칭남성	הֵמָּה	אֲבִיהֶם	אֲחִיהֶם	-
	3인칭여성	הֵנָּה	אֲבִיהֶן	אֲחִיהֶן	-

위의 표에 나오는 세 단어는 매우 자주 등장하는 단어이며 대명사 접미사가 붙을 때 모음 뿐 아니라 자음에도 변화가 있으므로 잘 기억해야 한다. אִשָּׁה (여자, 아내)가 대명사 접미사와 함께 사용되는 경우는 표에 기록된대로 성경 전체에 세 가지(나의 아내, 너의 아내, 그의 아내)만 나타난다.

> **참고.** אָבִי나 אָחִי와 같은 표현은 두 가지가 가능하다.
> ① 명사 + 대명사 접미사: '나의 아버지', '나의 형제'
> ② 명사의 연계형: '-의 아버지', '-의 형제'
> 그 둘의 구분은 구나 문장의 구조, 전후 단어를 통해 할 수 있다.

다음 네 명사들은 대명사 접미사와 함께 사용될 때 자음은 변하지 않고 모음에만 변화가 있다.

절대형 명사			בֵּן 아들	בַּת 딸	בַּיִת 집	שֵׁם 이름
연계형 명사			בֶּן	בַּת	בֵּית	שֵׁם
단수	1인칭	אֲנִי	בְּנִי	בִּתִּי	בֵּיתִי	שְׁמִי
	2인칭남성	אַתָּה	בִּנְךָ	בִּתְּךָ	בֵּיתְךָ	שִׁמְךָ
	2인칭여성	אַתְּ	בְּנֵךְ	בִּתֵּךְ	בֵּיתֵךְ	שְׁמֵךְ
	3인칭남성	הוּא	בְּנוֹ	בִּתּוֹ	בֵּיתוֹ	שְׁמוֹ
	3인칭여성	הִיא	בְּנָהּ	בִּתָּהּ	בֵּיתָהּ	שְׁמָהּ
복수	1인칭	אֲנַחְנוּ	בְּנֵנוּ	בִּתֵּנוּ	בֵּיתֵנוּ	שְׁמֵנוּ
	2인칭남성	אַתֶּם	בִּנְכֶם	בִּתְּכֶם	בֵּיתְכֶם	שִׁמְכֶם
	2인칭여성	אַתֶּן	בִּנְכֶן	בִּתְּכֶן	בֵּיתְכֶן	שִׁמְכֶן
	3인칭남성	הֵמָּה	בְּנָם	בִּתָּם	בֵּיתָם	שְׁמָם
	3인칭여성	הֵנָּה	בְּנָן	בִּתָּן	בֵּיתָן	שְׁמָן

다음 명사들 역시 대명사 접미사와 함께 사용될 때 모음에만 변화가 있는데 특히 첫 자음에 붙는 모음이 변화가 가장 심하다.[1]

1) 복잡한 여러 가지 모음 변화를 외우기보다는 대명사 접미사와 함께 사용된 명사의 원형이 무엇인지를 파악하는 것이 중요한 일이다.

절대형 명사			דָּבָר 말(씀), 것	מֶלֶךְ 왕	נֶדֶר 맹세	קֹדֶשׁ 거룩	חֶרֶב 칼
연계형 명사			דְּבַר	מֶלֶךְ	נֶדֶר	קֹדֶשׁ	חֶרֶב
단수	1인칭	אֲנִי	דְּבָרִי	מַלְכִּי	נִדְרִי	קָדְשִׁי	חַרְבִּי
	2인칭남성	אַתָּה	דְּבָרְךָ	מַלְכְּךָ	נִדְרְךָ	קָדְשְׁךָ	חַרְבְּךָ
	2인칭여성	אַתְּ	דְּבָרֵךְ	מַלְכֵּךְ	נִדְרֵךְ	קָדְשֵׁךְ	חַרְבֵּךְ
	3인칭남성	הוּא	דְּבָרוֹ	מַלְכּוֹ	נִדְרוֹ	קָדְשׁוֹ	חַרְבּוֹ
	3인칭여성	הִיא	דְּבָרָהּ	מַלְכָּהּ	נִדְרָהּ	קָדְשָׁהּ	חַרְבָּהּ
복수	1인칭	אֲנַחְנוּ	דְּבָרֵנוּ	מַלְכֵּנוּ	נִדְרֵנוּ	קָדְשֵׁנוּ	חַרְבֵּנוּ
	2인칭남성	אַתֶּם	דְּבַרְכֶם	מַלְכְּכֶם	נִדְרְכֶם	קָדְשְׁכֶם	חַרְבְּכֶם
	2인칭여성	אַתֵּן	דְּבַרְכֶן	מַלְכְּכֶן	נִדְרְכֶן	קָדְשְׁכֶן	חַרְבְּכֶן
	3인칭남성	הֵמָּה	דְּבָרָם	מַלְכָּם	נִדְרָם	קָדְשָׁם	חַרְבָּם
	3인칭여성	הֵנָּה	דְּבָרָן	מַלְכָּן	נִדְרָן	קָדְשָׁן	חַרְבָּן

번역연습

(1) כַּסְפֵּנוּ (창 43:22)

(2) בְּכָל־לִבָּם (왕상 8:23)

(3) בְּחַרְבְּךָ (수 24:12)

(4) אִישָׁהּ (민 30:14)

(5) עַל־רֹאשׁוֹ (출 29:7)

(6) אֶת־דַּרְכֵּךְ[2] (렘 2:36)

(7) בְּכָל־נַפְשְׁךָ (신 6:5)

(8) אֶת־קוֹלְכֶם (수 6:10)

(9) אֶל־פִּיהֶם (삿 7:6)

(10) בֵּין עַמִּי וּבֵין עַמֶּךָ (출 8:19)

연습문제

1. 다음 단어나 구들을 번역하라.

(1) מִמְּקוֹמוֹ (미 1:3)

(2) אֶת־חַרְבּוֹ (삼상 25:13)

(3) בְּיָדִי (겔 37:19)

(4) בְּרֹאשָׁם (레 21:5)

(5) בְּדֶרֶךְ מַלְכֵי יִשְׂרָאֵל (왕하 8:18)

(6) עַד־מְקוֹמִי (삿 11:19)

(7) אֶל־אַרְצוֹ (사 37:7)

(8) לְאַנְשֵׁי בֵיתָהּ (창 39:14)

(9) אֶת־קוֹל דִּבְרֵי הָעָם הַזֶּה (신 5:28)

(10) אֶת־בַּת־בְּנָהּ וְאֶת־בַּת־בִּתָּהּ (레 18:17)

---

2) 이곳(번역견습과 연습문제)의 אֶת는 '~를'의 뜻을 가진 목적격 불변사이다.

2. 다음 문장들을 번역하라.(현재로 번역할 것)

(1) אֲנִי עַבְדְּךָ (삼하 15:34)

(2) יְהוָה מַלְכֵּנוּ (사 33:22)

(3) בְּנִי אַתָּה (시 2:7)

(4) יְהוָה אֱלֹהֵי־צְבָאוֹת שְׁמוֹ (암 4:13)

(5) הִיא לֹא אִשְׁתִּי (호 2:4)

(6) קוֹלוֹ כְּקוֹל מַיִם רַבִּים (겔 43:2)

(7) אֹיְבֵי אִישׁ אַנְשֵׁי בֵיתוֹ (미 7:6)

제8과 대명사 접미사: 복수명사

אָדוֹן	주, 주인, 주님	נָבִיא	선지자
חֶסֶד	인자, 자비	קָדוֹשׁ	거룩한
מִצְוָה	계명	שָׁמַיִם	하늘
מִשְׁפָּט	재판, 법	תּוֹרָה	율법

8.1 대명사 접미사 – 복수명사

복수명사 뒤에 붙는 대명사 접미사를 단수명사 뒤에 붙는 대명사 접미사와 비교해보면 다음과 같다.

			단수명사 + 접미사	복수명사 + 접미사
단수	1인칭	אֲנִי	ִי-	ַי-
	2인칭남성	אַתָּה	ְךָ-	ֶיךָ-
	2인칭여성	אַתְּ	ֵךְ-	ַיִךְ-
	3인칭남성	הוּא	וֹ-	ָיו-
	3인칭여성	הִיא	ָהּ-	ֶיהָ-
복수	1인칭	אֲנַחְנוּ	ֵנוּ-	ֵינוּ-
	2인칭남성	אַתֶּם	ְכֶם-	ֵיכֶם-
	2인칭여성	אַתֶּן	ְכֶן-	ֵיכֶן-
	3인칭남성	הֵמָּה	ָם-	ֵיהֶם- (ָם)
	3인칭여성	הֵנָּה	ָן-	ֵיהֶן- (ָן)

סוּסֵי(-의 수말들), סוּסוֹת(-의 암말들) 뒤에 대명사 접미사를 붙이면 다음과 같다.

			남성복수	뜻	여성복수	뜻
수	인칭		סוּסֵי	-의 수말들	סוּסוֹת	-의 암말들
단수	1인칭	אֲנִי	סוּסַי	나의 수말들	סוּסוֹתַי	나의 암말들
	2인칭남성	אַתָּה	סוּסֶיךָ	너의(남) 수말들	סוּסוֹתֶיךָ	너의(남) 암말들
	2인칭여성	אַתְּ	סוּסַיִךְ	너의(여) 수말들	סוּסוֹתַיִךְ	너의(여) 암말들
	3인칭남성	הוּא	סוּסָיו	그의 수말들	סוּסוֹתָיו	그의 암말들
	3인칭여성	הִיא	סוּסֶיהָ	그녀의 수말들	סוּסוֹתֶיהָ	그녀의 암말들
복수	1인칭	אֲנַחְנוּ	סוּסֵינוּ	우리의 수말들	סוּסוֹתֵינוּ	우리의 암말들
	2인칭남성	אַתֶּם	סוּסֵיכֶם	너희의(남) 수말들	סוּסוֹתֵיכֶם	너희의(남) 암말들
	2인칭여성	אַתֶּן	סוּסֵיכֶן	너희의(여) 수말들	סוּסוֹתֵיכֶן	너희의(여) 암말들
	3인칭남성	הֵמָּה	סוּסֵיהֶם	그들의 수말들	סוּסוֹתֵיהֶם	그들의 암말들
	3인칭여성	הֵנָּה	סוּסֵיהֶן	그녀들의 수말들	סוּסוֹתֵיהֶן	그녀들의 암말들

① 대명사 접미사 앞에 오는 명사가 단수인가 복수인가를 구분하는 방법은 접미사 앞에 י의 여부이다. 즉, 접미사 앞에 י가 없으면 단수이고 י가 있으면 복수이다. 그러나 1인칭단수 대명사 접미사의 경우는 단수, 복수 명사 뒤에 י가 하나만 있으므로 반드시 모음으로 구분해야 한다.

예) אֲדֹנִי (왕상 1:31) 나의 주인(주님), אֲדֹנַי (창 19:2) 나의 주인(주님)들

② 대명사 접미사가 복수명사와 함께 쓰일 때 대명사 접미사 바로 앞의 요드(י)의 발음을 조심해야 하는데 특히 3인칭남성단수 סוּסָיו의 경우 '쑤싸이브'가 아니라 '쑤싸브'로 발음해야 한다. 나머지는 '쑤싸이', '쑤쎄하', '쑤싸이흐', '쑤쎄누' 등으로 발음한다.

참고. 존대의 복수

하나님, 혹은 신을 나타내는 보통명사인 אֱלֹהִים이 신을 나타낼 때는 복수로 '신들'이 되지만(출 20:3 등) 하나님을 나타낼 때는 단수취급을 한다.[1] 하나님, 혹은 사람에 대한 존대를 나타낼 때 단수이더라도 복수형태를 취한다. 이러한 것을 '존대의 복수'라 한다. 하나님의 이름을 나타내는 고유명사인 יְהוָה를 '아도니'가 아닌 '아도나이'로 표현하는 것도 같은 맥락이다.

예) אֲדֹנֶיהָ (삿 19:27) 그녀의 주인(남편)들 → 그녀의 (존경하는) 주인
אֲדֹנֵינוּ דָוִד (왕상 1:11) 우리의 주인들 다윗→우리의 (존경하는) 주 다윗

③ 대명사 접미사와 함께 사용되는 אֱלֹהִים은 앞의 표에서처럼 규칙적으로 변하며 매우 빈번하게 사용되므로 익혀두는 것이 필요하다.

אֱלֹהַי 나의 하나님　אֱלֹהֶיךָ 너의(남) 하나님　אֱלֹהַיִךְ 너의(여) 하나님
אֱלֹהָיו 그의 하나님　אֱלֹהֶיהָ 그녀의 하나님　אֱלֹהֵינוּ 우리의 하나님
אֱלֹהֵיכֶם 너희들(남)의 하나님　אֱלֹהֵיהֶם 그들의 하나님
אֱלֹהֵיכֶן 너희들(여)의 하나님
אֱלֹהֵיהֶן 그녀들의 하나님

8.2 대명사 접미사 - 불규칙 연계형

자음이나 모음이 불규칙적으로 변하는 불규칙 연계형 복수명사 뒤에 대명사 접미사가 올 때 다음과 같이 변한다.

---

1) 우리말에서 '하나님'은 고유명사처럼 사용되나 히브리어에서 אֱלֹהִים(엘로힘)은 보통명사이며 יְהוָה(아도나이)는 고유명사이다.

절대형 명사			דְּבָרִים 말들, 것들	אֲנָשִׁים 사람들	יָמִים 날들	עֵינַיִם 두 눈
연계형 명사			דִּבְרֵי	אַנְשֵׁי	יְמֵי	עֵינֵי
단수	1인칭	אֲנִי	דְּבָרַי	אֲנָשַׁי	יָמַי	עֵינַי
	2인칭남성	אַתָּה	דְּבָרֶיךָ	אֲנָשֶׁיךָ	יָמֶיךָ	עֵינֶיךָ
	2인칭여성	אַתְּ	דְּבָרַיִךְ	אֲנָשַׁיִךְ	יָמַיִךְ	עֵינַיִךְ
	3인칭남성	הוּא	דְּבָרָיו	אֲנָשָׁיו	יָמָיו	עֵינָיו
	3인칭여성	הִיא	דְּבָרֶיהָ	אֲנָשֶׁיהָ	יָמֶיהָ	עֵינֶיהָ
복수	1인칭	אֲנַחְנוּ	דְּבָרֵינוּ	אֲנָשֵׁינוּ	יָמֵינוּ	עֵינֵינוּ
	2인칭남성	אַתֶּם	דִּבְרֵיכֶם	אַנְשֵׁיכֶם	יְמֵיכֶם	עֵינֵיכֶם
	2인칭여성	אַתֶּן	דִּבְרֵיכֶן	אַנְשֵׁיכֶן	יְמֵיכֶן	עֵינֵיכֶן
	3인칭남성	הֵמָּה	דִּבְרֵיהֶם	אַנְשֵׁיהֶם	יְמֵיהֶם	עֵינֵיהֶם
	3인칭여성	הֵנָּה	דִּבְרֵיהֶן	אַנְשֵׁיהֶן	יְמֵיהֶן	עֵינֵיהֶן

쎄골 명사와 기타 불규칙 명사의 복수 뒤에 대명사 접미사가 올 때 다음과 같이 변한다.[2)]

절대형 명사			מְלָכִים 왕들	נְדָרִים 맹세들	קֳדָשִׁים 거룩들	שֵׁמוֹת 이름들	חֲרָבוֹת 칼들
연계형 명사			מַלְכֵי	נִדְרֵי	קָדְשֵׁי	שְׁמוֹת	חַרְבוֹת
단수	1인칭	אֲנִי	מְלָכַי	נְדָרַי	קֳדָשַׁי	שְׁמוֹתַי	חַרְבֹתַי
	2인칭남성	אַתָּה	מְלָכֶיךָ	נְדָרֶיךָ	קֳדָשֶׁיךָ	שְׁמוֹתֶיךָ	חַרְבֹתֶיךָ
	2인칭여성	אַתְּ	מְלָכַיִךְ	נְדָרַיִךְ	קֳדָשַׁיִךְ	שְׁמוֹתַיִךְ	חַרְבֹתַיִךְ

2) שָׁמַיִם (하늘)의 경우 늘 복수로만 사용되는데 연계형은 שְׁמֵי이며 대명사 접미사가 오는 경우 שָׁמֶיךָ, שְׁמֵיכֶם, שָׁמָיו와 같이 변하는데 שֵׁם (이름), שֵׁמוֹת (이름들)와 혼돈하지 말도록 하자.

<table>
<tr><td rowspan="2">단수</td><td>3인칭남성</td><td>הוּא</td><td>מְלָכָיו</td><td>נְדָרָיו</td><td>קֳדָשָׁיו</td><td>שְׁמוֹתָיו</td><td>חַרְבוֹתָיו</td></tr>
<tr><td>3인칭여성</td><td>הִיא</td><td>מְלָכֶיהָ</td><td>נְדָרֶיהָ</td><td>קֳדָשֶׁיהָ</td><td>שְׁמוֹתֶיהָ</td><td>חַרְבֹתֶיהָ</td></tr>
<tr><td rowspan="5">복수</td><td>1인칭</td><td>אֲנַחְנוּ</td><td>מְלָכֵינוּ</td><td>נְדָרֵינוּ</td><td>קֳדָשֵׁינוּ</td><td>שְׁמוֹתֵינוּ</td><td>חַרְבֹתֵינוּ</td></tr>
<tr><td>2인칭남성</td><td>אַתֶּם</td><td>מַלְכֵיכֶם</td><td>נִדְרֵיכֶם</td><td>קָדְשֵׁיכֶם</td><td>שְׁמוֹתֵיכֶם</td><td>חַרְבֹתֵיכֶם</td></tr>
<tr><td>2인칭여성</td><td>אַתֶּן</td><td>מַלְכֵיכֶן</td><td>נִדְרֵיכֶן</td><td>קָדְשֵׁיכֶן</td><td>שְׁמוֹתֵיכֶן</td><td>חַרְבֹתֵיכֶן</td></tr>
<tr><td>3인칭남성</td><td>הֵמָּה</td><td>מַלְכֵיהֶם</td><td>נִדְרֵיהֶם</td><td>קָדְשֵׁיהֶם</td><td>שְׁמוֹתָם</td><td>חַרְבֹתֵיהֶם</td></tr>
<tr><td>3인칭여성</td><td>הֵנָּה</td><td>מַלְכֵיהֶן</td><td>נִדְרֵיהֶן</td><td>קָדְשֵׁיהֶן</td><td>שְׁמוֹתָן</td><td>חַרְבֹתֵיהֶן</td></tr>
</table>

번역연습

(1) כָּל־יָמָיו (전 5:16)

(2) אֶל־אֲדֹנֵיכֶם (렘 27:4)

(3) אֶת־תּוֹרֹתַי (겔 44:24)

(4) עַל־נַפְשֹׁתֵיכֶם (출 30:15)

(5) מִשְׁפָּטֶיךָ (시 10:5)

(6) רָאשֵׁיהֶם (출 38:19)

(7) בְּנוֹתַיִךְ (겔 26:8)

(8) כְּכָל־מִשְׁפָּטָיו (민 9:3)

(9) עִם־עֲבָדֶיךָ (단 1:13)

(10) כֹּהֲנֵינוּ (느 10:1)

연습문제

1. 다음 단어와 구들을 번역하라.

(1) בִּדְרָכָיו (신 8:6)

(2) לְאֹיְבַיִךְ (나 3:13)

(3) כָּל־אֲנָשֶׁיהָ (수 10:2)

(4) כָּל־נְבִיאֶיךָ (왕상 22:23)

(5) אֶת־כָּל־מִצְוֹתָיו (신 28:1)

(6) אֶת־כָּל־מַלְכֵיהֶם (수 11:12)

(7) לַאֲנָשָׁיו (삼상 24:7)

(8) שָׁמֶיךָ (시 8:4)

(9) עִם־חַרְבֹתֵיהֶם (느 4:7)

(10) אֶל־אֲחֵיהֶם (삿 18:8)

2. 다음 문장들을 번역하라. (현재로 번역할 것)

(1) אֵלֶּה הַמִּצְוֹת וְהַמִּשְׁפָּטִים (민 36:13)

(2) אֵלֶּה בָנָיו (대상 8:10)

(3) חַסְדְּךָ גָּדוֹל (시 86:13)

(4) אֱלֹהֵינוּ אַתָּה (대하 14:10)

(5) עַם קָדוֹשׁ אַתָּה לַיהוָה אֱלֹהֶיךָ (신 14:2)

(6) מִי אֲבִיהֶם (삼상 10:12)

(7) אֵלֶּה שְׁמוֹתָם (민 13:4)

(8) אֵלֶּה רָאשֵׁי בֵית־אֲבֹתָם (출 6:14)

제 9 과 대명사 접미사: 전치사, 예쉬 · 아인

אַחֲרֵי/אַחַר	후에, 뒤에	בַּעַד	위하여, 밖으로	לִפְנֵי	전에, 앞에
אַ֫יִן	없다, 아니다	יַ֫יִן	포도주	מַחֲנֶה	진영
אֵם	어머니	יֶ֫לֶד	아이	נֶ֫גֶד	맞서서, 맞은편에
אֵ֫צֶל	옆에	יֵשׁ	있다	תַּ֫חַת	아래, 대신에
בִּלְעֲדֵי	없이	לֶ֫חֶם	빵		

9.1 대명사 접미사 – 단수명사를 따르는 전치사

전치사 뒤에 붙는 대명사 접미사도 명사 뒤에 붙는 것과 같다. 단지 전치사의 종류에 따라 단수명사를 따르는 것과 복수명사를 따르는 것으로 나뉘어진다. 단수명사에 붙는 대명사 접미사를 따라가는 전치사들과 불변사들은 다음과 같다.

수	인칭		לְ -에게	אֵת -함께	אֵת -를	מִן -부터	כְּמוֹ -처럼
단수	1인칭	אֲנִי	לִי	אִתִּי	אֹתִי	מִמֶּנִּי	כָּמוֹנִי
	2인칭남성	אַתָּה	לְךָ	אִתְּךָ	אֹתְךָ	מִמְּךָ	כָּמוֹךָ
	2인칭여성	אַתְּ	לָךְ	אִתָּךְ	אֹתָךְ	מִמֵּךְ	כָּמוֹךְ
	3인칭남성	הוּא	לוֹ	אִתּוֹ	אֹתוֹ	מִמֶּנּוּ	כָּמֹהוּ
	3인칭여성	הִיא	לָהּ	אִתָּהּ	אֹתָהּ	מִמֶּנָּה	כָּמוֹהָ
복수	1인칭	אֲנַחְנוּ	לָנוּ	אִתָּנוּ	אֹתָנוּ	מִמֶּנּוּ	כָּמוֹנוּ
	2인칭남성	אַתֶּם	לָכֶם	אִתְּכֶם	אֶתְכֶם	מִכֶּם	כְּמוֹכֶם
	2인칭여성	אַתֶּן	לָכֶן	אִתְּכֶן	אֶתְכֶן	מִכֶּן	כְּמוֹכֶן
	3인칭남성	הֵמָּה	לָהֶם	אִתָּם	אֹתָם	מֵהֶם	כְּמוֹהֶם
	3인칭여성	הֵנָּה	לָהֶן	אִתָּן	אֹתָן	מֵהֶן	כְּמוֹהֶן

① 명사 뒤에 대명사 접미사가 붙을 때는 '나의 말', '너의 말' 등과 같이 소유격으로 해석하였으나 전치사나 불변사 뒤에 대명사 접미사가 붙을 때는 전치사나 불변사의 뜻에 맞게 해석하면 된다.

예) לִי 나에게, אֹתְךָ 너를(남), אִתּוֹ 그와 함께, כְּמוֹכֶן 너희들(여)처럼

② לְ (-에게, -위하여)와 동일한 변화를 하는 것은 בְּ (-안에) 이다. 운문체에서는 לָהֶם (לְ+3인칭남성복수 대명사 접미사)대신에 לָמוֹ가 등장하기도 한다.

③ אֵת는 대명사 접미사 없이 독립적으로 올 때는 두가지로 사용된다. 하나는 '-와 함께'의 뜻을 가진 전치사이고 또 하나는 '-를'의 뜻을 가진 목적격 불변사이다. 대명사 접미사가 붙을 때 그 둘은 모음 형태를 달리하는데 전자의 경우 אִתִּי 등으로 변하고 후자의 경우 אֹתִי 등으로 변하므로 모음을 잘 관찰해야 한다. 전치사 אֵת와 동일한 변화를 하는 전치사는 עִם (-와 함께)이다.

참고) עִמָּנוּאֵל (사 7:14) 하나님이 우리와 함께 (계신다).

④ 전치사 מִן / ·מִ (-로부터)의 변화형은 1인칭복수까지는 מִ을 하나 더 붙여 주는 것에 주의를 해야 하며 3인칭남성단수와 1인칭복수 형태가 동일함을 주의해야 한다. 또한 כְּ (-처럼)는 כָּמוֹנִי, כָּמוֹךָ 등으로 변하며 분리 전치사로 사용될 때는 כְּ가 아니라 כְּמוֹ로 사용된다.

⑤ 그 밖에 단수명사를 따르는 전치사들은 다음과 같다: בֵּין (-사이에), נֶגֶד (-맞서서, 맞은편에), אֵצֶל (-옆에, 가까이에), בַּעַד (-위하여, 밖으로). 그러나 בֵּין (-사이에)은 가끔 복수명사를 따르기도 한다.

9.2 대명사 접미사 – 복수명사를 따르는 전치사

복수명사를 따르는 전치사들은 다음과 같다.

수	인 칭		עַל -위에	אֶל -에게, 로	לִפְנֵי -전에, 앞에	אַחֲרֵי -후에, 뒤에
단수	1인칭	אֲנִי	עָלַי	אֵלַי	לְפָנַי	אַחֲרַי
	2인칭남성	אַתָּה	עָלֶיךָ	אֵלֶיךָ	לְפָנֶיךָ	אַחֲרֶיךָ
	2인칭여성	אַתְּ	עָלַיִךְ	אֵלַיִךְ	לְפָנַיִךְ	אַחֲרַיִךְ
	3인칭남성	הוּא	עָלָיו	אֵלָיו	לְפָנָיו	אַחֲרָיו
	3인칭여성	הִיא	עָלֶיהָ	אֵלֶיהָ	לְפָנֶיהָ	אַחֲרֶיהָ
복수	1인칭	אֲנַחְנוּ	עָלֵינוּ	אֵלֵינוּ	לְפָנֵינוּ	אַחֲרֵינוּ
	2인칭남성	אַתֶּם	עֲלֵיכֶם	אֲלֵיכֶם	לִפְנֵיכֶם	אַחֲרֵיכֶם
	2인칭여성	אַתֶּן	עֲלֵיכֶן	אֲלֵיכֶן	לִפְנֵיכֶן	אַחֲרֵיכֶן
	3인칭남성	הֵמָּה	עֲלֵיהֶם	אֲלֵיהֶם	לִפְנֵיהֶם	אַחֲרֵיהֶם
	3인칭여성	הֵנָּה	עֲלֵיהֶן	אֲלֵיהֶן	לִפְנֵיהֶן	אַחֲרֵיהֶן

① 복수명사에 붙는 대명사 접미사를 따라가는 전치사들은 위의 표에 있는 것들 외에 תַּחַת (-아래, 대신에), עַד (-까지), בִּלְעֲדֵי (-없이) 등이 있다.

② 대명사 접미사와 함께 오는 명사는 그것이 단수명사인가 복수명사인가를 파악해야 할 필요가 있지만 대명사 접미사와 함께 오는 전치사가 단수명사를 따르는가 혹은 복수명사를 따르는가 하는 것을 굳이 외울 필요는 없다.

전치사 연습 - 대명사 접미사와 함께 한 전치사와 불변사의 뜻을 써보라.

① לָכֶם		② אֹתוֹ	
③ אִתָּנוּ		④ מֵהֶם	
⑤ כָּמוֹנִי		⑥ עָלַיִךְ	
⑦ אֲלֵיהֶן		⑧ לְפָנֶיךָ	
⑨ אַחֲרָיו		⑩ בָּנוּ	
⑪ עִמְּךָ		⑫ בֵּינֵיכֶם	
⑬ עָדֶיהָ		⑭ תַּחְתֵּיהֶם	
⑮ אֶצְלוֹ		⑯ בַּעֲדִי	
⑰ מִמֶּנּוּ		⑱ לִפְנֵיכֶן	
⑲ לִי		⑳ בִּלְעָדֶיךָ	

9.3 이중 전치사

① 전치사 מִן/ ·מִ (-로부터)가 비분리전치사로 사용될 때 다른 전치사와 함께 이중으로 사용되는 경우가 종종 있다. 그 경우 앞에 나타나는 전치사 מִ와 그 뒤에 연속으로 나타나는 전치사의 번역여부는 문맥으로 결정한다.

예) מֵעַל 위에, 위로부터, מִלִּפְנֵי 앞에서부터, 앞에서

② 관용표현: 이중 전치사 다음에 전치사 ל가 오는 경우 '-로부터' 혹은 '-로'와 같이 번역하지 않고 이중 전치사 중 מִ 다음에 오는 전치사의 뜻에 따라 번역한다.

예) מִתַּחַת לְבֵית־אֵל (창 35:8) 벧엘 아래 ('밑에서부터 벧엘로'로 번역해서는 안됨),
מֵעַל לָרָקִיעַ (창 1:7) 그 궁창 위 ('위에서부터 그 궁창으로'로 번역해서는 안됨)

9.4 יֵשׁ(예쉬 – 있다)와 אַיִן(아인 – 없다) 문장

히브리어에는 영어의 'to have'에 해당하는 단어가 없고 יֵשׁ와 אַיִן으로 존재나 소유에 대한 표현을 한다. 그 경우 종종 전치사 לְ와 함께 사용된다.[1)]

예) יֵשׁ נָבִיא בְּיִשְׂרָאֵל(왕하 5:8) 이스라엘에 선지자가 있다.
אֵין־יוֹסֵף(창 37:29)[2)] 요셉이 없다.
יֶשׁ־לִי־כֹל (창 33:11) 나에게 모든 것이 있다.
אֵין לָהּ אָב וָאֵם (에 2:7) 그녀에게는 부모가 없다.

9.5 의문불변사

① 의문불변사란 yes/no 의문문에서 의문문 앞에 붙는 의문문 표지를 말하는 것이다. 성경 히브리어에서 의문불변사는 문장 앞에 붙는다. 의문불변사의 기본 형태는 הֲ로 자음은 정관사와 같지만 기본 모음이 다르며 다음에 점(다게쉬)이 붙지 않는다는 특징이 있다. 예) הֲיֵשׁ דָּבָר (렘 37:17) 말씀이 있는가?

② 의문불변사 다음 단어가 후음으로 시작되거나 쉐바 모음이 오는 경우 의문불변사는 הַ가 된다. 예) הַאַתָּה זֶה בְּנִי (창 27:21) (정녕) 너는(남) 내 아들이냐?

③ 카마쯔(ָ)를 가진 후음 앞에서는 הֶ가 된다.
예) הֶחָזָק הוּא (민 13:18) 그는 강한가?

정관사와 의문불변사는 자음이 같으므로 서로 혼동하지 않도록 조심하자. 정관사는 대개 명사나 형용사, 분사 앞에 오지만 의문불변사는 문장 앞에 오기 때문에 정관사와 의문불변사는 문맥만 잘 살핀다면 구분하기가 어렵지 않다.

---

1) יֵשׁ와 אַיִן이 항상 존재나 소유를 나타내는 것은 아니다. יֵשׁ가 성경에 총 138회 등장하는데 그 중 134회(97%)가 존재나 소유를 나타내고 אַיִן은 총 789회 중 663회(84%)가 존재나 소유를 나타낸다. 존재나 소유를 나타내지 않는 예들은 다음과 같다.

예) אִם־יֶשְׁכֶם עֹשִׂים חֶסֶד וֶאֱמֶת (창 24:49) 만일 너희들이 인자와 진리를 행한다면
אַתָּה אֵינְךָ חוֹלֶה (느 2:2) 당신은 아프지 않다.

소유나 존재를 나타내지 않는 יֵשׁ에 대한 학자들의 견해는 여러가지로 나뉘어지지만 אַיִן의 경우 존재나 소유를 나타내지 않을 때는 לֹא(않다)와 같이 부정의 뜻으로 사용된다.

2) 여기서 אֵין은 אַיִן의 연계형이다.

번역연습

(1) מִכַּסְפִּי (겔 16:17)

(2) בִּלְעָדַי (사 45:6)

(3) בְּחַרְבְּךָ (수 24:12)

(4) לְאִישִׁי (창 30:18)

(5) אֶת־מִשְׁפָּטַי (레 18:4)

(6) עַל־רֹאשָׁהּ (삼하 13:19)

(7) אֶצְלָם (겔 1:19)

(8) כְּמִשְׁפָּטָם (왕상 18:28)

(9) אֶת־פִּיהָ (창 4:11)

(10) בֵּינִי וּבֵינֵיהֶם (겔 43:8)

연습문제

1. 다음 구들을 번역하라.

(1) בְּכֹל מְקוֹמֹתֵיכֶם (암 4:6)

(2) אֶת־חַרְבִּי (겔 30:24)

(3) אַנְשֵׁיהֶן וּבְנֵיהֶן (겔 16:45)

(4) אֶל־רֹאשׁוֹ (출 36:29)

(5) בֵּינֵינוּ וּבֵינֵיכֶם (수 22:28)

(6) אֶל־מְקוֹמִי (호 5:15)

(7) אֶת־דָּוִד וַאֲנָשָׁיו (삼상 24:3)

(8) לִשְׁמִי (말 2:2)

(9) בְּחַרְבוֹתָם (겔 16:40)

(10) אַתֶּם וַאֲחֵיכֶם (대상 15:12)

2. 다음 문장들을 번역하라. (현재로 번역할 것)

(1) הֲיֵשׁ לָכֶם אָח (창 43:7)

(2) אֵין בּוֹ מָיִם (창 37:24)

(3) יֶשׁ־חֶרֶב בְּיָדִי (민 22:29)

(4) מַחֲנֵיהֶם עִמָּם (삿 8:10)

(5) מַה־יֶּשׁ־לִי (삼하 19:29)

(6) לְחַנָּה אֵין יְלָדִים (삼상 1:2)[3]

(7) יֵשׁ אֱלֹהִים לְיִשְׂרָאֵל (삼상 17:46)

(8) לֶחֶם וָיַיִן יֶשׁ־לִי (삿 19:19)

(9) בַּיָּמִים הָהֵם אֵין מֶלֶךְ בְּיִשְׂרָאֵל (삿 17:6)

(10) יֵשׁ דְּבַר־יְהוָה אִתָּם (렘 27:18)

(11) הֲטוֹב אַתָּה מִבָּלָק בֶּן־צִפּוֹר מֶלֶךְ מוֹאָב (삿 11:25)[4]

---

3) חַנָּה 한나 4) בָּלָק 발락, צִפּוֹר 십볼

제10과 동사개론

אָמַר	말하다	לָקַח	취하다
אֲרוֹן	(법)궤, 상자	מָלַךְ	왕이 되다, 다스리다
זָכַר	기억하다	פָּקַד	방문하다, 권고하다, 계수하다
זֶרַע	씨, 후손	שָׁמַר	지키다
כָּתַב	쓰다	שָׁפַט	다스리다, 재판하다

10.1 동사개론

성경 히브리어에서 동사는 매우 중요하다. 동사는 대개 세 개의 자음으로 구성된 기본형을 가지며 성과 수와 상에 따라서 접사(접두사, 접미사)를 갖는다. 성경 히브리어에는 '완료' 와 '미완료' 라는 두 가지 중요한 형태가 있으며 완료는 기본형에 '접미사' 가 붙고 미완료는 기본형에 '접두사(와 접미사)' 가 붙는 형태이다. '완료'와 '미완료'는 '상'(aspect)에 속하며 '과거', '현재', '미래'는 '시제'(tense)에 속하는데 성경 히브리어에서 시제는 형태적으로 결정하기보다는 문맥이나 시간을 나타내는 부사 등을 고려하여 결정해야 한다.[1)]

10.2 동사의 7유형

성경 히브리어 동사는 7개의 유형을 갖는다.[2)] 아래의 표에서 보는 바와 같이 그 구조들

---

1) 시제와 상에 대한 주제는 매우 복잡한 것이나 기본 개념만을 살펴보면 시제(tense)란 과거, 현재, 미래 등과 같은 시간(time)의 위치(시점)를 가리키는 표지를 말하며 상(aspect)이란 완료, 미완료, 진행, 반복 등과 같은 시간의 관계나 모양을 나타내는 표지이다. 성경 히브리어에서 '완료=과거', '미완료=미래'라는 등식이 늘 성립하는 것은 아니지만 문법을 공부하는 단계에서는 편의상 그렇게 번역하는 것이 좋을 듯 하다.

2) 여기서 유형을 유대 문법가들은 בִּנְיָן이라고 부르는데 '빌딩(building)' 이라는 뜻이다. '소방서', '병원', '학교' 등의 건축물이 각각 고유의 구조를 갖고 있듯이 히브리어도 여러가지 특징에 따라 각각 고유의 구조를 갖고 있다는 말이다. 이에 대한 영어 용어는 stem이 가장 많이 사용되며 conjugation, pattern, formation 등으로 다양하게 사용된다.

은 '능동', '수동', '재귀', 그리고 '단순', '강조', '사역' 등의 기준에 따라 7가지로 분류된다. 이 7가지 유형 분류를 위해 오랫동안(약 1000년 정도) פָּעַל (행하다, 만들다)이란 동사가 사용되어 왔으므로 다음과 같은 명칭을 갖는다:

	단순형	강조형	사역형
능동	칼 (פָּעַל)	피엘 (פִּעֵל)	히필 (הִפְעִיל)
수동	니팔 (נִפְעַל)	푸알 (פֻּעַל)	호팔 (הָפְעַל)
재귀		히트파엘 (הִתְפַּעֵל)	

① 위의 표에서 나타난 7가지 유형의 기본 형태는 모두 '3인칭 남성 단수, 완료' 형태이다. 본 단계에서 '완료'는 '과거'로 번역하기로 했으므로 '그가(그것이) …했다'와 같이 번역해야 한다. 성경히브리어 사전에서는 7가지 유형 중 칼의 기본 형태(3인칭 남성단수, 완료형)만 제시해 준다.

② 기본 능동형은 פָּעַל로 부르는 대신 '가벼운', '쉬운'(현대 히브리어)의 뜻을 갖는 히브리어 단어인 קַל로 부른다. 나머지 6개 유형의 명칭은 모두 위의 표에서 괄호 안에 있는 것을 그대로 사용한다.

③ 니팔은 의미론적으로 수동으로도 쓰이지만, 재귀, 상호적으로도 쓰이며 능동으로도 쓰인다.[3)]

④ 강조형은 기본형 가운데 자음에 이중점이 붙는 형태이다. 그 의미는 강조 외에도 사실적, 사역적, 결과적, 명사적으로 매우 다양하다. 푸알은 피엘의 수동이며 히트파엘은 재귀적, 상호적, 능동적 뜻을 가진다.

⑤ 히필은 대개 사역의 뜻을 가지며 그 수동은 호팔형이다.

---

3) 니팔은 의미론적으로 칼형과는 60%정도 관계가 있고 피엘과는 10%, 히필과는 10%정도 관계가 있다.

후음에는 이중점을 붙일 수 없다. 그러므로 히브리어 동사의 유형을 분류하는데 1000년 이상 사용되어 왔던 동사 פָּעַל은 적절하지 못한 것임을 알 수 있다. 가운데 어근이 후음이 아닌 동사의 경우 강조형은 קִדֵּשׁ, קֻדַּשׁ, הִתְקַדֵּשׁ와 같이 된다. 그러나 이미 1000년 이상 동사 פָּעַל에 맞추어서 용어가 사용되어져 왔기 때문에 이 용어의 사용은 불가피하다.

⑥ 동일한 어원을 갖는 단어가 7가지 유형에 모두 나타나는 경우는 매우 드물며 대부분 일부 유형에서만 출현한다.[4] 다음 6개의 동사들은 7가지 유형에 모두 나타난다.
בָּקַע 쪼개다, גָּלָה 드러나다, חָלָה 아프다, יָדַע 알다, יָלַד 낳다, פָּקַד 방문하다

모두 동일한 방식의 의미를 갖는 것은 아니지만 7가지의 유형에 따른 의미 변화를 파악하기 위해 7가지 유형에 모두 나타나는 동사 중 '알다' (יָדַע)의 경우를 살펴보면 다음과 같다:

칼 - 알다, 니팔 – 알려지다, 피엘 – 정하다 혹은 밝히다, 푸알 – 정해지다 혹은 밝혀지다, 히트파엘 – 드러나다 혹은 스스로 알다, 히필 – 알리다, 호팔 – 알려지게 되다.

4) 성경 히브리어에서 동사의 수는 성경 관련 소프트웨어인 바이블웍스 10에 따르면 72,391개이고 어코던스 10에 따르면 72,396인데 7개의 유형에서 나타나는 비율은 다음과 같다.

<table>
<tr><th></th><th>단순형</th><th>강조형</th><th>사역형</th></tr>
<tr><td>능동</td><td>칼 (פָּעַל) 69.8%</td><td>피엘 (פִּעֵל) 9.0%</td><td>히필 (הִפְעִיל) 13.1%</td></tr>
<tr><td>수동</td><td rowspan="2">니팔 (נִפְעַל)
5.8%</td><td>푸알 (פֻּעַל) 0.6%</td><td>호팔 (הָפְעַל) 0.5%</td></tr>
<tr><td>재귀</td><td>히트파엘 (הִתְפַּעֵל)
1.2%</td><td></td></tr>
</table>

즉, '칼'이 약 70%로 가장 많고 그 다음으로 '히필' (13.1%), '피엘' (9.0%)의 순으로 나타나며 '히트파엘', '호팔', '푸알' 등은 매우 낮은 비율로 나타남을 알 수 있다. 이 7개의 유형 외에도 pilel, pilpel, polal, pulal, palel, hithpolel, hithpalpel 등의 유형들이 있는데 이러한 유형들은 통틀어서 약 3% 정도의 비율을 차지한다.

10.3 규칙동사(강동사)와 불규칙동사(약동사)

불규칙동사란 (1) 동사의 기본형이 되는 세 자음 중에 후음문자(א, ה, ח, ע)가 적어도 하나 이상 들어 있는 경우, (2) 기본형 첫 자음에 י 혹은 נ이 들어 있는 경우, (3) 가운데 자음에 י 혹은 ו가 들어 있는 경우, 그리고 기본형 세 자음 중 둘째와 셋째가 동일한 경우의 동사를 말하며 그 외에는 모두 규칙동사로 분류된다. 대개 규칙동사는 '강동사'로 불리며 불규칙동사는 '약동사'로 불려진다.[5)]

5) 불규칙동사의 세부사항에 대해서는 29.1항을 보라.

연습문제

1. 다음 히브리어 동사들의 유형과 성경히브리어 사전에 나타나는 기본형을 제시하라.(해석은 불필요)

히브리어동사	유형	기본형	히브리어동사	유형	기본형
(1) הִפְקִיד			(2) נִשְׁמַר		
(3) דִּבֵּר			(4) הָפְקַד		
(5) שָׁפַט			(6) פֻּקַּד		
(7) נִפְקַד			(8) הִמְלִיךְ		
(9) הָמְלַךְ			(10) בִּקֵּשׁ		

2. 다음 문장에서 동사를 찾고 유형과 기본형을 제시하라.

(1) אָבִיו שָׁמַר אֶת־הַדָּבָר (창 37:11)

(2) הִמְלִיךְ אֶת־שָׁאוּל עַל־יִשְׂרָאֵל (삼상 15:35)

(3) דִּבֶּר יְהוָה עַל־בְּנֵי דָוִיד (대하 23:3)

(4) קֻבַּר אַבְרָהָם וְשָׂרָה אִשְׁתּוֹ (창 25:10)

(5) אֲרוֹן אֱלֹהִים נִלְקַח (삼상 4:11)

(6) הוּא שָׁפַט אֶת־יִשְׂרָאֵל(삿 16:31)

(7) אֶת־הָאֱלֹהִים הִתְהַלֶּךְ־נֹחַ (창 6:9)

(8) הָמְלַךְ עַל מַלְכוּת כַּשְׂדִּים (단 9:1)[6]

---

6) כַּשְׂדִּים 갈대아(chaldeans)

제11과 칼 완료, 목적격 불변사

אֵיךְ	어떻게	פְּלִשְׁתִּי	가다
בְּרִית	계약, 언약	שָׁמַע	블레셋 사람
הָלַךְ			

11.1 칼 완료

다음은 칼 완료형의 변화이다. 규칙변화 중 가장 빈도수가 높은 세 개의 동사인 שמר(지키다- 28위), פקד(방문하다-38위), זכר(기억하다-48위)의 변화형이다. מלך(왕이 되다-34위)는 의미상 여러 인칭에 사용되지 않으므로 생략한다.

수	인칭, 성		지키다	방문하다	기억하다	접미사
단수	3인칭남성	הוּא	שָׁמַר	פָּקַד	זָכַר	---
	3인칭여성	הִיא	שָׁמְרָה	פָּקְדָה	זָכְרָה	---ָה
	2인칭남성	אַתָּה	שָׁמַרְתָּ	פָּקַדְתָּ	זָכַרְתָּ	---תָּ
	2인칭여성	אַתְּ	שָׁמַרְתְּ	פָּקַדְתְּ	זָכַרְתְּ	---תְּ
	1인칭	אֲנִי	שָׁמַרְתִּי	פָּקַדְתִּי	זָכַרְתִּי	---תִּי
복수	3인칭남성	הֵמָּה	שָׁמְרוּ	פָּקְדוּ	זָכְרוּ	---וּ
	3인칭여성	הֵנָּה				
	2인칭남성	אַתֶּם	שְׁמַרְתֶּם	פְּקַדְתֶּם	זְכַרְתֶּם	---תֶּם
	2인칭여성	אַתֶּן	שְׁמַרְתֶּן	פְּקַדְתֶּן	זְכַרְתֶּן	---תֶּן
	1인칭	אֲנַחְנוּ	שָׁמַרְנוּ	פָּקַדְנוּ	זָכַרְנוּ	---נוּ

① 위의 표에서 완료형 뒤에 붙는 접미사 형태는 규칙, 불규칙을 막론하고, 또한 7유형 중 어떤 유형이건 상관없이 항상 변하지 않는 형태이므로 꼭 외워야 한다.

② 동사의 기본형은 칼 완료 3인칭남성단수이다. 히브리어 사전에는 기본 형태로 나타나므로 사전을 찾을 때는 이 기본형태를 알아야 한다.

③ 1인칭(단수, 복수)과 2인칭 단수의 경우 강세가 전종음절에 오기 때문에 기본형인 שָׁמַר와 동일한 모음을 갖는다. 예) שָׁמַרְתָּ, שָׁמַרְנוּ

3인칭여성단수와 3인칭복수에서는 강세가 종음절에 있기 때문에 강세 바로 전 모음이 ‘아’(ַ)에서 쉐바(ְ)로 바뀐다. 또한 첫 자음에 보조강세인 메테그가 붙기 때문에 첫 자음의 모음을 ‘오’가 아닌 ‘아’ 로 읽어야 한다.
예) שָֽׁמְרָה, שָֽׁמְרוּ

2인칭 복수에서는 강세가 종음절인 תֶּם, תֶּן에 있기 때문에 전전종음절인 첫 자음의 모음이 ‘아’(ָ)에서 쉐바(ְ)로 바뀐다.
예) שְׁמַרְתֶּם, שְׁמַרְתֶּן

④ 완료형의 시간 결정(과거, 현재, 미래)은 항상 문맥에서 해야 한다. 그러나 본서에서는 편의상 과거로 번역한다.

따라서 동사의 기본형인 칼 완료 3인칭남성단수 형태는 שָׁמַר이며 ‘그가 지켰다’로 해석한다. 3인칭여성단수의 경우 동사의 기본형 뒤에 접미사 ‘ָ-ה’를 붙여 שָׁמְרָה 로 만들며 ‘그녀가 지켰다’로 해석한다. 동일한 방법으로 동사의 기본형에 접미사를 붙여 나머지 형태를 만들고 해석은 다음과 같이 한다.

שָׁמַרְתָּ 네가(남) 지켰다, שָׁמַרְתְּ 네가(여) 지켰다, שָׁמַרְתִּי 내가 지켰다,
שָׁמְרוּ 그들이 지켰다, שְׁמַרְתֶּם 너희가(남) 지켰다, שְׁמַרְתֶּן 너희가(여) 지켰다,
שָׁמַרְנוּ 우리가 지켰다.

11.2 목적격 불변사(대격 표지) אֵת / אֶת

① 목적격 불변사(-을, -를)는 그 다음에 오는 단어가 한정명사일 때만 등장한다. 한정명사인 경우는 다음 네 가지이다.

가. 명사가 정관사와 함께 올 때: אֶת־הַדְּבָרִים (수 24:26) 그것들을

나. 명사가 대명사 접미사와 함께 올 때: אֶת־בְּנִי (창 24:6) 나의 아들을

다. 고유명사일 때: אֶת־יְהוָה (신 28:47) 여호와를

라. 위의 세 가지 경우가 연계형 명사와 함께 올 때:

אֶת־בְּנֵי בִנְיָמִן (삿1:21) 베냐민 자손들을[1]

② 비한정명사가 목적어로 올 때 목적격 불변사는 사용되지 않는다.

예) זָכַרְתִּי יָמִים (시 143:5) 내가 날들을 기억했다.

---

1) 여기서 בִּנְיָמִן은 고유명사로 베냐민을 가리킨다.

연습문제

❖ 다음 문장들을 번역하라.

(1) לֹא שָׁמַרְתָּ אֶת־מִצְוַת יְהוָה אֱלֹהֶיךָ (삼상 13:13)

(2) פְּלִשְׁתִּים הָלְכוּ לִמְקוֹמָם (삼상 14:46)

(3) אֵיךְ כָּתַבְתָּ אֶת־כָּל־הַדְּבָרִים הָאֵלֶּה (렘 36:17)

(4) לֹא פְקַדְתֶּם אֹתָם (렘 23:2)

(5) לֹא שְׁמַעְתֶּם בְּקֹלוֹ (신 9:23)

(6) זָכַרְתִּי בַלַּיְלָה שִׁמְךָ (시 119:55)

(7) לֹא־שָׁמְרוּ אֲבוֹתֵינוּ אֶת־דְּבַר יְהוָה (대하 34:21)

(8) הֲלֹא כָתַבְתִּי לְךָ (잠 22:20)

(9) לֹא זָכְרוּ בְּרִית אַחִים (암 1:9)

(10) לֹא שָׁמַעְנוּ בְּקוֹל יְהוָה אֱלֹהֵינוּ (렘 3:25)

제12과 칼 분사, 관계대명사

אֶחָד	하나(one)	חַי	살아있는	נָתַן	주다
אַחֵר	다른	יָרַד	내려가다	עָבַר	지나가다, 건너다
אֲשֶׁר	관계대명사	יָשַׁב	앉다, 거주하다	עָמַד	서다
בָּרַךְ	복을 주다	כַּאֲשֶׁר	−할 때, −처럼	שָׂדֶה	들판
הִנֵּה	보라(behold)	מַלְאָךְ	사자, 사신	שָׁלַח	보내다

12.1 칼 분사 능동 및 수동

히브리어에서 분사는 동사와 명사의 중간적 존재로 명사의 역할을 하기도 하며 동사의 역할을 하기도 한다. 다음은 כָּתַב(쓰다) 동사의 칼 능동, 수동 분사 형태와 용법이다.

수 \ 태	능동		수동	
성	남성	여성	남성	여성
단수	כֹּתֵב	כֹּתֶבֶת	כָּתוּב	כְּתוּבָה
복수	כֹּתְבִים	כֹּתְבוֹת	כְּתוּבִים	כְּתוּבוֹת

분사는 형태적으로 명사를 따라가므로 인칭에 대한 변화는 없고 성과 수에 대한 네 가지 형태만 있을 뿐이다. 남성단수 능동 형태는 כֹּתֵב이나 때로는 כּוֹתֵב와 같이 완전철자법으로 사용하기도 한다. 남성단수 수동 형태는 כָּתוּב이다.

여성단수 형태는 ה ָ- 나 ת-를 뒤에 어미로 붙이는데 능동에서는 כֹּתֶבֶת, 수동에서는 כְּתוּבָה 형태로 사용되며 능동에서 드물게 כֹּתְבָה와 같이 오기도 한다. 남성복수에 붙는 어미는 ים ִ-이며 여성복수는 וֹת-이다.

① '칼' 형에만 분사 수동 형태가 있고 '피엘' 형이나 '히필' 형에는 분사 수동 형태가 따로 없다. 이것은 '니팔'이 원래 '칼'의 수동이 아니었음을 암시해 주는 것이다.[1)]

② 분사는 형태론적으로는 명사형태를 가지나 의미론적으로는 명사와 동사의 두 가지 의미를 다 갖는다. 따라서 כֹּתֵב는 '쓰는 사람'도 되고 '쓰다'도 된다.

③ 분사는 정관사와 함께 관형적으로도 사용되어 앞의 명사를 수식해 주기도 한다.
예) יְהוָה הָאֹמֵר אֵלַי (창 32:10) 내게 말씀하시는(말씀하신) 여호와
כְּכָל־הַכָּתוּב בּוֹ (수 1:8) 그 안에 기록된 모든 것을 따라

④ 분사의 시간 결정(과거, 현재, 미래)은 문맥에 따라서 한다. 분사를 포함하는 문장은 큰 텍스트 범위 내에서 대개 핵심문장이 아닌 부수적 문장이다. 또한 분사가 서술적으로 쓰일 때는 대개 '진행'의 상을 가진다.
예) מָה־אַתָּה רֹאֶה יִרְמְיָהוּ (렘 1:11) 예레미야야, 네가 무엇을 보고 있느냐?

분사연습 다음 동사들로 분사를 만들어보자.[2)]

칼 능동분사

동사기본형	의미	남성단수	여성단수	남성복수	여성복수
הלך	가다	הֹלֵךְ			
אכל	먹다		אֹכֶלֶת		
עמד	서다			עֹמְדִים	
ירד	내려가다				יֹרְדוֹת
אמר	말하다			אֹמְרִים	
שׁכב	눕다		שֹׁכֶבֶת		
שׁפך	붓다, 흘리다	שֹׁפֵךְ			

1) '푸알'은 '피엘'의 수동 형태이므로 '푸알'의 분사형은 그 자체가 수동이며 '호팔'도 마찬가지이다.
2) 불규칙동사들도 많이 섞여 있으나 칼 분사형에서는 규칙동사와 동일하게 변한다.

12.2 관계대명사 אֲשֶׁר 혹은 -שֶׁ

① 관계대명사 -שֶׁ는 뒤에 오는 단어와 연결하여 사용하고 אֲשֶׁר는 분리하여 사용하지만 성경 히브리어에서 관계대명사는 -שֶׁ가 거의 사용되지 않고 대부분 אֲשֶׁר가 사용된다.

② 관계대명사는 여러 가지 형태의 절에 올 수 있다.

가. 선행사가 주어: הַיַּרְדֵּן אֲשֶׁר בְּאֶרֶץ כְּנָעַן (수 22:10) 가나안 땅에 있는 요르단
나. 선행사가 목적어: אִשְׁתּוֹ אֲשֶׁר־לָקָח (신 24:5) 그가 취한 그의 아내
다. 선행사가 시간이나 장소의 부사:

הַיּוֹם אֲשֶׁר נָתַן יְהוָה אֶת־סִיסְרָא בְּיָדֶךָ (삿 4:14)
여호와께서 시스라를 네 손에 주신 날,
הָאָרֶץ אֲשֶׁר־בּוֹ נֶפֶשׁ חַיָּה (창 1:30) 생명이 있는 땅

③ אֲשֶׁר는 여러 가지 전치사들과 결합하여 다양한 절을 구성한다.[3)]

כַּאֲשֶׁר -할 때, -처럼, לְמַעַן אֲשֶׁר 위하여,
מִפְּנֵי אֲשֶׁר, עַל אֲשֶׁר 때문에

---

3) לְ (-에게, 위하여), עַד (까지), אַחֲרֵי (-후에), אֶל (-에게, -로), תַּחַת (-밑에), מִן 혹은 מִ (-부터, 보다) 뒤에는 절이 올 수 없지만 אֶל אֲשֶׁר, תַּחַת אֲשֶׁר, מֵאֲשֶׁר, לַאֲשֶׁר, עַד אֲשֶׁר, אַחֲרֵי אֲשֶׁר, בַּאֲשֶׁר 뒤에는 절이 온다.

연습문제

❖ **다음 문장들을 번역하라. (완료는 과거로, 분사는 현재로 번역할 것)**

(1) הִנֵּה־עָם יוֹרֵד מֵרָאשֵׁי הֶהָרִים (삿 9:36)

(2) אֵלֶּה הַמְּלָכִים אֲשֶׁר מָלְכוּ בְּאֶרֶץ אֱדוֹם (창 36:31)[4]

(3) אֲנִי וְהָאִשָּׁה הַזֹּאת יֹשְׁבֹת בְּבַיִת אֶחָד (왕상 3:17)

(4) אַתֶּם עֹבְרִים אֶת־הַיַּרְדֵּן אֶל־אֶרֶץ כְּנָעַן (민 33:51)

(5) בָּרוּךְ אַתָּה בָּעִיר וּבָרוּךְ אַתָּה בַּשָּׂדֶה (신 28:3)

(6) לָמָּה לֹא־הָלַכְתָּ עִמִּי מְפִיבֹשֶׁת (삼하 19:26)

(7) עָשָׂה הָאִישׁ כַּאֲשֶׁר אָמַר יוֹסֵף (창 43:17)

(8) זֶה הַיּוֹם אֲשֶׁר נָתַן יְהוָה אֶת־סִיסְרָא בְּיָדֶךָ (삿 4:14)[5]

(9) הִנֵּה אָנֹכִי שֹׁלֵחַ מַלְאָךְ לְפָנֶיךָ (출 23:20)

---

4) אֱדוֹם 에돔

5) סִיסְרָא 시스라

(10) יְהוָה אֱלֹהֶיךָ הוּא הַהֹלֵךְ עִמְּךָ (신 31:6)

(11) הָלְכוּ אֶל־הָעִיר אֲשֶׁר־שָׁם אִישׁ הָאֱלֹהִים (삼상 9:10)

(12) בְּרוּכִים אַתֶּם לַיהוָה עֹשֵׂה שָׁמַיִם וָאָרֶץ (시 115:15)

(13) שָׁמַע אֱלֹהִים אֶל־קוֹל הַנַּעַר בַּאֲשֶׁר הוּא־שָׁם (창 21:17)

(14) שָׁמַעְתִּי אֵת אֲשֶׁר־שָׁלַחְתָּ אֵלָי (왕상 5:22)

(15) בָּנֶיךָ וּבְנֹתֶיךָ נְתֻנִים לְעַם אַחֵר (신 28:32)

제 13 과 칼 미완료

אֶבֶן	돌	לוּחַ	판	עֵץ	나무
אַהֲרֹן	아론	לֵוִי	레위	רָכַב	타다
אֶצְבַּע	손가락	מַטֶּה	막대기, 지파	שָׁבַר	깨뜨리다
בָּשָׂר	육체	מָכַר	팔다	שָׁפַךְ	붓다, 흘리다
דָּרַשׁ	찾다, 구하다	מֹשֶׁה	모세	תָּפַשׂ	잡다
כָּרַת	자르다, 계약을 맺다	מָשַׁל	다스리다		

13.1 칼 미완료

다음은 칼 미완료의 변화이다. 규칙변화 중 가장 빈도수가 높은 동사인 שׁמר(지키다- 28위), פּקד(방문하다-38위), זכר(기억하다-48위)의 변화형이다.

수	인칭, 성		지키다	방문하다	기억하다	집두사(집미사)
단수	3인칭남성	הוּא	יִשְׁמֹר	יִפְקֹד	יִזְכֹּר	י---
	3인칭여성	הִיא	תִּשְׁמֹר	תִּפְקֹד	תִּזְכֹּר	תּ---
	2인칭남성	אַתָּה	תִּשְׁמֹר	תִּפְקֹד	תִּזְכֹּר	תּ---
	2인칭여성	אַתְּ	תִּשְׁמְרִי	תִּפְקְדִי	תִּזְכְּרִי	תּ---ִי
	1인칭	אֲנִי	אֶשְׁמֹר	אֶפְקֹד	אֶזְכֹּר	א---
복수	3인칭남성	הֵמָּה	יִשְׁמְרוּ	יִפְקְדוּ	יִזְכְּרוּ	י---וּ
	3인칭여성	הֵנָּה	תִּשְׁמֹרְנָה	תִּפְקֹדְנָה	תִּזְכֹּרְנָה	תּ---נָה
	2인칭남성	אַתֶּם	תִּשְׁמְרוּ	תִּפְקְדוּ	תִּזְכְּרוּ	תּ---וּ
	2인칭여성	אַתֵּן	תִּשְׁמֹרְנָה	תִּפְקֹדְנָה	תִּזְכֹּרְנָה	תּ---נָה
	1인칭	אֲנַחְנוּ	נִשְׁמֹר	נִפְקֹד	נִזְכֹּר	נ---

① 위의 표를 보면 접두사 형태는 모든 인칭과 성, 수에 다 붙는다는 것을 알 수 있다. 즉 접두사가 붙지 않는 미완료는 없다. 그러므로 접두사의 여부는 미완료의 확인을 위해 매우 중요한 것이다. 미완료 형태에서 접미사도 함께 붙는 것이 있다. 그러나 미완료에 붙는 접미사는 완료에 붙는 접미사와는 다른 형태이므로 잘 기억하자.

② 미완료는 형태적으로 2인칭남성단수와 3인칭여성단수가 동일하며 2인칭여성복수와 3인칭여성복수도 동일하다. 따라서 그들 사이의 구분은 문장이나 문맥에서 주어가 무엇인가에 따라서 해야 한다.

③ 위의 표에서 가장 오른쪽 열에 있는 접두사(접미사) 형태는 동사의 유형 중 어떤 유형이든지 간에, 또한 규칙변화와 불규칙변화에 관계없이 항상 동일한 형태이므로 매우 중요하다.

④ 미완료에서는 모음 변화를 잘 익혀야 한다. 3인칭남성단수 יִשְׁמֹר(그가 지킬 것이다)의 첫모음은 '이'(ִ)이며 종음절에 붙는 모음은 '오'(ֹ)이다. 이와 같은 모음을 따라가는 것이 3인칭여성단수/2인칭남성단수 및 1인칭복수이다.
예) תִּשְׁמֹר 그녀가 지킬 것이다 혹은 네가(남) 지킬 것이다,
 נִשְׁמֹר 우리가 지킬 것이다.

1인칭단수 형태인 אֶשְׁמֹר(내가 지킬 것이다)에서 첫 자리의 모음이 '이'(ִ)대신 '에'(ֶ)가 된 것은 א이 후음이기 때문이며 '이'(ִ)와 '에'(ֶ)는 동일 그룹이기 때문이다.

2/3인칭여성복수 역시 종음절에 접미사 נָה가 붙는다는 것 외에는 3인칭남성단수의 모음을 따라간다. 예) תִּשְׁמֹרְנָה 너희가(여) /그녀들이 지킬 것이다.

2인칭여성단수와 3인칭남성복수, 그리고 2인칭남성복수에서는 강세가 종음절로 이동함에 따라 강세 바로 직전인 두번째 음절의 모음이 '오'(ֹ)에서 쉐바(ְ)로 바뀐다.
예) תִּשְׁמְרִי 네가(여) 지킬 것이다, יִשְׁמְרוּ 그들이 지킬 것이다,
 תִּשְׁמְרוּ 너희가(남) 지킬 것이다

⑤ 미완료의 시간 결정(과거, 현재, 미래)은 완료와 마찬가지로 문맥에서 해야 한다. 그러나 본 서에서는 편의상 완료는 과거로, 미완료는 미래로 번역하기로 한다.

⑥ 미완료 2인칭 단수와 복수는 명령으로 사용되는 경우가 종종 있다.
예) אֶת־בְּרִיתִי תִשְׁמֹר (창 17:9) 너는(남성단수) 나의 언약을 지키라.

칼 동사 연습

다음 동사들의 분해를 보기에 따라 해보라(완료는 과거로, 미완료는 미래로, 분사는 '-하는 자/것'으로 번역하라).

כָּרַת	דָּרַשׁ	מָשַׁל	רָכַב	מָכַר	שָׁבַר	תָּפַשׂ
자르다,	찾다,	다스리다,	타다,	팔다,	깨뜨리다,	잡다

동사형태	유형, 상	인칭, 성, 수	기본형	번 역
יִשְׁמֹר	칼 미완료	3인칭 남성단수	שמר	그가 지킬 것이다
תִּמְשֹׁל				
יִכְרְתוּ				
תִּפְקֹד				
רֹכְבִים				
שָׁמְרוּ				
אֶזְכֹּר				
זֹכְרוֹת				
תִּרְכַּבְנָה[1]				
תִּדְרֹשׁ				
נִשְׁמֹר				
פְּקַדְתֶּן				
תִּשְׁבְּרוּ				

1) רכב는 제2자음에 '오'(ֹ) 대신에 '아'(ַ)를 취하는 동사이다.

동사형태	유형, 상	인칭, 성, 수	기본형	번 역
יִפְקְדוּ				
נִמְכֹר				
אֶמְשֹׁל				
יִרְכְּבוּ				
תִּזְכְּרוּ				
אֶתְפֹּשׂ				
יִדְרֹשׁ				
שִׁבֵּר				
יִתְפְּשׂוּ				
מָשַׁלְתִּי				
יִמְכֹּר				
אֶכְרֹת				

연습문제

❖ 다음 구와 문장들을 번역하라.

(1) אֶכְתֹּב עַל־הַלֻּחֹת אֶת־הַדְּבָרִים (신 10:2)

(2) יִשְׁפֹּט יְהוָה בֵּינִי וּבֵינֶיךָ (창 16:5)

(3) יִשְׁמְרוּ בָנֶיךָ אֶת־דַּרְכָּם (왕상 2:4)

(4) בַּיּוֹם הַהוּא יִפְקֹד יְהוָה בְּחַרְבּוֹ הַקָּשָׁה וְהַגְּדוֹלָה וְהַחֲזָקָה (사 27:1)

(5) לֻחֹת אֶבֶן כְּתֻבִים בְּאֶצְבַּע אֱלֹהִים (출 31:18)

(6) אֶשְׁפּוֹךְ אֶת־רוּחִי עַל־כָּל־בָּשָׂר (욜 3:1)

(7) מִימֵי הַשֹּׁפְטִים אֲשֶׁר שָׁפְטוּ אֶת־יִשְׂרָאֵל (왕하 23:22)

(8) אֵת שֵׁם אַהֲרֹן תִּכְתֹּב עַל־מַטֵּה לֵוִי (민 17:18)

(9) זֹאת בְּרִיתִי אֲשֶׁר תִּשְׁמְרוּ בֵּינִי וּבֵינֵיכֶם (창 17:10)

(10) אַתָּה אָמַרְתָּ אֲדֹנִיָּהוּ יִמְלֹךְ אַחֲרַי (왕상 1:24)[2]

(11) אֶת־בְּרִיתִי אֶזְכֹּר וְהָאָרֶץ אֶזְכֹּר (레 26:42)

(12) הָעֵצִים אֲשֶׁר־תִּכְתֹּב עֲלֵיהֶם בְּיָדֶךָ (겔 37:20)

2) אֲדֹנִיָּהוּ 아도니야

제14과 칼 부정사, 명령, 상태동사

אָכַל	먹다	מַרְאֶה	광경, 모양
אוֹת	기호, 표시	נָא	청컨대, 제발
אֵשׁ	불	סֵפֶר	책, 문서
חֹק	법령, 법도	רָאָה	보다
כָּבוֹד	영광	שֶׁמֶן	기름
כֶּרֶם	포도원		

14.1 칼 부정사

히브리어에서 부정사(infinitive)는 문법적 범주로는 동사에 속하나 시제(tense), 상(aspect), 법(mood)적 개념을 갖지 않는 중립적인 존재로서 부정사 연계형과 부정사 절대형, 두가지 형태가 있다.

14.1.1 부정사 연계형

히브리어에서 부정사라고 하면 일반적으로 부정사 연계형을 말하는데 부정사 연계형은 영어의 부정사와 같이 다양한 역할을 한다. 칼 규칙 변화에서 부정사 연계형 형태를 만드는 방법은 미완료 3인칭남성단수 형태에서 접두사를 제거하면 된다. 즉 יִשְׁמֹר에서 접두사를 뺀 형태인 שְׁמֹר가 부정사 연계형이다. 부정사 연계형은 다음과 같은 특징이 있다.

① 부정사 연계형은 독립적으로 오기도 하지만 대개는 전치사와 함께 온다. 성경 관련 소프트웨어인 '바이블웍스'와 '어코던스'에 따르면 부정사 연계형이 전치사와 함께 오는 경우가 가장 많고(약 92%), 전치사 없이 독립적으로 오는 경우는 매우 적다(약 8%). 전치사와 함께 오는 경우 전치사 לְ와 함께 오는 경우가 가장 많고(약 74%) 그 외에 בְּ, כְּ 등 다른 전치사와 함께 오기도 한다.

예) שְׁמֹר, לִשְׁמֹר, בִּשְׁמֹר[1]

בִּימֵי שְׁפֹט הַשֹּׁפְטִים (룻 1:1) 재판관들의 다스리는 날들에

לִשְׁמֹר אֶת־כָּל־מִצְוֹתָיו (신 13:19) 그의 모든 계명들을 지키도록

② 부정사 연계형은 문장에서 주어, 술어, 목적어, 부사 등 매우 다양한 역할을 한다. 또한 성경 히브리어에는 동명사가 없는데 부정사 연계형은 동명사의 역할도 한다. 다음의 예들을 보라.

(주어) לֹא־טוֹב שְׁמֹר אִישׁ מִצְוֹת אֲחֵרוֹת

사람이 다른 계명들을 지키는 것은 좋지 않다.

(목적어) זֹכְרִים אֲנַחְנוּ לִשְׁמֹעַ אֶת־קוֹל יְהוָה אֱלֹהֵינוּ

우리가 우리 하나님 여호와의 목소리를 듣기를 기억한다.

(형용사) בִּימֵי שְׁפֹט הַשֹּׁפְטִים (룻 1:1)

재판관들의 다스리는 날들에

(부사) הָלַךְ יוֹאָב לִפְנֵי הַמֶּלֶךְ לִפְקֹד אֶת־הָעָם אֶת־יִשְׂרָאֵל(삼하 24:4)

요압이 그 백성 이스라엘을 계수하기 위해 그 왕 앞에서 갔다.

(동명사) אָמַר אֱלֹהִים אֶל־נֹחַ לֵאמֹר (창 8:15)

하나님께서 노아에게 말씀하여 가로되(saying)

③ 부정사 연계형의 부정어는 לֹא나 אַל대신 בְּלִי, בִּלְתִּי, לְבִלְתִּי 등이 사용된다.

예) לְבִלְתִּי שְׁמֹר מִצְוֹתָיו (신 8:11)

그의 계명들을 지키지 않음으로

14.1.2 부정사 절대형

칼 부정사 절대형의 형태는 שָׁמוֹר, 혹은 불완전철자법으로 שָׁמֹר이다.

① 부정사 절대형은 불변사와 같이 형태의 변화를 하지 않으며 접미사나 접두사를 붙이

1) 원래는 לְשְׁמֹר, בְּשְׁמֹר 같은 형태가 되어야 하나 단어 처음에 쉐바가 연속으로 두번 올 경우 앞의 쉐바가 모음 '이'(ִ)로 바뀐다는 규칙에 따라 לִשְׁמֹר, בִּשְׁמֹר 같은 형태로 바뀐 것이다.

지 않고 단독으로만 사용된다.

② 부정사 절대형이 동일한 어원을 가진 동사와 함께 이중으로 기록되는 구조는 동사에 대한 강조를 위함이며 화자나 저자는 그의 진술이 진실함을 확증하거나 확고히 하고자 할 때 그러한 구조의 문장을 사용한다.

מִכֹּל עֵץ־הָעִיר אָכֹל תֹּאכֵל

너는(남) 그 도시의 모든 나무에서 (무엇이든지) **먹어도** 좋다.

③ 부정사 절대형의 용법은 그 외 동시동작적인 행동, 계속적인 행동, 점진적 행동, 강조, 명령, 동명사적 사용 등 다양하나 본 단계에서는 생략한다.

예) זָכוֹר אֵת אֲשֶׁר־עָשָׂה יְהוָה אֱלֹהֶיךָ לְמִרְיָם (신 24:9)

너의(남) 하나님 여호와께서 미리암에게 행하신 것을 기억하라. <명령>

וְזָכוֹר הָלֹךְ הָלְכוּ אַחַת בְּדֶרֶךְ

그들은 계속 한 길로 갔는데 가면서 기억했다. <동시동작 및 계속>

14.2 칼 명령

명령형 형태는 미완료 형태 중 2인칭(단수와 복수)에서 접두어를 뺀 것과 동일하다.

즉, תִּשְׁמֹר ⇨ שְׁמֹר, תִּשְׁמְרִי ⇨ שִׁמְרִי, תִּשְׁמְרוּ ⇨ שִׁמְרוּ,
תִּשְׁמֹרְנָה ⇨ שְׁמֹרְנָה

		지키다	방문하다	기억하다
남성단수	אַתָּה	שְׁמֹר	פְּקֹד	זְכֹר
여성단수	אַתְּ	שִׁמְרִי	פִּקְדִי	זִכְרִי
남성복수	אַתֶּם	שִׁמְרוּ	פִּקְדוּ	זִכְרוּ
여성복수	אַתֶּן	שְׁמֹרְנָה	פְּקֹדְנָה	זְכֹרְנָה

① 규칙변화에서 칼 남성단수 명령형 형태는 전치사 없이 사용되는 부정사 연계형 형태와 동일하다. שְׁמֹר - 칼 명령형 남성단수 혹은 칼 부정사 연계형

② 여성단수와 남성복수 명령형 형태의 첫 모음이 ‘이’(ִ)로 바뀐 것은 비분리 전치사 설명 중 단어 처음에 쉐바가 연속으로 올 경우 첫 쉐바가 ‘이’(ִ)로 바뀐다는 원칙(즉, ְ ְ ⇨ ִ ְ)에 따라 바뀐 것이다. שְׁמְרִי ⇨ שִׁמְרִי

③ 명령형 형태는 부정 명령으로는 전혀 사용되지 않고 긍정 명령만 사용된다.[2] 부정 명령을 표현하고자 할 때는 명령 형태가 아닌 미완료 형태를 사용하는데 다음의 두 가지 방법을 쓴다.

가. 부정어 אַל을 사용하여 화자/저자의 바람을 나타낸다: אַל + 미완료 지시형[3]

예) אַל־תִּרְגְּזוּ בַּדָּרֶךְ (창 45:24) 당신들이(남) 그 길에서 동요하지 않기를 바랍니다.

나. 부정어 לֹא를 사용하여 단호한 금지를 나타낸다: לֹא + 미완료

예) לֹא תִּגְנֹב (출 20:15) 너는(남) 도적질하지 말라!

14.3 상태동사

상태동사란 ‘행동’, ‘사건’ 등과 같은 ‘동작’을 표현하는 것이 아니라 ‘상태’를 표현하는 동사를 말한다. 의미론적인 측면만 고려할 때 ‘동사적 형용사’와 ‘형용사적 동사’ 사이의 구분은 매우 힘들다. ‘상태동사’와 ‘형용사’를 구분하는 확실한 기준은 형태론적인 기준이다. 히브리어에서 형용사는 명사의 형태를 따라가지만 상태동사는 동사의 형태를 따라간다.

---

2) 여성복수 명령형 형태는 성경에 많이 나타나지 않는다. 성경에 출현하는 모든 동사 중 여성복수 명령형 형태는 총 22회만 나타날 뿐이다. 위의 표에 나타나는 세 동사는 여성복수는 물론 여성단수 명령형 형태도 나타나지 않고 남성단수와 남성복수 형태만 나타난다.

3) 지시형에 대한 설명은 15과에 나온다.

성경 히브리어에서 상태동사는 제2자음에 붙는 모음에 따라 다음 세가지 유형으로 나뉘어 진다.

'a' 유형 יָטַב 좋다 חָזַק 강하다 גָּדַל 크다 גָּבַהּ 높다
'e' 유형 זָקֵן 늙다 כָּבֵד 무겁다 חָסֵר 부족하다
'o' 유형 קָטֹן 작다

상태동사는 다른 일반 동사에 비해 출현 빈도수가 높지 않은데 다음 몇가지를 조심하면 된다.

① 완료형

'a' 유형은 규칙변화와 동일하다. 'e' 유형 역시 3인칭남성단수만 제외하고 규칙변화와 동일하다.

예) גָּדַלְתָּ (삼하 7:22) 당신은(남) 위대하셨다, זָקַנְתִּי (삼상12:2) 나는 늙었었다

'o' 유형의 경우 성경 전체에서 1인칭단수에서만 1회 등장한다.

예) קָטֹנְתִּי (창 32:11) 나는 작았습니다.[4]

② 미완료형

상태동사는 세 유형 모두 미완료형에서 제2자음에 '오'(˙)모음 대신 '아'(ˍ)를 취한다.

예) תִּקְטַן 너는(남)/그녀는 작을 것이다, תִּכְבַּד 너는(남)/그녀는 무거울 것이다
יִזְקַן 그는 늙을 것이다, יִיטַב 그는 좋을 것이다,
יִגְבַּה 그는 높을 것이다, אֶגְדַּל 나는 클 것이다.

③ 분사형

גָּדֵל 외에 다른 상태동사에서는 분사형이 나타나지 않는다.[5]

---

4) 본 교재에서는 완료와 미완료를 확실히 구분하기 위해 완료는 과거로, 미완료는 미래로 번역하기로 했기 때문에 이곳에서도 그 원칙에 따라 번역하였으나 문맥적으로 어색한 경우가 많다. 이는 성경 히브리어 동사의 두 형태가 시제를 가리키는 것이 아님을 보여주는 것이며 완료, 미완료라는 용어도 최상의 용어는 아님을 보여주는 것이다.

5) שָׁקַט (조용하다)는 의미론적으로는 상태동사가 분명하나 형태론적으로는 일반동사와 동일하게 변하므로 상태동사라 말하기 어렵다.

칼 부정사, 명령형 연습

다음 동사들의 분해를 보기에 따라 해보라.

כָּרַת	דָּרַשׁ	מָשַׁל	מָכַר	שָׁבַר	תָּפַשׂ
자르다,	찾다,	다스리다,	팔다,	깨뜨리다,	잡다

동사형태	유형, 상	인칭, 성, 수	기본형	번 역
לִשְׁמֹר	칼 부정사	-	שמר	지키도록
שִׁמְרִי	칼 명령	여성단수	שמר	너는(여) 지키라
לִזְכֹּר				
כִּרְתוּ				
זִכְרוּ				
תִּפְשׂוּ				
לִדְרֹשׁ				
שְׁבֹר				
לִמְשֹׁל				
לִפְקֹד				

연습문제

❖ 다음 구와 문장들을 번역하라.

(1) שְׁמֹר אֶת־הָאִישׁ הַזֶּה (왕상 20:39)

(2) זִכְרוּ תּוֹרַת מֹשֶׁה עַבְדִּי (말 3:22)

(3) עֲבָדֶיךָ יוֹדְעִים לִכְרוֹת עֲצֵי לְבָנוֹן (대하 2:7)[6]

(4) מִכְרִי אֶת־הַשֶּׁמֶן (왕하 4:7)

(5) זֹאת אוֹת־הַבְּרִית אֲשֶׁר־אֲנִי נֹתֵן בֵּינִי וּבֵינֵיכֶם וּבֵין כָּל־נֶפֶשׁ (창 9:12)
חַיָּה אֲשֶׁר אִתְּכֶם

(6) שִׁפְכוּ־לְפָנָיו לְבַבְכֶם (시 62:9)

(7) יָשַׁב מֹשֶׁה לִשְׁפֹּט אֶת־הָעָם (출 18:13)

(8) מַרְאֵה כְּבוֹד יְהוָה כְּאֵשׁ אֹכֶלֶת בְּרֹאשׁ הָהָר לְעֵינֵי בְּנֵי יִשְׂרָאֵל (출 24:17)

---

6) לְבָנוֹן 레바논

(9) שִׁפְטוּ־נָא בֵּינִי וּבֵין כַּרְמִי (사 5:3)

(10) זָכֹר תִּזְכֹּר אֵת אֲשֶׁר־עָשָׂה יְהוָה אֱלֹהֶיךָ לְפַרְעֹה וּלְכָל־מִצְרָיִם (신 7:18)

(11) פָּקֹד יִפְקֹד אֱלֹהִים אֶתְכֶם (창 50:25)

(12) אָמַר יְהוָה אֶל־מֹשֶׁה כְּתָב־לְךָ אֶת־הַדְּבָרִים הָאֵלֶּה (출 34:27)

(13) רָאָה מֹשֶׁה לִכְתֹּב אֶת־דִּבְרֵי הַתּוֹרָה־הַזֹּאת עַל־סֵפֶר (신 31:24)

(14) שִׁמְרוּ מִצְוֹתַי חֻקּוֹתַי כְּכָל־הַתּוֹרָה (왕하 17:13)

(15) זָקֵן הָאִישׁ וְכָבֵד וְהוּא שָׁפַט אֶת־יִשְׂרָאֵל (삼상 4:18)

(16) אָחִיו הַקָּטֹן יִגְדַּל מִמֶּנּוּ (창 48:19)

제15과 지시형, 권유형

אֱמֶת	진리	עַתָּה	이제
הָיָה	이다, 있다, 되다	קוּם	일어나다
עוֹלָם	영원	שִׂים	놓다, 두다
עָלָה	올라가다	תָּמִיד	항상

지시형과 권유형은 모두 저자나 화자의 의지, 바람, 소원 등을 표현하는 개념이다. 지시형은 동사의 형태를 짧게 축소하는 것이며 권유형은 동사의 형태를 길게 연장해주기 때문에 붙여진 명칭이다. 따라서 지시형과 권유형이란 용어는 그 형태와 관계없는 용어이다. 지시형과 권유형은 '명령법'의 일종으로 일반 명령법보다는 좀 더 완곡하고 부드러운 저자나 화자의 마음 상태를 표현하는 것이다.

15.1 지시형

지시형은 대개 3인칭에 대한 저자나 화자의 마음을 표현하는 것이므로 간접명령이라고도 부르며 영어로는 'jussive'라 한다. 2인칭에 대한 지시형 사용은 대개 부정어 אַל과 함께 온다. 지시형을 만드는 방법은 미완료 형태에서 짧은 형태로 축소시키는 것인데 규칙동사의 경우 일반 미완료형과 지시형이 동일하다. 불규칙동사의 경우 자음과 모음에서 약간씩 차이가 있는 경우가 있고 일반형과 동일한 경우가 있다. 다음은 규칙 동사와 불규칙동사의 지시형 형태이다.[1]

---

1) 본서에서는 불규칙동사를 취급하지 않으나 라메드-헤 동사와 아인-바브(요드) 동사는 지시형에서 변화가 두드러지므로 본 과에 나오는 단어들과 이전의 단어들을 중심으로 익혀둘 필요가 있다.

그룹유형	기본형	미완료	지시형
규칙동사	שמר	יִשְׁמֹר	יִשְׁמֹר

① 규칙동사의 경우 미완료와 지시형은 형태적으로 구분할 수 없다. 따라서 전후 문맥에 따라 파악해야만 한다.

예) יִשְׁפֹּט יְהוָה בֵּינִי וּבֵינֶךָ (삼상 24:13)

여호와께서 나와 당신(남) 사이에서 판단하시기를 바랍니다/원합니다.

② 지시형의 부정은 부정어 אַל을 사용한다.

예) אַל־יִמְשְׁלוּ־בִי (시 19:14) 그들이 나를 다스리지 말기를 바랍니다/원합니다.

참고

<table>
<tr><th colspan="2">그룹유형</th><th>기본형</th><th>미완료</th><th>지시형</th></tr>
<tr><td rowspan="5">불규칙 동사</td><td rowspan="3">라메드-헤동사</td><td>היה</td><td>יִהְיֶה</td><td>יְהִי</td></tr>
<tr><td>עשה</td><td>יַעֲשֶׂה</td><td>יַעַשׂ</td></tr>
<tr><td>ראה</td><td>יִרְאֶה</td><td>יֵרֶא</td></tr>
<tr><td rowspan="2">아인-바브(요드) 동사</td><td>קום</td><td>יָקוּם</td><td>יָקֹם</td></tr>
<tr><td>שים</td><td>יָשִׂים</td><td>יָשֵׂם</td></tr>
</table>

① 지시형과 일반 미완료 형태의 차이가 가장 두드러진 유형은 ה로 끝나는 라메드-헤동사이다. 그 유형 중 3인칭(2인칭) 남성단수와 여성단수에서 지시형은 끝의 ה가 탈락되며 강세의 이동에 따른 모음의 변화가 일어난다.[2)]

יִהְיֶה ⇨ יְהִי , יִרְאֶה ⇨ יֵרֶא

예) יְהִי אוֹר (창 1:3) 빛이 있기를 바라노라/원하노라[3)]

יֵרֶא יְהוָה עֲלֵיכֶם (출 5:21) 여호와께서 너희들을(남) 보시기를 바란다/원한다.

② 라메드-헤동사라도 3인칭(2인칭) 단수가 아닌 복수에서는 지시형과 일반 미완료 형태가 동일하므로 문맥에서 파악해야만 한다.

예) יִרְאוּ שֹׂנְאַי (시 86:17) 나를 미워하는 자들이 보기를 바라나이다/원하나이다.

③ 아인-바브동사에서 지시형은 완전철자법이 아닌 불완전철자법으로 나타나므로 ו나 י가 생략되며 모음은 '우'(וּ)에서 '오'(ָ)로, '이'(י ִ)에서 '에'(ֵ)로의 변화가 발생한다.

예) יָקָם לָךְ (욥 22:28) 그것이 네게(남) 일어나기를 바란다/원한다.

יָשֵׂם יְהוָה לְךָ זֶרַע מִן־הָאִשָּׁה הַזֹּאת (삼상 2:20)

여호와께서 네게(남) 이 여자로부터 씨를 두시기를 바라노라/원하노라.

15.2 권유형(청유형)

권유형(cohortative)은 1인칭에 대한 저자의 바람이나 소원을 나타낸다. 권유형을 만드는 방법은 1인칭 단수나 복수 미완료 형태 끝에 ָה를 붙인다. 좀더 간곡한 표현을 위해 נָא(제발)를 붙이기도 한다.

① 1인칭 단수

예) אֶשְׁמְרָה תוֹרָתְךָ תָמִיד (시 119:44)

내가 당신의 율법을 항상 지키기를 바랍니다/원합니다. (지키자)

---

2) 라메드-헤동사 지시형 형태의 모음 변화는 복잡하다. '이흐예'(יִהְיֶה)에서 끝자음 ה가 탈락되면서 세번째 자음인 י에 있던 강세가 두번째 자음인 ה로 이동하면서 끝자음인 י가 '이' 로 모음화 되었고 첫번째 자음인 י의 발음을 짧게 해 주기 위해 쉐바로 바뀌어 '예히'(יְהִי)와 같은 형태가 되었다. 이르에(יִרְאֶה)의 경우도 끝자음 ה가 탈락되면서 강세의 변화는 이흐예와 동일하게 세번째 자음인 א에 있던 강세가 두번째 자음인 ר로 이동했지만 강세의 이동과 함께 원래 א자리에 있던 모음이 ר의 자리로 함께 이동하여 레쉬에 쎄골(ֶ) 모음이 붙은 것이며 첫번째 자음 י의 모음이 '히렉'(ִ)에서 '쩨레'(ֵ)가 된 것은 발음을 편하게 하기 위해 ר가 취한 모음과 가장 유사한 모음을 취했기 때문이다. '야아쎄'(יַעֲשֶׂה)에서 '야아쓰'(יַעַשׂ)로의 변화 역시 비슷한 원리이다.

3) 지시형의 기본 역할은 저자나 화자의 의지, 바람, 소원을 표현하는 것인데 화자가 하나님이나 신분이 높은 사람일 경우 '빛이 있으라'와 같은 '간접명령'으로도 번역할 수 있다. 그러나 성경히브리어는 헬라어와는 달리 3인칭 명령과 같은 간접명령 형태는 없다.

② 1인칭 복수

예) נַעְבְּרָה־נָּא בְאַרְצְךָ עַד־מְקוֹמִי (삿 11:19)

제발 우리가 당신의 땅에서 나의 장소까지 지나가기를 바랍니다/원합니다. (지나가자)

15.3 방향접미사

방향을 나타내는 접미사는 권유형과 모양이 같다. 그러나 권유형에 붙이는 ָה-는 동사 끝에 오지만 방향접미사는 명사 뒤에 온다. 해석은 '-(으)로'로 하면 된다. 이 방향접미사는 고대 셈어에 격체계가 있었음을 암시해 주는 흔적이라 할 수 있다.

예) הַבָּיְתָה (창 19:10) 그 집으로 הַמִּדְבָּרָה (출 4:27) 그 광야로

הָעִירָה (수 6:20) 그 도시로

연습문제

❖ 다음 문장들을 번역하라.

(1) אַל־תִּדְרְשׁוּ בֵּית־אֵל (암 5:5)

(2) אֶשְׁמְרָה תוֹרָתְךָ תָמִיד לְעוֹלָם (시 119:44)

(3) יִזְכָּר־נָא הַמֶּלֶךְ אֶת־יְהוָה אֱלֹהֶיךָ (삼하 14:11)

(4) יִשְׁמַע־נָא אֲדֹנִי הַמֶּלֶךְ אֵת דִּבְרֵי עַבְדּוֹ (삼상 26:19)

(5) אֱלֹהֵי אַבְרָהָם וֵאלֹהֵי נָחוֹר יִשְׁפְּטוּ בֵינֵינוּ אֱלֹהֵי אֲבִיהֶם (창 31:53)

제 16 과 바브연속법

אָהַב	사랑하다	יְרִיחוֹ	여리고
גּוֹי	민족, 이방민족	מִצְפָּה	미스바(지명)
חֲלוֹם	꿈	עָבַד	일하다, 섬기다
חָלַם	꿈꾸다	קָבַץ	

16.1 바브연속법(Waw Consecutive)의 정의와 역할

바브연속법이란 저자 혹은 화자가 '바브'(ו) 바로 다음에 동사가 올 때 완료와 미완료의 형태를 서로 전환하여 연속의 개념을 표현하는 용법을 말한다.

'바브'(וְ) + 완료 ⇨ 미완료
'바브'(וַ) + 미완료 ⇨ 완료

예) וְזָכַרְתִּי אֶת־בְּרִיתִי אֲשֶׁר בֵּינִי וּבֵינֵיכֶם (창 9:15)
나는 나와 너희(남) 사이의 내 언약을 기억할 것이다.

וַיִּפְקֹד דָּוִד אֶת־הָעָם אֲשֶׁר אִתּוֹ (삼하 18:1)
다윗이 그와 함께 한 그 백성을 계수했다.

성경 히브리어에 '바브연속법'의 표현이 21,000번 이상 출현하므로 이 용법은 성경 히브리어를 이해하는데 있어 매우 중요한 용법이다. 바브연속법은 대개 이전 문장이나 단

---

1) 바브연속법은 문장 차원에서의 분석을 요하므로 최근 들어 등장하게 된 텍스트언어학(text linguistics)이나 담화분석(discourse analysis)과 연관된 용법이라 할 수 있으며 성경히브리어 학자들 사이에서

락 등과 일련의 연관성을 갖고 연속적으로 표현하기 위한 것이다.[1]

바브연속법은 다음과 같이 다양하게 사용된다.

① 동사의 완료 다음

동사의 완료 형태 다음에 오는 바브연속법은 대개 ‘바브연속법 미완료’ 형태로 오며 ‘과거’로 해석한다.

예) בְּרֵאשִׁית בָּרָא אֱלֹהִים אֵת הַשָּׁמַיִם וְאֵת הָאָרֶץ (창 1:1, 완료)

처음에 하나님께서 천지를 창조하셨다

וַיֹּאמֶר אֱלֹהִים (창 1:3, 바브연속법 미완료) 하나님께서 말씀하셨다.[2]

וַיְהִי אוֹר (창 1:3, 바브연속법 미완료) 빛이 있었다.[3]

וַיַּרְא אֱלֹהִים אֶת־הָאוֹר (창 1:4, 바브연속법 미완료)

하나님께서 그 빛을 보셨다.

② 동사의 미완료 다음

동사의 미완료 형태 다음에 오는 바브연속법은 대개 ‘바브연속법 완료’ 형태로 오며 ‘미래’, ‘지시형’, ‘권유형’, ‘명령’ 등으로 해석한다.

예) תִּשְׁמֹר אֶת־מִצְוֺת יְהוָה אֱלֹהֶיךָ וְהָלַכְתָּ בִּדְרָכָיו (신 28:9)

너는(남) 너의(남) 하나님 여호와의 계명들을 지키기를 원하노라. 너는(남) 그의 길(들)로 가기를 원하노라.

③ 동사의 명령형 다음

동사의 명령형 다음에 오는 바브연속법은 ‘바브연속법 완료’ 형태로 오며 대개 ‘명령’으로 해석한다.

바브연속법의 기능과 역할에 대한 견해는 아직 통일된 정설이 없으며 다양하게 나타난다. 보다 깊은 연구를 위해서는 롱에이커(Longacre)와 하이머딩어(Heimerdinger)의 논쟁 등을 참조해보라. Robert E. Longacre, *A Story of Divine Providence: A Text Theoretical and Textliguistic Analysis of Genesis 37 and 39-48*, Eisenbrauns, 2003; Jean-Marc Heimerdinger, *Topic, Focus and Foreground in Ancient Hebrew Narratives*, Sheffield Academic Press, 1999; Roy L. Heller, *Narrative Structure and Discourse Constellations. An Analysis of Clause Function in Biblical Hebrew Prose*, Eisenbrauns, 2004.

2) ‘아마르’(אמר) 동사는 다음 과에서 다룬다.

3) ‘하야’(היה) 동사는 다음 과에서 다룬다.

예) שְׁמַע יִשְׂרָאֵל (신 6:4, 명령형) 들으라, 이스라엘아

וְאָהַבְתָּ אֵת יְהוָה אֱלֹהֶיךָ (신 6:5, 바브연속법+완료)

너는(남) 너의(남) 하나님 여호와를 사랑하라.

וְהָיוּ הַדְּבָרִים הָאֵלֶּה עַל־לְבָבֶךָ (신 6:6)

이 말씀들이 네(남) 마음 위에 있게 하라.

④ 명사문장 다음

빈도수가 높지는 않으나 바브연속법은 명사문장 다음에 오기도 하는데 '바브연속법 미완료' 형태나 '바브연속법 완료' 형태로 오며 문맥에 따라 '과거', '미래', '지시형', '명령' 등으로 해석한다.

예) נַעֲרָה מוֹאֲבִיָּה הִיא (룻 2:6, 명사문장) 그녀는 모압 소녀입니다.

וַתֹּאמֶר (룻 2:7, 바브연속법 미완료) 그녀는 말했습니다.

⑤ 단락이나 텍스트 초두

바브연속법은 단락이나 텍스트의 초두에 오기도 하는데 대개 '바브연속법 미완료'의 형태로 오며 특히 וַיְהִי 의 형태로 많이 등장한다.

예) וַיְהִי דְּבַר־יְהוָה אֶל־יוֹנָה (욘 1:1) 여호와의 말씀이 요나에게 있었다.

וַיְהִי בִּימֵי שְׁפֹט הַשֹּׁפְטִים וַיְהִי רָעָב בָּאָרֶץ (룻 1:1)

재판하는 자들의 재판하는 날들에 그 땅에는 기근이 있었다.

'바브연속법'은 그 특징상 주로 산문체에서 등장한다. 산문체 내에서는 서술체 뿐 아니라 대화체에서도 등장한다. 서술체에서 '바브연속법'은 대개 '시간의 연속'을 나타내며 대화체에서는 '논리의 연속'을 표현한다.

16.2 칼 바브연속법 형태

바브연속법은 동사의 7유형(칼, 니팔, 피엘, 푸알, 히트파엘, 히필, 호팔)에서 모두 만들 수 있다. 이 용법이 성경에 매우 자주 출현할 뿐 아니라 전체 바브연속법 중 단순 능동형인 '칼' 형태에서 74%가 등장하므로 이 과에서 먼저 소개를 하는 것이며 앞으로 나오게 될

나머지 6개의 유형에서도 '바브연속법' 형태는 익혀야 할 것이다.

칼 바브연속법 형태를 만드는 방법은 다음과 같다.

① 규칙변화의 경우 וַ + 미완료, וְ + 완료 형태로 만들면 된다.[4] 전자의 경우 미완료의 첫 자음에 점(다게쉬)을 붙인다.

예) וַיִּשְׁמֹר , וְשָׁמַר

따라서 וַ + 미완료는 완료로 וְ + 완료는 미완료로 번역을 하되 연속의 개념을 포함하여 번역해야 할 것이다.

② 불규칙변화의 경우 '바브연속법 + 미완료'에서 미완료 형태는 대개 '지시형'을 따른다.

예) וַיְהִי־אוֹר (창 1:3) 빛이 있었다.

וַיַּעַשׂ אַבְשָׁלוֹם כַּדָּבָר הַזֶּה לְכָל־יִשְׂרָאֵל (삼하 15:6)

압살롬이 모든 이스라엘에게 이와같이 행했다.

וַיָּקָם יְהוֹשֻׁעַ וְכָל־עַם (수 8:3)

여호수아와 모든 백성이 일어났다.

③ 불규칙변화의 경우 '바브연속법+ 미완료'에서 '지시형'이 아닌 다른 형태를 사용하는 동사가 가끔 있다.

예) וַיַּרְא שָׁאוּל (삼상 18:28) 사울이 보았다.

וַיֹּאמֶר יְהוָה אֶל־מֹשֶׁה בְּמִדְיָן (출 4:19)

여호와께서 미디안에서 모세에게 말씀하셨다.

특히 성경에 가장 많이 출현하는 1위 동사인 אמר의 바브연속법 형태(3인칭남성단수)인 וַיֹּאמֶר는(약 2,000회 출현) 반드시 익혀야 할 것이다.

---

4) '바브'(ו)와 동사 사이에는 아무 것도 올 수 없다.

연습문제

❖ **다음 문장들을 번역하라.**

(바브연속법 미완료는 과거로, 바브연속법 완료는 미래, 혹은 명령으로 번역할 것.)

(1) וַיִּזְכֹּר יוֹסֵף אֵת הַחֲלֹמוֹת אֲשֶׁר חָלַם לָהֶם (창 42:9)

(2) וְשָׁפַט בֵּין עַמִּים רַבִּים (미 4:3)

(3) וְעָבְדוּ אֹתוֹ כָל־הַגּוֹיִם וְאֶת־בְּנוֹ וְאֶת־בֶּן־בְּנוֹ (렘 27:7)

(4) יֹשְׁבֵי גִבְעוֹן שָׁמְעוּ אֵת אֲשֶׁר עָשָׂה יְהוֹשֻׁעַ לִירִיחוֹ וְלָעָי (수 9:3)[5)]

(5) וַיִּמְלֹךְ דָּוִד עַל־כָּל־יִשְׂרָאֵל (삼하 8:15)

(6) וַיִּשְׁפֹּט שְׁמוּאֵל אֶת־בְּנֵי יִשְׂרָאֵל בַּמִּצְפָּה (삼상 7:6)

(7) וַיִּכְתֹּב מֹשֶׁה אֵת כָּל־דִּבְרֵי יְהוָה (출 24:4)

---

5) גִּבְעוֹן 기브온(지명), יְהוֹשֻׁעַ 여호수아, עַי 아이(지명)

(8) וַיִּפְקֹד דָּוִד אֶת־הָעָם אֲשֶׁר אִתּוֹ (삼하 18:1)

(9) וָאֶשְׁפֹּךְ אֶת־נַפְשִׁי לִפְנֵי יְהוָה (삼상 1:15)

(10) אֶקְבְּצָה אֶל־אֲדֹנִי הַמֶּלֶךְ אֶת־כָּל־יִשְׂרָאֵל וְיִכְרְתוּ אִתְּךָ בְּרִית
(삼하 3:21)

제 17 과 אָמַר와 הָיָה 동사

אוֹר	빛	כֵּן	그렇게
בָּחַר	선택하다	עוֹד	더 이상, 아직, 한번 더
בְּרָכָה	복	רוּחַ	영, 바람
דָּם	피	רָעָה	악, 재난
זָנָב	꼬리	שָׁאוּל	사울
יִצְחָק	이삭	שְׁמוּאֵל	사무엘

본 과에서는 성경 히브리어 동사 중 출현 빈도수가 가장 높은 두 개의 불규칙동사 אָמַר (say, 말하다)와 הָיָה (be, 이다, 있다, 되다)를 소개한다.[1]

17.1 אָמַר (말하다) 동사

אָמַר 동사는 성경 히브리어에서 총 5,309번 출현하는 동사로 빈도수 1위 동사이다. 이 동사는 칼 유형에서만 5,284번(99.5%) 등장한다.

17.1.1 אָמַר 동사의 완료와 미완료

페후음 동사 중 '페-알레프 동사'에 속하는 이 동사의 완료와 미완료 변화를 규칙동사와 함께 살펴보면 다음 도표와 같다.

① 다음 도표를 보면 성경 히브리어에서 빈도수 1위에 해당하는 אמר 동사는 완료에서는 규칙변화와 거의 동일하게 변한다. 2인칭 복수에서 첫자음에 붙는 모음에 사소한 차이가 있는데 규칙동사에서는 단순쉐바(ְ)가 붙었으며 אמר 동사에서는 합성쉐바(ֲ)가 붙는다.

---

1) 이 두 동사는 불규칙동사이므로 중요한 형태만 익히도록 한다.

완료/미완료			완료		미완료	
규칙/불규칙			규칙변화	불규칙변화	규칙변화	불규칙변화
기본형			שמר 지키다	אמר 말하다	שמר 지키다	אמר 말하다
단수	3인칭남성	הוּא	שָׁמַר	אָמַר	יִשְׁמֹר	יֹאמַר
	3인칭여성	הִיא	שָׁמְרָה	אָמְרָה	תִּשְׁמֹר	תֹּאמַר
	2인칭남성	אַתָּה	שָׁמַרְתָּ	אָמַרְתָּ	תִּשְׁמֹר	תֹּאמַר
	2인칭여성	אַתְּ	שָׁמַרְתְּ	אָמַרְתְּ	תִּשְׁמְרִי	תֹּאמְרִי
	1인칭	אֲנִי	שָׁמַרְתִּי	אָמַרְתִּי	אֶשְׁמֹר	אֹמַר
복수	3인칭남성	הֵמָּה	שָׁמְרוּ	אָמְרוּ	יִשְׁמְרוּ	יֹאמְרוּ
	3인칭여성	הֵנָּה			תִּשְׁמֹרְנָה	תֹּאמַרְנָה
	2인칭남성	אַתֶּם	שְׁמַרְתֶּם	אֲמַרְתֶּם	תִּשְׁמְרוּ	תֹּאמְרוּ
	2인칭여성	אַתֶּן	שְׁמַרְתֶּן	אֲמַרְתֶּן	תִּשְׁמֹרְנָה	תֹּאמַרְנָה
	1인칭	אֲנַחְנוּ	שָׁמַרְנוּ	אָמַרְנוּ	נִשְׁמֹר	נֹאמַר

② **אמר** 동사는 미완료형에서 규칙변화와 두드러진 차이가 발견되는데 특히 첫자음에 붙는 모음이 '오'(ֹ)임을 주의해야 할 것이다. 또한 1인칭단수에서 **א**가 하나만 붙는다는 것도 주의해야 한다. 페후음동사 중 페-알레프동사는 모두 **אמר** 동사와 동일하게 변한다.

17.1.2 אָמַר 동사의 분사

수	태	능동	능동	수동	수동
	성	남성	여성	남성	여성
단수		אֹמֵר	אֹמֶרֶת 혹은 אֹמְרָה	אָמוּר	-
복수		אֹמְרִים	אֹמְרוֹת	-	-

① אָמַר 동사의 분사 형태는 능동, 수동 모두 규칙변화와 동일하다.

② אָמַר 동사의 분사는 성경에 총 99회 등장하는데 분사수동은 남성단수에서 단 한 차례만 출현한다.

17.1.3 אָמַר 동사의 명령

		지키다	말하다
남성단수	אַתָּה	שְׁמֹר	אֱמֹר
여성단수	אַתְּ	שִׁמְרִי	אִמְרִי
남성복수	אַתֶּם	שִׁמְרוּ	אִמְרוּ
여성복수	אַתֶּן	שְׁמֹרְנָה	-

① אָמַר 동사는 첫 자음이 후음이므로 단순쉐바를 취하는 대신 합성쉐바를 취한다. שְׁמֹר vs. אֱמֹר

② 히브리어 성경에는 אָמַר 동사의 여성복수 명령 형태가 출현하지 않는다.

17.1.4 אָמַר 동사의 부정사, 지시형, 권유형, 바브연속법

	부정사연계형	부정사절대형	지시형	권유형	바브연속법
שמר	שְׁמֹר	שָׁמוֹר	יִשְׁמֹר	אֶשְׁמְרָה	וַיִּשְׁמֹר
אמר	לֵאמֹר	אָמוֹר	יֹאמַר	אֹמְרָה	וַיֹּאמֶר

① אָמַר 동사의 부정사 연계형은 전치사 없이 나타나는 경우가 거의 없고 לֵאמֹר와 같이 전치사와 함께 출현한다. 특히 לֵאמֹר와 같은 형태는 성경에 매우 빈번하게 나타나며(939회), 직접화법 앞에서 마치 오늘날의 쌍따옴표(" ")와 같이 직접화법이 나타날 것을 암시해주는 역할을 하는 경우가 매우 많다. 이때의 לֵאמֹר 는 '가로되', '이르되' 등으로 번역을 하거나 때로는 번역을 하지 않는 것이 자연스럽다.

예) וַיְהִי דְּבַר־יְהוָה צְבָאוֹת אֵלַי לֵאמֹר (슥 8:18)

만군의 여호와의 말씀이 내게 있었다 이르시되

② 지시형의 경우 일반 미완료형과 형태가 동일하므로 언급한 바와 같이 문맥에서만 구별할 수 있다.

예) כֵּן יֹאמַר יְהוָה (왕상 1:36) 여호와께서 그렇게 말씀하시기를 바랍니다/원합니다.

③ 바브연속법 미완료형인 וַיֹּאמֶר는 성경 히브리어에 매우 자주 출현하는데(2,084회) 일반 미완료형인 יֹאמַר와 모음에서 약간의 차이가 있음을 주의하자.[1)]

예) וַיֹּאמֶר אֱלֹהִים יְהִי אוֹר (창 1:3) 하나님께서 말씀하셨다. "빛이 있기를 바라노라/원하노라"

17.2 הָיָה (be) 동사

הָיָה 동사는 성경 히브리어에서 총 3,561번 출현하는 동사로 히브리어 성경에서 אָמַר 동사 다음으로 많이 출현하는 빈도수 2위 동사이다. 이 동사 역시 אָמַר 동사와 같이 칼 유형에서(3,540회, 99.4%) 주로 등장한다. 특히 성경 히브리어의 הָיָה는 영어번역성경(NRSV)에서 약 80가지의 단어로 번역이 될 만큼 그 의미 영역이 매우 방대한데, 우리말에서는 주로 '이다', '있다', '되다' 등으로 번역된다.

17.2.1 הָיָה 동사의 완료와 미완료

הָיָה 동사는 페-후음동사, 아인-요드동사, 라메드-후음동사(라메드-헤동사) 세 가지가 모두 해당되는 3중 불규칙동사인데 완료와 미완료 형태는 다음과 같다(다음 페이지).

הָיָה 동사는 규칙변화와 비교했을 때 완료와 미완료에서 모음 뿐 아니라 자음도 같이 변하므로 조금 더 주의를 기울여야 한다. 먼저 완료에서의 변화를 살펴보면 다음과 같다.

① 3인칭단수는 항상 ה로 끝난다. 3인칭여성단수의 경우 세번째 자음의 ה가 ת로 바뀐다. הָיְהָה ⇨ הָיְתָה

② 1인칭(단수와 복수)과 2인칭(단수와 복수)에서 세번째 자음의 ה가 י로 바뀐다.[2)]

הָיַהְתָּ ⇨ הָיִיתָ

---

1) 16.2항의 ②번에서 바브연속법은 '지시형' 형태를 따른다. 15.1항의 설명과 같이 '지시형'은 미완료에서 짧은 형태를 만들어 주는 것이 특징인데 이곳에서 일반 미완료형과는 달리 וַיֹּאמֶר를 취한것은 'a' 보다는 입을 적게 벌리는 'e' 모음을 취했기 때문이다.

2) הָיָה 동사가 1, 2인칭에서 세번째 자음이 ה에서 י로 바뀌는 것은 이 동사의 어근이 ה י ה이기 때문이다. 헤로 끝나는 대부분의 동사에서 마지막 문자의 어근은 י이다.

הָיָה 동사의 완료와 미완료

완료/미완료			완료		미완료	
규칙/불규칙			규칙변화	불규칙변화	규칙변화	불규칙변화
기본형			שׁמר 지키다	היה 이다, 있다, 되다	שׁמר 지키다	היה 이다, 있다, 되다
단수	3인칭남성	הוּא	שָׁמַר	הָיָה	יִשְׁמֹר	יִהְיֶה
	3인칭여성	הִיא	שָׁמְרָה	הָיְתָה	תִּשְׁמֹר	תִּהְיֶה
	2인칭남성	אַתָּה	שָׁמַרְתָּ	הָיִיתָ	תִּשְׁמֹר	תִּהְיֶה
	2인칭여성	אַתְּ	שָׁמַרְתְּ	הָיִית	תִּשְׁמְרִי	תִּהְיִי
	1인칭	אֲנִי	שָׁמַרְתִּי	הָיִיתִי	אֶשְׁמֹר	אֶהְיֶה
복수	3인칭남성	הֵמָּה	שָׁמְרוּ	הָיוּ	יִשְׁמְרוּ	יִהְיוּ
	3인칭여성	הֵנָּה			תִּשְׁמֹרְנָה	תִּהְיֶינָה
	2인칭남성	אַתֶּם	שְׁמַרְתֶּם	הֱיִיתֶם	תִּשְׁמְרוּ	תִּהְיוּ
	2인칭여성	אַתֶּן	שְׁמַרְתֶּן	הֱיִיתֶן	תִּשְׁמֹרְנָה	תִּהְיֶינָה
	1인칭	אֲנַחְנוּ	שָׁמַרְנוּ	הָיִינוּ	נִשְׁמֹר	נִהְיֶה

③ 3인칭복수의 경우 세번째 자음인 ה가 사라진다.

הָיְהוּ ⇨ הָיוּ, עָשְׂהוּ ⇨ עָשׂוּ

④ 2인칭복수의 경우 규칙변화에서는 전전종음절이 '쉐바'(ְ)로 바뀐다는 원칙에 따라 שְׁמַרְתֶּם, שְׁמַרְתֶּן로 되는데 첫 자음이 후음인 경우는 '단순쉐바'가 아닌 '합성쉐바'가 와서 הֱיִיתֶם, הֱיִיתֶן과 같은 형태가 되었다.

미완료형에서는 '우'(וּ)로 끝나는 2, 3인칭 남성복수와 '이'(ִי)로 끝나는 2인칭여성단수에서 세번째 자음인 ה가 사라지며, נָה로 끝나는 2,3인칭 여성복수에서 세번째 자음의 ה가 י로 바뀐다.

17.2.2 הָיָה 동사의 명령, 부정사 등[3]

		지키다	이다, 있다, 되다
남성단수	אַתָּה	שְׁמֹר	הֱיֵה
여성단수	אַתְּ	שִׁמְרִי	הֲיִי
남성복수	אַתֶּם	שִׁמְרוּ	הֱיוּ
여성복수	אַתֶּן	שְׁמֹרְנָה	-

① הָיָה 동사의 명령형은 미완료 2인칭에서 접두사를 뺀 후 단모음(ֶ)에서 장모음(ֵ)으로 변화시키면 된다. תִּהְיֶה ⇨ הְיֶה ⇨ הֱיֵה

② הֱיֵה, הֱיוּ 대신에 הֱיֵה, הֱיוּ가 오기도 한다.

예) הֱיֵה בְּרָכָה(창 12:2) 너는(남) 복이 되라.

17.2.3 הָיָה 동사의 부정사, 지시형, 권유형, 바브연속법

	부정사연계형	부정사절대형	지시형	권유형	바브연속법
שמר	שְׁמֹר	שָׁמוֹר	יִשְׁמֹר	אֶשְׁמְרָה	וַיִּשְׁמֹר
היה	לִהְיוֹת 혹은 הֱיוֹת	הָיֹה 혹은 הָיוֹ	יְהִי	-	וַיְהִי

① הָיָה 동사의 부정사 연계형은 אָמַר 동사와 같이 전치사 없이 나타나는 것보다 לִהְיוֹת와 같이 전치사와 함께 출현하는 경우가 훨씬 더 많다.

예) בְּךָ בָּחַר יְהוָה אֱלֹהֶיךָ לִהְיוֹת לוֹ לְעַם (신 7:6)

너의(남) 하나님 여호와께서 그에게 백성이 되도록 하기 위해 너를(남) 택하셨다.

② 지시형과 바브연속법의 경우 마지막 ה가 없어지는 것에 주목하라.

---

3) הָיָה 동사의 중요한 특징 중 하나가 분사형에서 거의 사용되지 않는다는 점이다. 성경 전체에서 단 두 차례만 분사로 나타나는데 '칼'에서 한 번(출 9:3), '니팔'에서 한 번(잠 13:19) 나타난다.

예) וַיֹּאמֶר אֱלֹהִים יְהִי אוֹר וַיְהִי־אוֹר (창 1:3)

하나님께서 말씀하셨다. "빛이 있기를 바라노라/원하노라" 빛이 있었다.

③ 바브연속법 미완료형인 וַיְהִי 역시 성경 히브리어에서 매우 자주 출현하는데(784회) 특히 전치사나 시간을 나타내는 부사 앞에서 사용될 때 וַיְהִי는 특수한 역할을 하는데 이 경우 וַיְהִי는 '이다', '있다', '되다' 중 어떤 경우에도 해당하지 않으므로 번역을 하지 않는 것이 자연스럽다.[4)]

예) וַיְהִי בַּיּוֹם הַהוּא וַיָּבֹאוּ עַבְדֵי יִצְחָק (창 26:32)

그 날에 이삭의 종들이 왔다.

---

4) 784회의 וַיְהִי 중 399회(약 51%)가 이 특수절에 해당하는데 이 특수절에 대해서는 학자들 간에 이견이 있으므로 본 서에서는 다루지 않는다.

연습문제

❖ 다음 문장들을 번역하라. (바브연속법 미완료는 과거로, 바브연속법 완료는 미래, 혹은 명령으로 번역할 것)

(1) יִהְיֶה יְהוָה אֱלֹהֶיךָ עִמְּךָ כַּאֲשֶׁר הָיָה עִם־מֹשֶׁה (수 1:17)

(2) לֹא־יֹאמְרוּ עוֹד אֲרוֹן בְּרִית־יְהוָה (렘 3:16)

(3) הוּא יִהְיֶה לְרֹאשׁ וְאַתָּה תִּהְיֶה לְזָנָב (신 28:44)

(4) מַה־נֹּאמַר אֱלֹהֵינוּ אַחֲרֵי־זֹאת (스 9:10)

(5) אָנֹכִי אֶהְיֶה עִמָּךְ (신 31:23)

(6) אַתֶּם תִּהְיוּ־לוֹ לַעֲבָדִים (삼상 8:17)

(7) הֱיוּ לִפְנֵי יְהוָה אַתָּה וָהֵם וְאַהֲרֹן (민 16:16)

(8) אִמְרוּ לָאִישׁ אֲשֶׁר־שָׁלַח אֶתְכֶם אֵלָי (왕하 22:15)

(9) וַיֹּאמֶר אֲלֵהֶם רְאוּבֵן אַל־תִּשְׁפְּכוּ־דָם (창37:22)

(10) וַיְהִי דְבַר־שְׁמוּאֵל לְכָל־יִשְׂרָאֵל (삼상 4:1)

(11) וַתְּהִי רוּחַ יְהוָה רָעָה אֶל־שָׁאוּל (삼상 19:9)

제 18과 니팔 완료, 분사

לָחַם	싸우다(ni.)	שֶׁבַע	일곱
מָלַט	도망가다(ni.)	שָׁמַר	삼가다(ni.)
שָׁאַר	남다(ni.)		

* 여기서 '(ni.)'란 니팔형에서 해당 단어의 뜻을 말함. 칼에서 사용되지 않는 동사는 모음 표기를 하지 않았음.

10.2항에서 언급한 바와 같이 니팔 동사는 의미론적으로 칼 동사와는 60%정도 관계가 있고 피엘 동사와는 10%, 히필과는 10%정도 관계가 있다. 또한 수동으로 쓰이는 경우가 가장 많으나 재귀, 상호적으로도 쓰이며 능동으로도 쓰인다. '니팔 동사'의 유래에 대해 학자들의 연구가 있지만 아직까지 명확한 청사진을 제시하지 못하고 있다. 어쨌든 '니팔=칼 수동'의 등식은 항상 성립하는 것이 아니므로 조심해야 할 것이다.

18.1 니팔 완료 다음은 니팔 완료 형태 규칙변화이다.

수	인칭, 성		שׁמר 삼가다	שׁבר 깨지다	מלט 도망가다	접미사
단수	3인칭남성	הוּא	נִשְׁמַר	נִשְׁבַּר	נִמְלַט	-
	3인칭여성	הִיא	נִשְׁמְרָה	נִשְׁבְּרָה	נִמְלְטָה	ָה-
	2인칭남성	אַתָּה	נִשְׁמַרְתָּ	נִשְׁבַּרְתָּ	נִמְלַטְתָּ	תָּ-
	2인칭여성	אַתְּ	נִשְׁמַרְתְּ	נִשְׁבַּרְתְּ	נִמְלַטְתְּ	תְּ-
	1인칭	אֲנִי	נִשְׁמַרְתִּי	נִשְׁבַּרְתִּי	נִמְלַטְתִּי	תִּי-
복수	3인칭남성	הֵמָּה	נִשְׁמְרוּ	נִשְׁבְּרוּ	נִמְלְטוּ	וּ-
	3인칭여성	הֵנָּה				
	2인칭남성	אַתֶּם	נִשְׁמַרְתֶּם	נִשְׁבַּרְתֶּם	נִמְלַטְתֶּם	תֶּם-
	2인칭여성	אַתֶּן	נִשְׁמַרְתֶּן	נִשְׁבַּרְתֶּן	נִמְלַטְתֶּן	תֶּן-
	1인칭	אֲנַחְנוּ	נִשְׁמַרְנוּ	נִשְׁבַּרְנוּ	נִמְלַטְנוּ	נוּ-

① 니팔(נִפְעַל) 완료는 그 명칭에서 짐작할 수 있듯이 동사의 기본형에서 자음 נ을 처음에 추가시키면 된다. 또한 3인칭남성단수의 모음은 니팔(Niphal)의 명칭에서 짐작할 수 있듯이 첫음절이 '이'(ִ)이며 종음절이 '아'(ַ)이다.

② 칼 미완료 1인칭 복수의 접두사인 נ과 니팔 완료의 접두어가 동일하므로 혼동하지 않도록 조심하자.

예) נִשְׁמֹר - שׁמר의 칼 미완료 1인칭복수[종음절이 '오'(ֹ)모음]
נִשְׁמַר - שׁמר의 니팔 완료 3인칭남성단수[종음절이 '아'(ַ)모음]
נִשְׁמֹר אֶת־כָּל־הַמִּצְוָה הַזֹּאת (신 6:25)
우리가 이 모든 계명을 지킬 것이다.
לֹא־נִמְלַט מֵהֶם אִישׁ (삼상 30:17) 그들 중 누구도 도망가지 않았다.

③ 언급한 바와 같이 니팔형이 항상 수동으로 번역되는 것은 아니다.[1] שׁמר의 니팔형인 נִשְׁמַר는 '조심하다, 삼가다, 지켜지다'이며, 칼형에서는 등장하지 않는 מלט의 니팔형인 נִמְלַט는 '도망하다'이며 שׁבר(깨뜨리다)의 니팔형인 נִשְׁבַּר는 수동으로 '깨어지다'이다.

예) אָמַר אֵלָיו מִמַּחֲנֵה יִשְׂרָאֵל נִמְלָטְתִּי (삼하 1:3)
그가 그에게 말했다. "이스라엘 진영에서 나는 도망했습니다."

18.2 니팔 분사

	남성	여성
단수	נִשְׁבָּר	נִשְׁבָּרָה 혹은 נִשְׁבֶּרֶת
복수	נִשְׁבָּרִים	נִשְׁבָּרוֹת

1) 니팔에서 가장 많이 사용되는 것은 역시 수동으로 발견하다 → 발견되다, 보다 → 보이다, 뒤집다 → 뒤집히다, 주다 → 주어지다, 알다 → 알려지다, 깨뜨리다 → 깨어지다 등이다.

① 니팔 분사형은 완료 형태처럼 자음 נ으로 시작된다.

② 니팔 분사형에서 조심해야 할 것은 '니팔 완료 3인칭남성단수' 형태와 '니팔 분사 남성단수' 형태 사이에 자음은 물론 발음이 동일하므로 혼동하기 쉽다는 것이다. 그 둘 사이의 구분은 모음의 모양으로 해야 한다. 즉 니팔 완료 3인칭남성단수는 נִשְׁבַּר (단모음 a)이고 니팔 분사 남성단수는 נִשְׁבָּר (장모음 ā)이다.

예) נִשְׁבַּר לִבִּי (렘 23:9) 나의 마음은 깨졌다.

רוּחַ נִשְׁבָּרָה לֵב־נִשְׁבָּר (시 51:19) 깨진 영과 깨진 마음

연습문제

❖ 다음 문장이나 구들을 번역하라.

(1) לְכָל־אֹיְבֵיכֶם אֲשֶׁר אַתֶּם נִלְחָמִים אוֹתָם (수 10:25)

(2) וַעֲמָשָׂא לֹא־נִשְׁמַר בַּחֶרֶב אֲשֶׁר בְּיַד־יוֹאָב (삼하 20:10)[2)]

(3) הֵמָּה נִמְלְטוּ אֶרֶץ אֲרָרָט וַיִּמְלֹךְ אֵסַר־חַדֹּן בְּנוֹ תַּחְתָּיו (왕하 19:37)[3)]

(4) וְנִכְרְתָה הַנֶּפֶשׁ הַהִוא מֵעַמֶּיהָ (레 7:20)

(5) מִי בָכֶם הַנִּשְׁאָר אֲשֶׁר רָאָה אֶת־הַבַּיִת הַזֶּה (학 2.3)

(6) הַקֹּל נִשְׁמַע בֵּית פַּרְעֹה (창 45:16)

(7) יְהוָה אֱלֹהֵיכֶם הוּא הַנִּלְחָם לָכֶם (수 23:3)

(8) וַיִּקְבֹּץ אֶת־כָּל־אֹכֶל שֶׁבַע שָׁנִים אֲשֶׁר הָיוּ בְּאֶרֶץ מִצְרָיִם (창 41:48)

---

2) עֲמָשָׂא 아마사, יוֹאָב 요압
3) אֲרָרָט 아라랏, אֵסַר־חַדֹּן 에살핫돈

제 19 과 니팔 미완료, 명령, 부정사

חֵן	호의, 은총	קָבַר	매장하다
מְעָרָה	동굴	רָחוֹק	먼
מָצָא	발견하다	שָׁכַב	눕다
פָּנֶה	얼굴, 앞[1]	שִׂמְחָה	기쁨
פָּתַח	열다	שֶׁמֶשׁ	태양

19.1 니팔 미완료

수	인칭, 성		שׁמר 삼가다	שׁבר 깨지다	מלט 도망가다	접두사(접미사)
단수	3인칭남성	הוּא	יִשָּׁמֵר	יִשָּׁבֵר	יִמָּלֵט	יִ--
	3인칭여성	הִיא	תִּשָּׁמֵר	תִּשָּׁבֵר	תִּמָּלֵט	תִּ--
	2인칭남성	אַתָּה	תִּשָּׁמֵר	תִּשָּׁבֵר	תִּמָּלֵט	תִּ--
	2인칭여성	אַתְּ	תִּשָּׁמְרִי	תִּשָּׁבְרִי	תִּמָּלְטִי	תִּ--ִי
	1인칭	אֲנִי	אֶשָּׁמֵר	אֶשָּׁבֵר	אֶמָּלֵט	אֶ--
복수	3인칭남성	הֵמָּה	יִשָּׁמְרוּ	יִשָּׁבְרוּ	יִמָּלְטוּ	יִ--וּ
	3인칭여성	הֵנָּה	תִּשָּׁמַרְנָה	תִּשָּׁבַרְנָה	תִּמָּלַטְנָה	תִּ--נָה
	2인칭남성	אַתֶּם	תִּשָּׁמְרוּ	תִּשָּׁבְרוּ	תִּמָּלְטוּ	תִּ--וּ
	2인칭여성	אַתֵּן	תִּשָּׁמַרְנָה	תִּשָּׁבַרְנָה	תִּמָּלַטְנָה	תִּ--נָה
	1인칭	אֲנַחְנוּ	נִשָּׁמֵר	נִשָּׁבֵר	נִמָּלֵט	נִ--

1) 이 단어는 פָּנִים 같이 항상 복수 형태로만 등장한다.

① 니팔 뿐 아니라 모든 미완료에 붙는 접두사와 접미사는 표에서 보는 바와 같이 동일하다.

② 히브리어에서 자음 נ은 약한 자음이므로 폐음절 끝에 올 때 다음에 오는 자음 속으로 동화되어 사라지면서 그 자음에 점(다게쉬)을 남긴다.

יִנְשָׁמֵר ⇨ יִשָּׁמֵר 그가 삼갈 것이다.

③ 따라서 니팔 미완료의 특징은 다음 세가지이다.

가. 첫 자음(접두사)에 붙는 모음은 1인칭단수만(אֶשָּׁמֵר)을 제외하고 모두 '이'(ִ) 모음이다.

나. 두번째 자음에 모두 점(다게쉬)이 붙는다.

다. 두번째 자음에 모두 '아'(ָ) 장모음이 붙는다.

④ 접미사가 붙지 않는 인칭에서는(3인칭남성단수 등) 종음절에 강세가 있으며 그 음절의 기본 모음은 '쩨레'(ֵ)이다. 니팔 종음절의 모음이 '파타흐'(ַ)이어야 하지만 완료형과의 혼란을 피하기 위해 '쩨레'(ֵ)를 취하였다. 접미사가 נָה로 구성된 2인칭과 3인칭여성복수에서는 완료형과 혼란의 여지가 없으므로 전종음절의 모음이 원래의 모음인 '파타흐'(ַ)를 취한다. 접미사가 요드나 바브로만 구성된 경우(2인칭여성단수, 3인칭남성복수, 2인칭남성복수) 강세가 끝 음절로 이동하면서 전종음절의 모음이 쉐바로 바뀐다.

19.2 니팔 명령

		שמר 삼가다
남성단수	אַתָּה	הִשָּׁמֵר
여성단수	אַתְּ	הִשָּׁמְרִי
남성복수	אַתֶּם	הִשָּׁמְרוּ
여성복수	אַתֶּן	הִשָּׁמַרְנָה

① 니팔 명령형은 니팔 미완료 2인칭남성단수 형태에서 접두사 ת 대신에 ה를 붙이면 되고 미완료 형태와 같이 자음 נ이 다음 자음에 동화되어 점(다게쉬)을 남기고 그 자음에 붙는 모음은 미완료 형태와 마찬가지로 장모음 ‘아’(ָ)이다.

예) וְאָמַרְתָּ אֵלָיו הִשָּׁמֵר (사 7:4)

너는(남) 그에게 말하라. 너는(남) 삼가라.

② 성경 전체에서 규칙, 불규칙을 막론하고 니팔 명령형이 많이 출현하지 않으며(총 118회) 특히 여성복수 명령의 경우 단 한 차례도 출현하지 않는다.

19.3 니팔 부정사

	연계형	절대형
קטל	הִקָּטֵל	הִקָּטוֹל/נִקְטֹל
שׁמר	הִשָּׁמֵר	-

① 니팔 부정사 연계형은 니팔 명령형 남성단수 형태와 동일하다.

② 니팔 부정사 절대형은 연계형에 비해 출현 빈도가 매우 낮은데 위의 표에서 보는 바와 같이 두가지 형태가 있다.

예) הִנָּתֹן יִנָּתֵן בְּיַד מֶלֶךְ־בָּבֶל (렘 32:4)

그는 바벨론 왕의 손에 반드시 주어질 것이다.

19.4 니팔 지시형, 권유형, 바브연속법

지시형	권유형	바브연속법 미완료 (3인칭 남성단수)
יִקָּטֵל	אִקָּטְלָה	וַיִּקָּטֵל

① 니팔 권유형은 אֶקָּטְלָה 보다는 אִקָּטְלָה와 같은 형태로 훨씬 더 많이 나타난다. 니팔 지시형은 미완료형과 형태가 동일하다.

② 니팔 바브연속법 미완료는 규칙변화의 경우 니팔 미완료와 형태가 동일하다.

예) וַיִּמָּלֵט בַּלַּיְלָה הוּא (삼상 19:10) 그는 그 밤에 도망했다.

니팔 동사 연습(칼 동사 포함)

다음 동사들의 분해를 보기에 따라 해보라. (완료는 과거로, 미완료는 미래로, 분사는 '-하는 자/것'으로 번역하고 부정사는 '-하도록'으로 번역하라.)

동사형태	유형, 상	인칭, 성, 수	기본형	번 역
יִשָּׁמֵר	니팔 미완료	3인칭 남성단수	שׁמר	그가 삼갈 것이다
נִכְרְתָה				
נִמְצָאת				
יִלָּחֲמוּ				
לְהִמָּלֵט				
נִשְׁמֹר				
נִשְׁאַרְתִּי				
נִכְרְתוּ				
הִשָּׁמֵר				
תִּמָּצֵא				
נִלְחַמְנוּ				
יִכְתֹּב				
הִמָּלְטִי				
יִנָּתְנוּ				
נִשְׁאָרִים				
יִכָּתְבוּ				

동사형태	유형, 상	인칭, 성, 수	기본형	번 역
תִּפָּתַח				
תִּקָּבְצוּ				
נִשְׁמַרְתֶּם				
שָׁלַחְתָּ				

연습문제

❖ 다음 문장들을 번역하라.

(1) לֹא־יִכָּרֵת מִכֶּם עֶ֫בֶד (수 9:23)

(2) וַיִּשְׁכַּב יְהוֹשָׁפָט עִם־אֲבֹתָיו וַיִּקָּבֵר עִם־אֲבֹתָיו בְּעִיר דָּוִיד (대하 21:1)[2]

(3) שָׁם תִּקָּבֵר אַתָּה וְכָל־אֹהֲבֶיךָ (렘 20:6)

2) יְהוֹשָׁפָט 여호사밧, שָׁכַב동사는 의미상으로는 상태 동사가 아니나 형태적으로는 상태 동사를 따른다.

(4) הָלַךְ דָּוִד מִשָּׁם וַיִּמָּלֵט אֶל־מְעָרַת עֲדֻלָּם (삼상 22:1)[3]

(5) וַתִּשָּׁמַע שִׂמְחַת יְרוּשָׁלִַם מֵרָחוֹק (느 12:43)[4]

(6) יְהוָה אֱלֹהֵי יִשְׂרָאֵל נִלְחָם לְיִשְׂרָאֵל (수 10:42)

(7) לֹא תִנָּתֵן הָעִיר הַזֹּאת בְּיַד מֶלֶךְ אַשּׁוּר (사 36:15)[5]

(8) יְהוָה אֱלֹהֵיכֶם הַהֹלֵךְ לִפְנֵיכֶם הוּא יִלָּחֵם לָכֶם (신 1:30)

---

3) עֲדֻלָּם 아둘람(지명)

4) יְרוּשָׁלִַם은 예루살렘을 가리키며 성경에서 총 643회 나타나는데 יְרוּשָׁלַיִם과 같이 י와 함께 나타나는 경우는 4회뿐이고(대상 3:5, 대하 25:1, 렘 26:18, 에 2:6) 나머지는 모두 יְרוּשָׁלִַם와 같이 한 자음에 두 개의 모음이 있는 특이한 형태로 나타난다.

5) אַשּׁוּר 앗수르

제20과 피엘 완료, 분사

אָסַף	모으다	טוֹבָה	선(goodness)
בקשׁ	찾다, 요구하다(pi.) *	סָפַר	이야기하다(pi.)
הָלַל	찬양하다(pi.)	קָדַשׁ	거룩하게 하다(pi.)
חָטָא	죄를 짓다	שָׁלַם	갚다, 지불하다(pi.)
חָכְמָה	지혜		

* 여기서 '(pi.)'란 피엘형에서 해당 단어의 뜻을 말함.

동사의 7유형 중 피엘, 푸알, 히트파엘은 강조형이라 부르며 가운데 자음에 이중점이 붙는 것이 중요한 형태적 특징이다. 푸알은 피엘의 수동이며 히트파엘은 재귀적, 상호적, 능동적 뜻을 가진다. 피엘, 푸알, 히트파엘 세 유형을 대개 '강조형' 또는 '강의형'이라 부르지만 그 의미는 강조 외에도 다음 표와 같이 매우 다양하다.[1]

의미	히브리어 기본형	칼	피엘
강조적	שָׁבַר	깨뜨리다	산산이 깨뜨리다
작위적	קָדַשׁ	거룩하다	거룩하게 하다
사역적	שָׁמַע	듣다	들려주다
결과적	חָלַק	나누다	할당하다
명사적	קָטַר		향을 올리다

1) 작위적(factitive)이란 자동사나 상태동사에서 타동사가 되는 것을 말하며, 사역적(causative)이란 누군가에게 뭔가를 하도록 시키는 것을 의미하며, 결과적(resultative)이란 어떤 행위의 결과로 나타난 동작을 말하며, 명사적이란 '명사에서 유래한(denominative)'의 뜻으로 명사에서 유래한 동사가 종종 피엘에서 사용된다. 예에서 나타난 קָטַר 동사는 קְטֹרֶת(향, 연기)라는 명사에서 유래한 것으로 피엘에서 '향이나 연기를 올라가게 하다'의 뜻으로 사용한다.

20.1 피엘 완료

수	인칭, 성		דבר 말하다	בקשׁ 찾다	קדשׁ 거룩하게 하다	접미사
단수	3인칭남성	הוּא	דִּבֶּר	בִּקֵּשׁ	קִדֵּשׁ	-
	3인칭여성	הִיא	דִּבְּרָה	בִּקְשָׁה	קִדְּשָׁה	ָה-
	2인칭남성	אַתָּה	דִּבַּרְתָּ	בִּקַּשְׁתָּ	קִדַּשְׁתָּ	תָּ-
	2인칭여성	אַתְּ	דִּבַּרְתְּ	בִּקַּשְׁתְּ	קִדַּשְׁתְּ	תְּ-
	1인칭	אֲנִי	דִּבַּרְתִּי	בִּקַּשְׁתִּי	קִדַּשְׁתִּי	תִּי-
복수	3인칭남성	הֵמָּה	דִּבְּרוּ	בִּקְשׁוּ	קִדְּשׁוּ	וּ-
	3인칭여성	הֵנָּה				
	2인칭남성	אַתֶּם	דִּבַּרְתֶּם	בִּקַּשְׁתֶּם	קִדַּשְׁתֶּם	תֶּם-
	2인칭여싱	אַתֶּן	דִּבַּרְתֶּן	בִּקַּשְׁתֶּן	קִדַּשְׁתֶּן	תֶּן-
	1인칭	אֲנַחְנוּ	דִּבַּרְנוּ	בִּקַּשְׁנוּ	קִדַּשְׁנוּ	נוּ-

① 제1자음에 모음 '이'(ִ)가 있으며 제2자음에 점(다게쉬)이 붙는 것이 피엘 완료의 특징이다. 모든 완료의 접미사는 위의 도표에서 보는 바와 같이 동일하다.

예) דִּבֶּר 그가 말했다, דִּבְּרָה 그녀가 말했다

② 제2자음에 붙는 모음을 살펴보면 1인칭과 2인칭에서는 단모음 '아'(ַ)이고 3인칭남성단수에서는 '에'(ֶ 혹은 ֵ)이며 3인칭여성 단수와 3인칭 복수에서는 '쉐바'(ְ) 이다.

예) דִּבַּרְתִּי 내가 말했다, דִּבַּרְתָּ 네가(남) 말했다, דִּבְּרוּ 그들이 말했다

③ 3인칭남성 단수에서 제2자음에 붙는 모음이 '에'(ֵ)가 아닌 '아'(ַ)가 붙는 경우가 있다.

예) קִדַּשׁ (거룩하게 하다), לִמַּד (가르치다)

④ דבר 동사의 경우 3인칭남성 단수에서 דִּבֶּר 와 דִּבֵּר 두 형태가 모두 다 사용된다.

20.2 피엘 분사

	남성	여성
단수	מְדַבֵּר	מְדַבֶּרֶת
복수	מְדַבְּרִים	מְדַבְּרוֹת

① 피엘 분사형은 자음 מ 으로 시작된다. 동사의 7유형 중 '칼'과 '니팔'을 제외한 나머지 5개 유형의 분사형은 모두 자음 מ 으로 시작된다.

예) מָה אֲדֹנִי מְדַבֵּר אֶל־עַבְדּוֹ (수 5:14)

내 주는 그의 종에게 무엇을 말씀하십니까?

② 피엘 분사 남성단수의 모음은 피엘 미완료 3인칭단수의 모음과 동일하다.[2)]

피엘 완료, 분사 연습(칼, 니팔 포함)

다음 동사들의 분해를 보기에 따라 해보라. (완료는 과거로, 미완료는 미래로, 분사는 '-하는 자/것'으로 번역하라)

동사형태	유형, 상	인칭, 성, 수	기본형	번 역
דִּבַּרְתֶּם	피엘 완료	2남복	דבר	너희들이(남) 말했다
בִּקֵּשׁ				
שִׁלַּמְתִּי				
סִפְּרוּ				

2) 매우 드물기는 하나 (성경 전체에 5회) 피엘 분사 여성단수 형태가 מְקַטֶּלֶת 대신 מְקַטֵּלָה로 오기도 한다.

예) מְרַקֵּדָה (나 3:2) 뛰는

동사형태	유형, 상	인칭, 성, 수	기본형	번 역
אָסַפְתָּ				
הִלַּלְתֶּם				
מְשַׁלֵּם				
קִדַּשְׁתֶּם				
חָטְאוּ				

연습문제

❖ 다음 문장들을 번역하라.

(1) הָלַךְ אַבְרָם כַּאֲשֶׁר דִּבֶּר אֵלָיו יְהוָה (창 12:4)[3]

(2) וְקִדַּשְׁתִּי אֶת־שְׁמִי הַגָּדוֹל (겔 36:23)

(3) לָמָּה שִׁלַּמְתֶּם רָעָה תַּחַת טוֹבָה (창 44:4)

(4) אֶת־אֶלְעָזָר בְּנוֹ קִדְּשׁוּ לִשְׁמֹר אֶת־אֲרוֹן יְהוָה (삼상 7:1)[4]

(5) בִּקַּשְׁתֶּם מִשָּׁם אֶת־יְהוָה אֱלֹהֶיךָ (신 4:29)

(6) הַאַתָּה הָאִישׁ אֲשֶׁר־דִּבַּרְתָּ אֶל־הָאִשָּׁה (삿 13:11)

(7) כֹּל מַלְכֵי הָאָרֶץ מְבַקְשִׁים אֶת־פְּנֵי שְׁלֹמֹה לִשְׁמֹעַ אֶת־חָכְמָתוֹ (대하 9:23)[5]
אֲשֶׁר־נָתַן הָאֱלֹהִים בְּלִבּוֹ

---

3) אַבְרָם 아브람
4) אֶלְעָזָר 엘리아살
5) שְׁלֹמֹה 솔로몬

제 21 과 피엘 미완료, 명령, 부정사

חָזַק	강하게 하다(pi.)	נָדַר	맹세하다
לְמַעַן	위하여	סָגַר	닫다
מָלֵא	채우다(pi.)	שָׁלַח	보내다(pi.)
מַעֲשֶׂה	행동, 일		

21.1 피엘 미완료

수	인칭, 성		דבר 말하다	בקשׁ 찾다	ספר 이야기하다	접두사(접미사)
단수	3인칭남성	הוּא	יְדַבֵּר	יְבַקֵּשׁ	יְסַפֵּר	--יְ
	3인칭여성	הִיא	תְּדַבֵּר	תְּבַקֵּשׁ	תְּסַפֵּר	--תְּ
	2인칭남성	אַתָּה	תְּדַבֵּר	תְּבַקֵּשׁ	תְּסַפֵּר	--תְּ
	2인칭여성	אַתְּ	תְּדַבְּרִי	תְּבַקְּשִׁי	תְּסַפְּרִי	תְּ--ִי
	1인칭	אֲנִי	אֲדַבֵּר	אֲבַקֵּשׁ	אֲסַפֵּר	--אֲ
복수	3인칭남성	הֵמָּה	יְדַבְּרוּ	יְבַקְּשׁוּ	יְסַפְּרוּ	יְ--וּ
	3인칭여성	הֵנָּה	תְּדַבֵּרְנָה	תְּבַקֵּשְׁנָה	תְּסַפֵּרְנָה	תְּ--נָה
	2인칭남성	אַתֶּם	תְּדַבְּרוּ	תְּבַקְּשׁוּ	תְּסַפְּרוּ	תְּ--וּ
	2인칭여성	אַתֵּן	תְּדַבֵּרְנָה	תְּבַקֵּשְׁנָה	תְּסַפֵּרְנָה	תְּ--נָה
	1인칭	אֲנַחְנוּ	נְדַבֵּר	נְבַקֵּשׁ	נְסַפֵּר	--נְ

① 접두사에 모음 '쉐바'(ְ)가 있으며 기본형의 제2자음에 점(다게쉬)이 붙는 것이 피엘 미완료의 특징이다. 모든 미완료의 접두사는 표에서 보는 바와 같이 동일하다.

② 후음인 א에는 모음 '쉐바'(ְ)가 붙을 수 없으므로 1인칭 단수에서는 합성쉐바인 '아'(ֲ)와 함께 와서 אֲ 모양이 된다.

③ 제2자음이 모음 '쉐바'(ְ)와 함께 올 때 점(다게쉬)이 붙지 않는 경우가 있다.

예) תְבַקְשׁ, יְבַקְשׁוּ

21.2 피엘 명령, 부정사

21.2.1 피엘 명령형

		קטל 죽이다[1]	דבר 말하다
남성단수	אַתָּה	קַטֵּל	דַּבֵּר
여성단수	אַתְּ	קַטְּלִי	דַּבְּרִי
남성복수	אַתֶּם	קַטְּלוּ	דַּבְּרוּ
여성복수	אַתֶּן	קַטֵּלְנָה	-

예) דַּבְּרוּ אֶל־בְּנֵי יִשְׂרָאֵל (레 11:2) 너희는(남) 이스라엘 자손에게 말하라

① 피엘 명령형은 피엘 미완료 2인칭남성단수 형태에서 접두사 ת 를 제거하면 된다.

> **참고.** 성경 전체에서 피엘 명령형 여성복수 형태는 단 한 차례만 나온다.
> 예) לַמֵּדְנָה (렘 9:19) 너희들은(여성) 가르쳐라!

21.2.2 피엘 부정사형

	연계형	절대형
קטל	קַטֵּל	קַטֵּל / קַטֹּל
דבר	דַּבֵּר	דַּבֵּר

1) 이 동사는 히브리어 성경에서 빈도수가 매우 낮지만 전통적으로 동사의 형태를 설명할 때 사용해 온 동사이므로 앞으로 형태 설명에 필요할 경우 사용할 것이다.

① 피엘 부정사 연계형은 피엘 명령형 남성단수 형태와 동일하다.

예) הָלַךְ חֲמוֹר אֲבִי־שְׁכֶם אֶל־יַעֲקֹב לְדַבֵּר אִתּוֹ

세겜의 아버지 하몰은 야곱에게 그와 말하기 위해 갔다.

② 피엘 부정사 절대형은 연계형에 비해 출현 빈도가 매우 낮으며 연계형과 형태가 동일한 경우도 있다.

예) דַּבֵּר יְדַבֵּר הוּא (출 4:14) 정녕 그가 말할 것이다.

21.3 피엘 지시형, 권유형, 바브연속법

	지시형	권유형	바브연속법 미완료 (3인칭남성단수)
דבר	יְדַבֵּר	אֲדַבְּרָה	וַיְדַבֵּר
בקשׁ	יְבַקֵּשׁ	אֲבַקְשָׁה	וַיְבַקֵּשׁ

① 피엘 규칙동사 지시형은 미완료와 형태가 동일하므로 문맥을 통해 구분해야 한다.

예) אַל־יְדַבֵּר עִמָּנוּ אֱלֹהִים (출 20:19)

하나님께서 우리와 말씀하시지 않기를 바랍니다.

예) אַהֲרֹן אָחִיךָ יְדַבֵּר אֶל־פַּרְעֹה (출 7:2)

네(남) 형제 아론이 바로에게 말할 것이다.

피엘 동사 연습(칼, 니팔 포함)

다음 동사들의 분해를 보기에 따라 해보라. (완료는 과거로, 미완료는 미래로, 분사는 '-하는 자/것'으로 번역하고, 부정사는 '-하도록'으로 번역하라)

동사형태	유형, 상	인칭, 성, 수	기본형	번 역
וַיְדַבֵּר	피엘 미완료, 바브연속법	3남단	דבר	그가 말했다
תְּבַקְשׁוּ				

동사형태	유형, 상	인칭, 성, 수	기본형	번 역
וְקִדַּשְׁתָּ				
נְסַפֵּר				
שִׁלַּמְתִּי				
אֶדְרֹשׁ				
דִּבַּרְתָּ				
וַיִּשָּׁאֵר				
בִּקַּשְׁתֶּם				
וַיְסַפְּרוּ				
נִקְדַּשְׁתִּי				
וַיִּסְגֹּר				
לְדַבֵּר				
יְשַׁלֵּם				
קִדְּשׁוּ				
דָּרַשְׁתָּ				
מְדַבֵּר				
מְבַקְשִׁים				
מָכְרוּ				

연습문제

❖ 다음 문장들을 번역하라.

(1) לְמַעַן בֵּית־יְהוָה אֱלֹהֵינוּ אֲבַקְשָׁה טוֹב לָךְ (시 122:9)

(2) עָלֶיהָ לִבְנֵיכֶם סַפֵּרוּ (욜 1:3)

(3) דַּבֵּר אֶל־פַּרְעֹה מֶלֶךְ מִצְרָיִם (출 6:11)

(4) הָלַךְ אָדָם לְבַקֵּשׁ טוֹבָה לִבְנֵי יִשְׂרָאֵל (느 2:10)

(5) אֲשַׁלֵּם אֶת־נִדְרִי אֲשֶׁר־נָדַרְתִּי לַיהוָה בְּחֶבְרוֹן (삼하 15:7)[2]

(6) וַיְדַבֵּר יְהוָה אֶל־מֹשֶׁה וְאֶל־אַהֲרֹן (민 14:26)

(7) קַדְּשׁוּ אֶת־בֵּית יְהוָה אֱלֹהֵי אֲבֹתֵיכֶם (대하 29:5)

(8) וַיְסַפֶּר־לוֹ אֶת־כָּל־הַמַּעֲשֶׂה אֲשֶׁר־עָשָׂה אִישׁ־הָאֱלֹהִים (왕상 13:11)

---

2) חֶבְרוֹן 헤브론(지명)

(9) וַיְסַפֵּר הָעֶבֶד לְיִצְחָק אֵת כָּל־הַדְּבָרִים אֲשֶׁר עָשָׂה (창 24:66)

(10) הוּא מִלֵּא בָתֵּיהֶם טוֹב (욥 22:18)

(11) וַיְשַׁלְּחוּ אֹתוֹ וְאֶת־אִשְׁתּוֹ וְאֶת־כָּל־אֲשֶׁר־לוֹ (창 12:20)

(12) אֲנִי אֲחַזֵּק אֶת־לִבּוֹ וְלֹא יְשַׁלַּח אֶת־הָעָם (출 4:21)

(13) וַיְמַלֵּא אֹתוֹ רוּחַ אֱלֹהִים (출 35:31)

(14) הַלְלוּ אֶת־שֵׁם יְהוָה הַלְלוּ עַבְדֵי יְהוָה (시 135:1)

제22과 푸알 동사

אָחוֹת	누이	דּוֹר	세대	מִפְּנֵי	때문에, 앞에서
בָּשַׁל	삶다, 요리하다	יָם	바다	נֶגֶב	네게브, 남방
גָּנַב	훔치다	כִּפֶּר	덮다, 속죄하다(pi.)	עָוֹן	불법, 죄악

푸알은 피엘의 수동태로서 피엘, 히트파엘과 더불어 강조형에 속하므로 제2자음에 이중점이 붙는 것이 중요한 특징이다. 성경 히브리어에서 푸알의 빈도수는 총 417회(0.6%)로 호팔과 더불어 매우 빈약하게 나타난다.

22.1 푸알 완료

<table>
<tr><th>수</th><th colspan="2">인칭, 성</th><th>דבר
말해지다</th><th>סגר
닫히다</th><th>גנב
도난당하다</th><th>접미사</th></tr>
<tr><td rowspan="5">단수</td><td>3인칭남성</td><td>הוּא</td><td>דֻּבַּר</td><td>סֻגַּר</td><td>גֻּנַּב</td><td>-</td></tr>
<tr><td>3인칭여성</td><td>הִיא</td><td>דֻּבְּרָה</td><td>סֻגְּרָה</td><td>גֻּנְּבָה</td><td>ָה-</td></tr>
<tr><td>2인칭남성</td><td>אַתָּה</td><td>דֻּבַּרְתָּ</td><td>סֻגַּרְתָּ</td><td>גֻּנַּבְתָּ</td><td>תָּ-</td></tr>
<tr><td>2인칭여성</td><td>אַתְּ</td><td>דֻּבַּרְתְּ</td><td>סֻגַּרְתְּ</td><td>גֻּנַּבְתְּ</td><td>תְּ-</td></tr>
<tr><td>1인칭</td><td>אֲנִי</td><td>דֻּבַּרְתִּי</td><td>סֻגַּרְתִּי</td><td>גֻּנַּבְתִּי</td><td>תִּי-</td></tr>
<tr><td rowspan="5">복수</td><td>3인칭남성</td><td>הֵמָּה</td><td rowspan="2">דֻּבְּרוּ</td><td rowspan="2">סֻגְּרוּ</td><td rowspan="2">גֻּנְּבוּ</td><td rowspan="2">וּ-</td></tr>
<tr><td>3인칭여성</td><td>הֵנָּה</td></tr>
<tr><td>2인칭남성</td><td>אַתֶּם</td><td>דֻּבַּרְתֶּם</td><td>סֻגַּרְתֶּם</td><td>גֻּנַּבְתֶּם</td><td>תֶּם-</td></tr>
<tr><td>2인칭여성</td><td>אַתֶּן</td><td>דֻּבַּרְתֶּן</td><td>סֻגַּרְתֶּן</td><td>גֻּנַּבְתֶּן</td><td>תֶּן-</td></tr>
<tr><td>1인칭</td><td>אֲנַחְנוּ</td><td>דֻּבַּרְנוּ</td><td>סֻגַּרְנוּ</td><td>גֻּנַּבְנוּ</td><td>נוּ-</td></tr>
</table>

① 피엘에서 빈도수 1위를 차지하는 דבר 동사는 푸알 완료에서는 전혀 나타나지 않는다. 따라서 위의 표는 성경에서는 나타나지 않지만 가상으로 만들어진 것이다.

② 표에서 보는 바와 같이 푸알 완료 규칙변화는 빈도수가 매우 적으므로 몇 가지만 잘 기억하면 된다.

예) קֻבַּר אַבְרָהָם וְשָׂרָה אִשְׁתּוֹ (창 25:10)

아브라함과 그의 아내 사라가 장사되었다.

③ 푸알 완료의 형태는 제1자음에 모음 '우'(ֻ)가 붙는다는 것 외에는 모두 피엘과 동일하다.

22.2 푸알 미완료

수	인칭, 성		דבר 말해지다	כפר 덮혀지다	בקש 찾아지다	접두사(접미사)
단수	3인칭남성	הוּא	יְדֻבַּר	יְכֻפַּר	יְבֻקַּשׁ	י--
	3인칭여성	הִיא	תְּדֻבַּר	תְּכֻפַּר	תְּבֻקַּשׁ	ת--
	2인칭남성	אַתָּה	תְּדֻבַּר	תְּכֻפַּר	תְּבֻקַּשׁ	ת--
	2인칭여성	אַתְּ	תְּדֻבְּרִי	תְּכֻפְּרִי	תְּבֻקְשִׁי	ת--ִי
	1인칭	אֲנִי	אֲדֻבַּר	אֲכֻפַּר	אֲבֻקַּשׁ	א--
복수	3인칭남성	הֵמָּה	יְדֻבְּרוּ	יְכֻפְּרוּ	יְבֻקְשׁוּ	י--וּ
	3인칭여성	הֵנָּה	תְּדֻבַּרְנָה	תְּכֻפַּרְנָה	תְּבֻקַּשְׁנָה	ת--ְנָה
	2인칭남성	אַתֶּם	תְּדֻבְּרוּ	תְּכֻפְּרוּ	תְּבֻקְשׁוּ	ת--וּ
	2인칭여성	אַתֵּן	תְּדֻבַּרְנָה	תְּכֻפַּרְנָה	תְּבֻקַּשְׁנָה	ת--ְנָה
	1인칭	אֲנַחְנוּ	נְדֻבַּר	נְכֻפַּר	נְבֻקַּשׁ	נ--

① 피엘에서 빈도수 1위를 차지하는 דבר 동사는 푸알 미완료에서는 단 한 차례만 나타나므로 위의 표 역시 가상으로 만들어진 것이다.

예) מַה־נַּעֲשֶׂה לַאֲחֹתֵנוּ בַּיּוֹם שֶׁיְּדֻבַּר־בָּהּ (아 8:8)[1]

그녀에 대해 말해지는 날에 우리가 우리 누이를 위해 무엇을 행할까?

② 푸알 미완료의 형태는 완료와 마찬가지로 제1자음에 모음 '우'(ֻ)가 붙는다는 것 외에는 모두 피엘과 동일하다.

22.3 푸알 분사, 명령, 부정사

22.3.1 푸알 분사형

	남성	여성
단수	מְדֻבָּר	מְדֻבֶּרֶת
복수	מְדֻבָּרִים	מְדֻבָּרוֹת[2]

① דבר 동사는 푸알 분사형에서도 남성단수 형태로 단 한 차례만 나타나므로 위의 표는 가상으로 만들어진 것이다.

② 언급한 바와 같이 동사의 7유형 중 '칼'과 '니팔'을 제외한 나머지 5개 유형의 분사형은 모두 자음 מ으로 시작되므로 푸알의 분사형 역시 자음 מ으로 시작된다.

③ 푸알 분사형에서는 제1자음에 모음 '우'(ֻ)가 붙는 것과 복수형태에서 제2자음에 모음 '아'(ָ)가 붙는 것이 피엘과 다른 점이다.

22.3.2 푸알 명령형, 부정사형

① 푸알 명령형은 성경에 나타나지 않는다.

---

1) 12.2항에서 설명한 바와 같이 이곳의 שֶׁ는 매우 드물게 출현하는 관계대명사이다. נַּעֲשֶׂה는 불규칙 동사 עשׂה의 칼 미완료 1인칭 복수 형태이다.

2) 푸알 분사형 중 여성복수 형태에서 וֹת 대신에 '바브' 없이 ֹת 의 형태로 오는 것들이 있다.
예) מְשֻׁלָּבֹת 결합된

② 푸알 부정사 연계형과 절대형은 성경 전체에서 단 한차례씩만 출현한다. 부정사 연계형은 불규칙 변화에서 인칭대명사 접미사와 함께 출현한다.

참고.

푸알 부정사 연계형

זֻכּוֹר־יְהוָה לְדָוִד אֵת כָּל־עֻנּוֹתוֹ (시 132:1)

여호와여 다윗을 위해 그의 모든 괴로움을 당하는 것을 기억하소서.

푸알 부정사 절대형

גֻּנֹּב גֻּנַּבְתִּי מֵאֶרֶץ הָעִבְרִים (창 40:15)

나는 히브리인들의 땅에서 정녕 탈취되었습니다.

22.3.3 푸알 지시형, 권유형, 바브연속법

푸알 지시형과 권유형은 성경에 나타나지 않으며 바브연속법은 동사 앞에 '바브' (ו)가 온다는 것 외에 규칙변화에서 형태의 변화가 없다.

푸알 동사 연습(다른 유형 포함)

다음 동사들의 분해를 보기에 따라 해보라. (완료는 과거로, 미완료는 미래로, 분사는 '-하는 자/것'으로 번역하고, 부정사는 '-하도록'으로 번역하라.

동사형태	유형, 상	인칭, 성, 수	기본형	번 역
תְּבֻקְּשִׁי	푸알 미완료	2여단	בקשׁ	네가(여) 찾아질 것이다
יְהֻלַּל				
סֻפַּר				
מְסֻגֶּרֶת				
עֹמֵד				
וַיְבַקֵּשׁ				
שִׁלַּחְתִּי				
תְּכֻפַּר				
שָׁפַכְתָּ				
סֻגְּרוּ				
מְבֻשָּׁל				
יְשַׁלְּחוּ				
תְּבַקְּשִׁי				
מְקֻדָּשִׁים				
לְכַפֵּר				

연습문제

❖ 다음 문장들을 번역하라.

(1) עָרֵי הַנֶּגֶב סֻגְּרוּ וְאֵין פֹּתֵח (렘 13:19)

(2) יְסֻפַּר לַאדֹנָי לַדּוֹר (시 22:31)

(3) גָּדוֹל יְהוָה וּמְהֻלָּל מְאֹד בְּעִיר אֱלֹהֵינוּ הַר־קָדְשׁוֹ (시 48:2)

(4) יְרִיחוֹ סֹגֶרֶת וּמְסֻגֶּרֶת מִפְּנֵי בְּנֵי יִשְׂרָאֵל (수 6:1)

(5) וַיְחַזֵּק יְהוָה אֶת־לֵב פַּרְעֹה וְלֹא שָׁמַע אֲלֵהֶם (출 9:12)[3]

(6) וַיְבֻקַּשׁ הַדָּבָר וַיִּמָּצֵא וַיִּכָּתֵב בְּסֵפֶר דִּבְרֵי הַיָּמִים לִפְנֵי הַמֶּלֶךְ (에 2:23)

(7) בְּחֶסֶד וֶאֱמֶת יְכֻפַּר עָוֹן (잠 16:6)

(8) תְּבֻקְשִׁי וְלֹא־תִמָּצְאִי עוֹד לְעוֹלָם (겔 26:21)

(9) הַיְשֻׁלַּם תַּחַת־טוֹבָה רָעָה (렘 18:20)

---

3) אֲלֵיהֶם 대신에 אֲלֵהֶם이 종종 사용된다.

제 23과 히트파엘 동사

גַּם	또한	חָתַן	결혼하다(hit.)	קָדַשׁ	스스로거룩하게하다; 거룩하다(hit.)
גַּן	정원	נָדַב	자원하다(hit.)		
הָלַךְ	거닐다, 동행하다(hit.)*	פָּלַל	기도하다(hit.)	שָׁלֵם	완전한
הָלַל	자랑하다(hit.)	פָּקַד	소집되다(hit.)	שָׂמַח	기뻐하다
חָזַק	스스로 강하게 하다(hit.)	קָבַץ	모이다(hit.)	תָּוֶךְ	중앙[1]

*여기서 '(hit.)'란 히트파엘형에서 해당 단어의 뜻을 말함.

히트파엘은 피엘, 푸알과 함께 강조형에 속하므로 가운데 자음인 제2자음에 이중점(다게쉬)이 붙는다. 히트파엘은 주로 재귀적, 상호적 의미를 갖는다.[2]

22.1 히트파엘 완료

수	인칭, 성		פלל 기도하다	נדב 자원하다	קדשׁ 스스로 거룩하세 하나	접미사
단수	3인칭남성	הוּא	הִתְפַּלֵּל	הִתְנַדֵּב	הִתְקַדֵּשׁ	-
	3인칭여성	הִיא	הִתְפַּלְּלָה	הִתְנַדְּבָה	הִתְקַדְּשָׁה	ָה-
	2인칭남성	אַתָּה	הִתְפַּלַּלְתָּ	הִתְנַדַּבְתָּ	הִתְקַדַּשְׁתָּ	תָּ-
	2인칭여성	אַתְּ	הִתְפַּלַּלְתְּ	הִתְנַדַּבְתְּ	הִתְקַדַּשְׁתְּ	תְּ-
	1인칭	אֲנִי	הִתְפַּלַּלְתִּי	הִתְנַדַּבְתִּי	הִתְקַדַּשְׁתִּי	תִּי-
복수	3인칭남성	הֵמָּה	הִתְפַּלְּלוּ	הִתְנַדְּבוּ	הִתְקַדְּשׁוּ	וּ-
	3인칭여성	הֵנָּה				
	2인칭남성	אַתֶּם	הִתְפַּלַּלְתֶּם	הִתְנַדַּבְתֶּם	הִתְקַדַּשְׁתֶּם	תֶּם-
	2인칭여성	אַתֶּן	הִתְפַּלַּלְתֶּן	הִתְנַדַּבְתֶּן	הִתְקַדַּשְׁתֶּן	תֶּן-
	1인칭	אֲנַחְנוּ	הִתְפַּלַּלְנוּ	הִתְנַדַּבְנוּ	הִתְקַדַּשְׁנוּ	נוּ-

1) 이 단어는 연계형인 תּוֹךְ의 형태로 전치사 בְּ와 결합하여 בְּתוֹךְ로 많이 나타나는데 '-의 가운데'라는 뜻이다.

2) 히트파엘 역시 전체 동사에서 차지하는 비율이 낮다. (약 1.1%)

① 히트파엘은 전체적으로 빈도수가 낮다. 빈도수 1위인 פלל 동사가 모든 인칭, 성, 수에 있는 것은 아니므로 표에 있는 것은 가상의 형태이다. 또한 이 동사는 제2중복동사로 불규칙에 해당하지만 히트파엘 완료에서는 규칙적으로 변한다.

② 히트파엘 완료의 경우 3인칭여성단수와 2인칭여성복수는 성경에서 출현하지 않는다.

③ 히트파엘 완료 형태에서는 기본형 앞 부분에 -הִתְ가 붙으므로 다른 유형에 비해 파악하기가 비교적 수월하다.

예) וַיִּשְׁמְעוּ פְלִשְׁתִּים כִּי־הִתְקַבְּצוּ בְנֵי־יִשְׂרָאֵל הַמִּצְפָּתָה (삼상 7:7)

블레셋 사람들은 이스라엘 자손이 미스바로 모였다는 것을 들었다.

④ 1인칭과 2인칭에서 제2자음에 '아'(ַ) 모음 대신 '이'(ִ) 모음이 붙는 경우가 있다. 예) הִתְקַדִּשְׁתֶּם 너희는(남) 스스로 거룩하게 했다.

הִתְגַּדִּלְתִּי 나는 스스로 위대함을 나타냈다.

⑤ 3인칭 여성 단수와 3인칭복수 형태에서 제2자음이 모음 '쉐바'(ְ)를 가질 때 이중점이 붙는 경우도 있고 그렇지 않은 경우도 있다.

예) הִתְהַלְּכוּ 그들이 동행했다. הִתְפַּקְּדוּ 그들이 소집되었다.

23.2 히트파엘 미완료

수	인칭, 성		פלל 기도하다	נדב 자원하다	קדשׁ 거룩하다	접두사(접미사)
단수	3인칭남성	הוּא	יִתְפַּלֵּל	יִתְנַדֵּב	יִתְקַדֵּשׁ	--יִ
	3인칭여성	הִיא	תִּתְפַּלֵּל	תִּתְנַדֵּב	תִּתְקַדֵּשׁ	--תִּ
	2인칭남성	אַתָּה	תִּתְפַּלֵּל	תִּתְנַדֵּב	תִּתְקַדֵּשׁ	--תִּ
	2인칭여성	אַתְּ	תִּתְפַּלְלִי	תִּתְנַדְּבִי	תִּתְקַדְּשִׁי	תִּ--ִי
	1인칭	אֲנִי	אֶתְפַּלֵּל	אֶתְנַדֵּב	אֶתְקַדֵּשׁ	--אֶ
복수	3인칭남성	הֵמָּה	יִתְפַּלְלוּ	יִתְנַדְּבוּ	יִתְקַדְּשׁוּ	יִ--וּ
	3인칭여성	הֵנָּה	תִּתְפַּלֵּלְנָה	תִּתְנַדֵּבְנָה	תִּתְקַדֵּשְׁנָה	תִּ--נָה
	2인칭남성	אַתֶּם	תִּתְפַּלְלוּ	תִּתְנַדְּבוּ	תִּתְקַדְּשׁוּ	תִּ--וּ
	2인칭여성	אַתֵּן	תִּתְפַּלֵּלְנָה	תִּתְנַדֵּבְנָה	תִּתְקַדֵּשְׁנָה	תִּ--נָה
	1인칭	אֲנַחְנוּ	נִתְפַּלֵּל	נִתְנַדֵּב	נִתְקַדֵּשׁ	--נִ

① 히트파엘 완료 형태에서는 기본형 앞 부분에 -הִתְ가 붙었으나 히트파엘 미완료에서는 기본형 앞 부분에 자음 헤(ה) 대신에 미완료 표에 나오는 기본 접두사와 접미사들이 붙는다.

② 접두사가 붙는 첫번째 자음에 붙는 모음이 1인칭단수만 '에'(ֵ)이고 나머지는 모두 '이'(ִ) 이다.

예) מִי יִתְפַּלֶּל־לוֹ (삼상 2:25)

누가 그를 위해 기도할 것인가?

③ 히트파엘 미완료 형태는 규칙변화의 경우 빈도수가 매우 낮아 일부분만 나타날 뿐이다.

23.3 히트파엘 분사, 명령, 부정사

23.3.1 히트파엘 분사형

	남성	여성
단수	מִתְפַּלֵּל	מִתְפַּלֶּלֶת
복수	מִתְפַּלְלִים	מִתְפַּלְלוֹת

예) אַבְנֵר מִתְחַזֵּק בְּבֵית שָׁאוּל (삼하 3:6)

아브넬은 사울의 집에서 강해지고 있었다.

① 동사의 7유형 중 칼과 니팔을 제외한 나머지 5개 유형의 분사형은 모두 자음 מ 으로 시작되는데 히트파엘 분사형 역시 מ 으로 시작된다.

② 히트파엘 분사형은 기본형 앞 부분에 -הִתְ 대신에 -מִתְ가 붙는다.

③ 히트파엘의 빈도수 1위인 פלל 동사의 경우 분사에서 남성단수와 남성복수만 나타나며 여성에서는 출현하지 않으므로 위의 표에서 여성은 가상의 형태이다.

④ 복수형태에서 제 2자음이 모음 ‘쉐바’(ְ)를 가질 때 그 자음이 후음이 아닌 경우 이중점(다게쉬)이 붙으나 ל인 경우에는 이중점이 붙지 않는다.

예) מִתְנַדְּבִים, מִתְקַדְּשִׁים, מִתְהַלְלִים

23.3.2 히트파엘 명령형

	קטל / פלל 기도하다	
	남성	여성
단수	הִתְקַטֵּל / הִתְפַּלֵּל	הִתְקַטְּלִי / -
복수	הִתְקַטְּלוּ / הִתְפַּלְלוּ	הִתְקַטֵּלְנָה / -

예) הִתְפַּלֵּל בַּעֲדֵנוּ אֶל־יְהוָה אֱלֹהֵינוּ (렘 42:20)

당신은(남) 우리를 위해 우리의 하나님 여호와께 기도해 주십시오.

① 히트파엘 명령형은 남성단수의 경우 히트파엘 완료 3인칭남성단수와 동일하며 남성복수의 경우 완료 3인칭복수 형태와 동일하다.

② 히트파엘 명령형에서 여성복수의 경우는 성경에 나타나지 않으며 여성단수의 경우는 성경에 총 6회 출현하는데 הִתְפַּלְּשִׁי(렘 6:26, 구르라)와 같이 나타난다.

23.3.3 히트파엘 부정사형

	연계형	절대형
קטל	הִתְקַטֵּל	הִתְקַטֵּל
פלל	הִתְפַּלֵּל	–
נדב	הִתְנַדֵּב	–

① 히트파엘 부정사 연계형은 פלל 동사의 경우 성경에 모두 10회 출현하는데 항상 전치사와 함께 나타나며 전치사 ב와 כ가 각각 1회씩 나타나고 나머지는 모두 전치사 ל와 함께 나타난다.

② 히트파엘 부정사 연계형은 남성단수 명령형 및 3인칭남성단수 완료 형태와 동일하다.

예) מָצָא עַבְדְּךָ לְהִתְפַּלֵּל לְפָנֶיךָ (대상 17:25)

당신의(남) 종이 당신(남) 앞에서 기도하는 것을(기도할 마음을) 찾았습니다.

23.4 히트파엘 지시형, 권유형, 바브연속법

	지시형	권유형	바브연속법 미완료 (3인칭 남성단수/복수)
קטל	יִתְקַטֵּל	אֶתְקַטְּלָה	וַיִּתְקַטֵּל
פלל	יִתְפַּלֵּל	-	וַיִּתְפַּלֵּל
נדב	יִתְנַדֵּב	-	וַיִּתְנַדְּבוּ

① 히트파엘 규칙변화에서는 지시형과 일반 동사의 형태가 동일하며 권유형에서는 나타나지 않는다.

23.5 히트파엘 동사의 자음 치환

① 제1자음이 마찰음 중 שׂ, שׁ, ס일 경우 원활한 발음을 위해 이 자음들 바로 앞의 접두어 מִתְ 중 ת와 치환이 된다.

예) מִתְסַתֵּר → מִסְתַּתֵּר (숨다, 분사형으로만 5회 출현)

יִתְשַׁמֵּר → יִשְׁתַּמֵּר (스스로 지키다, 미완료 형태로만 3회 출현)

예) הֲלֹא דָוִד מִסְתַּתֵּר עִמָּנוּ (시 54:2)

다윗이 우리와 함께 숨지 않았습니까?

② 제1자음이 צ일 경우 자음의 치환과 함께 ת가 ט로 바뀐다. 그러나 이런 경우의 동사는 무시해도 좋을 만큼 성경에서 매우 드물다.

예) הִתְצַדֵּק → הִצְתַּדֵּק → הִצְטַדֵּק (의롭다, 미완료 형태로 1회만 출현)

히트파엘 동사 연습(칼, 니팔, 피엘, 푸알 포함)

다음 동사들의 분해를 보기에 따라 해보라. (완료는 과거로, 미완료는 미래로, 분사는 '-하는 자/것'으로 번역하고, 부정사는 '-하도록'으로 번역하라.)

동사형태	유형, 상	인칭, 성, 수	기본형	번 역
וַיִּתְנַדְּבוּ	히트 미완료 바브연속	3남복	נדב	그들이 자원했다
הִתְהַלַּכְנוּ				
יִתְפַּקֵּד				
לְהִתְפַּלֵּל				
מִתְקַדְּשִׁים				
וְהִתְחַזַּקְתֶּם				
תִּתְהַלְּלִי				
הִתְחַתְּנוּ				
חֳזְקוּ				
מִתְנַדְּבִים				
אֶתְהַלֵּךְ				
וְהִתְפַּלַּלְתֶּם				
נִתְחַזְּקָה				
הִתְהַלְּלוּ				
לְהִתְחַתֵּן				
וַיִּתְקַבְּצוּ				
הִתְנַדַּבְתִּי				

연습문제

❖ 다음 문장들을 번역하라.

(1) עַבְדְּךָ מִתְפַּלֵּל לְפָנֶיךָ הַיּוֹם (왕상 8:28)[3]

(2) בְּלֵב שָׁלֵם הִתְנַדְּבוּ לַיהוָה וְגַם דָּוִיד הַמֶּלֶךְ שָׂמַח שִׂמְחָה גְדוֹלָה (대상 29:9)

(3) וַיִּשְׁמְעוּ אֶת־קוֹל יְהוָה אֱלֹהִים מִתְהַלֵּךְ בַּגָּן (창 3:8)

(4) וְהִתְהַלַּכְתִּי בְּתוֹכְכֶם וְהָיִיתִי לָכֶם לֵאלֹהִים וְאַתֶּם תִּהְיוּ־לִי לְעָם (레 26:12)

(5) אַתָּה אַל־תִּתְפַּלֵּל בְּעַד־הָעָם הַזֶּה (렘 7:16)

(6) וַיִּתְפָּקְדוּ בְּנֵי בִנְיָמִן בַּיּוֹם הַהוּא מֵהֶעָרִים (삿 20:15)

(7) בֵּיתְךָ וּבֵית אָבִיךָ יִתְהַלְּכוּ לְפָנַי עַד־עוֹלָם (삼상 2:30)

(8) וַיִּתְפָּקֵד הָעָם וְהִנֵּה אֵין־שָׁם אִישׁ מִיּוֹשְׁבֵי יָבֵשׁ גִּלְעָד (삿 21:9)[4]

---

3) הַיּוֹם 그 날, 오늘
4) יָבֵשׁ גִּלְעָד 야베스 길르앗

제24과 대명사 접미사: 동사

בָּרַח	도망가다	מֶלַח	소금
זִמְרִי	시므리	עוֹלָה	번제
חֵטְא	죄	עֲזֵקָה	아세가(지명)
יָלַד	낳다	כִּי	~때문에, 관계대명사(that)
מִזְבֵּחַ	제단		

24.1 대명사 접미사: 동사

대명사 접미사는 이미 7-8과에서 배운 바 있다. 7-8과에 나온 대명사 접미사는 명사에 붙는 대명사 접미사로 소유격으로 '나의 말', '너의 말' 등으로 번역이 된다. 그러나 이곳의 대명사 접미사는 동사 뒤에 붙는 것으로 대부분 '목적격'으로 번역이 되어 '나를', '너를', 혹은 '나에게', '너에게' 등으로 번역된다. 동사 뒤에 붙는 대명사 접미사는 다음과 같다.

수	인칭		접미사	שָׁמַר	뜻
단수	1인칭	אֲנִי	־נִי	שְׁמָרַנִי	그가 나를 지켰다
	2인칭남성	אַתָּה	־ךָ	שְׁמָרְךָ	그가 너를(남) 지켰다
	2인칭여성	אַתְּ	־ךְ	שְׁמָרֵךְ	그가 너를(여) 지켰다
	3인칭남성	הוּא	־הוּ / וֹ	שְׁמָרוֹ	그가 그를 지켰다
	3인칭여성	הִיא	־הָ / ־הָ / ־הּ	שְׁמָרָהּ	그가 그녀를 지켰다

수	인칭		접미사	שָׁמַר	뜻
복수	1인칭	אֲנַחְנוּ	נוּ-	שְׁמָרָנוּ	그가 우리를 지켰다
	2인칭남성	אַתֶּם	כֶם-	שְׁמָרְכֶם	그가 너희를(남) 지켰다
	2인칭여성	אַתֶּן	כֶן-	שְׁמָרְכֶן	그가 너희를(여) 지켰다
	3인칭남성	הֵמָּה	הֶם / ם-	שְׁמָרָם	그가 그들을 지켰다
	3인칭여성	הֵנָּה	הֶן / ן-	שְׁמָרָן	그가 그녀들을 지켰다

동사에 붙는 목적격 대명사 접미사와 명사에 붙는 소유격 대명사 접미사를 비교 하여 보라.

수	인칭		목적격 접미사	소유격 접미사
단수	1인칭	אֲנִי	נִי-	ִי-
	2인칭남성	אַתָּה	ךָ-	ךָ-
	2인칭여성	אַתְּ	ךְ-	ךְ-
	3인칭남성	הוּא	וֹ / הוּ-	וֹ-
	3인칭여성	הִיא	הָ- / ָהּ- / ָה-	ָהּ- / הָ-
복수	1인칭	אֲנַחְנוּ	נוּ-	נוּ-
	2인칭남성	אַתֶּם	כֶם-	כֶם-
	2인칭여성	אַתֶּן	כֶן-	כֶן-
	3인칭남성	הֵמָּה	הֶם / ם-	הֶם / ם-
	3인칭여성	הֵנָּה	הֶן / ן-	הֶן / ן-

① 위의 표에서 보는 바와 같이 동사에 붙는 목적격 대명사 접미사와 명사에 붙는 소유격 대명사 접미사는 거의 비슷한 것을 알 수 있다. 1인칭단수와 3인칭남성단수를 조

심하면 된다. 1인칭단수에서 동사에 붙는 목적격 대명사 접미사는 נִי이지만 명사에 붙는 대명사 접미사는 נ이 빠진 ִי 이다. 또한 3인칭남성단수에서 וֹ는 동사에 붙는 목적격 접미사와 명사에 붙는 소유격 접미사 모두에 사용되지만 הוּ 형태는 명사에 붙는 대명사 접미사로는 거의 사용이 되지 않으며 동사에 붙는 목적격 대명사 접미사에서 주로 사용된다.

② 동사에 인칭대명사 목적격을 사용하는 방법은 두가지가 있다. 즉 동사 뒤에 분리하여 쓰는 것과 동사 바로 뒤에 동사에 붙여서 사용하는 것이다. 동사 뒤에 분리하여 쓸 때는 목적격 불변사인 אֵת에 인칭대명사 접미사를 붙여서 אֹתִי, אֹתְךָ 등을 동사 뒤에 쓴다. 가령 '내가 너에게(너를) 주었다'는 다음 두가지 표현이 가능하다.
נְתַתִּיךָ (출 7:1) / נָתַתִּי אֹתְךָ (창 41:41)

③ 칼 완료의 규칙동사 변화형에서 2인칭남성/여성복수의 경우 강세가 뒤로 이동하면서 제1자음의 모음이 '쉐바'(ְ)로 짧아진 것과 같이 목적격 대명사 접미사가 붙는 경우에도 마찬가지로 제1자음의 모음이 '쉐바'(ְ)로 짧아진다.

예) שָׁמַרְתֶּם → שְׁמַרְתֶּ֫ם 너희들이 지켰다.
שָׁמַר + נִי → שְׁמָרַ֫נִי 그가 나를 지켰다.

④ 제3자음에 강세가 올 때는 다음과 같이 변한다.

가. 완료의 경우 - 목적격 대명사가 2인칭여성단수(שְׁמָרֵ֫ךְ)와 3인칭남성단수(שְׁמָרוֹ)인 경우만 제외하고 모두 '아'(ָ 혹은 ַ) 모음이 온다.

예) שְׁמָרַ֫נִי 그가 나를 지켰다, שְׁמָרָ֫הּ 그가 그녀를 지켰다,
שְׁמָרָ֫ם 그가 그들을 지켰다

나. 미완료, 명령, 분사의 경우 - '에'(ֵ 혹은 ֶ) 모음이 온다

예) תִּשְׁמְרֵ֫נִי 네가(남)/그녀가 나를 지킬 것이다, שֹׁמְרֶ֫ךָ 너를 지키는 자,
שָׁמְרֵ֫נִי 나를 지켜라

다. 부정사 연계형의 경우 – 대개 전치사와 함께 출현하는 부정사 연계형에 대명사 접미사가 붙을 때는 모음이 다양하게 변하는데 부정사의 목적어의 역할을 하기도 하지만 주어의 역할을 하기도 한다.

예) לְשָׁמְרְךָ 너를 지키도록, לְשָׁמְרָם 그들을 지키도록,
בְּזָכְרֵנוּ 우리가 기억했을 때

⑤ 완료 형태에 목적격 대명사 접미사가 올 때 완료에 붙는 접미사의 자음과 모음이 다음과 같이 변한다.

<table>
<tr><th>수</th><th colspan="2">인칭, 성</th><th>일반완료</th><th>목적격 접미사 앞에 붙는 완료</th></tr>
<tr><td rowspan="5">단수</td><td>3인칭남성</td><td>הוּא</td><td>שָׁמַר</td><td>שְׁמָרְ- / שְׁמָרַ-</td></tr>
<tr><td>3인칭여성</td><td>הִיא</td><td>שָׁמְרָה</td><td>שְׁמָרַת-</td></tr>
<tr><td>2인칭남성</td><td>אַתָּה</td><td>שָׁמַרְתָּ</td><td>שְׁמַרְתַּ- / שְׁמַרְתָּ-</td></tr>
<tr><td>2인칭여성</td><td>אַתְּ</td><td>שָׁמַרְתְּ</td><td>שְׁמַרְתִּי-</td></tr>
<tr><td>1인칭</td><td>אֲנִי</td><td>שָׁמַרְתִּי</td><td>שְׁמַרְתִּי-</td></tr>
<tr><td rowspan="5">복수</td><td>3인칭남성</td><td>הֵמָּה</td><td rowspan="2">שָׁמְרוּ</td><td rowspan="2">שְׁמָרוּ-</td></tr>
<tr><td>3인칭여성</td><td>הֵנָּה</td></tr>
<tr><td>2인칭남성</td><td>אַתֶּם</td><td>שְׁמַרְתֶּם</td><td>שְׁמַרְתּוּ-</td></tr>
<tr><td>2인칭여성</td><td>אַתֶּן</td><td>שְׁמַרְתֶּן</td><td>שְׁמַרְתּוּ-</td></tr>
<tr><td>1인칭</td><td>אֲנַחְנוּ</td><td>שָׁמַרְנוּ</td><td>שְׁמַרְנוּ-</td></tr>
</table>

완료 형태에 목적격 대명사가 붙는 다양한 경우는 다음과 같다.

완료형 / 접미사	3남단	뜻	3여단	뜻
	שָׁמַר	그가 지켰다	שָׁמְרָה	그녀가 지켰다
1단	שְׁמָרַנִי	그가 나를 지켰다	שְׁמָרַתְנִי	그녀가 나를 지켰다
2남단	שְׁמָרְךָ	그가 당신을(남) 지켰다	שְׁמָרַתְךָ	그녀가 당신을(남) 지켰다
2여단	שְׁמָרֵךְ	그가 당신을(여) 지켰다	שְׁמָרָתֶךְ	그녀가 당신을(여) 지켰다
3남단	שְׁמָרוֹ	그가 그를 지켰다	שְׁמָרַתְהוּ	그녀가 그를 지켰다
	שְׁמָרָהוּ		שְׁמָרַתּוּ	
3여단	שְׁמָרָהּ	그가 그녀를 지켰다	שְׁמָרַתָּה	그녀가 그녀를 지켰다
1복	שְׁמָרָנוּ	그가 우리를 지켰다	שְׁמָרַתְנוּ	그녀가 우리를 지켰다
3남복	שְׁמָרַם	그가 그들을 지켰다	שְׁמָרָתַם	그녀가 그들을 지켰다
3여복	שְׁמָרָן	그가 그녀들을 지켰다	שְׁמָרָתַן	그녀가 그녀들을 지켰다

완료형 / 접미사	2남단	뜻	2여단	뜻
	שָׁמַרְתָּ	당신이(남) 지켰다	שָׁמַרְתְּ	당신이(여) 지켰다
1단	שְׁמַרְתַּנִי	당신이(남) 나를 지켰다	שְׁמַרְתִּינִי	당신이(여) 나를 지켰다
3남단	שְׁמַרְתּוֹ	당신이(남) 그를 지켰다	שְׁמַרְתִּיהוּ	당신이(여) 그를 지켰다
	שְׁמַרְתָּהוּ			
3여단	שְׁמַרְתָּהּ	당신이(남) 그녀를 지켰다	שְׁמַרְתִּיהָ	당신이(여) 그녀를 지켰다
1복	שְׁמַרְתָּנוּ	당신이(남) 우리를 지켰다	שְׁמַרְתִּינוּ	당신이(여) 우리를 지켰다
3남복	שְׁמַרְתָּם	당신이(남) 그들을 지켰다	שְׁמַרְתִּים	당신이(여) 그들을 지켰다
3여복	שְׁמַרְתָּן	당신이(남) 그녀들을 지켰다	שְׁמַרְתִּין	당신이(여) 그녀들을 지켰다

완료형 / 접미사	1단	뜻	3복	뜻
	שָׁמַרְתִּי	내가 지켰다	שָׁמְרוּ	그들이 지켰다
1단			שְׁמָרוּנִי	그들이 나를 지켰다
2남단	שְׁמַרְתִּיךָ	내가 당신을(남) 지켰다	שְׁמָרוּךָ	그들이 당신을(남) 지켰다
2여단	שְׁמַרְתִּיךְ	내가 당신을(여) 지켰다	שְׁמָרוּךְ	그들이 당신을(여) 지켰다
3남단	שְׁמַרְתִּיהוּ שְׁמַרְתִּיו	내가 그를 지켰다	שְׁמָרוּהוּ	그들이 그를 지켰다
3여단	שְׁמַרְתִּיהָ	내가 그녀를 지켰다	שְׁמָרוּהָ	그들이 그녀를 지켰다
1복			שְׁמָרוּנוּ	그들이 우리를 지켰다
2남복	שְׁמַרְתִּיכֶם	내가 당신들을(남) 지켰다		
2여복	שְׁמַרְתִּיכֶן	내가 당신들을(여) 지켰다		
3남복	שְׁמַרְתִּים	내가 그들을 지켰다	שְׁמָרוּם	그들이 그들을 지켰다
3여복	שְׁמַרְתִּין	내가 그녀들을 지켰다	שְׁמָרוּן	그들이 그녀들을 지켰다

완료형은 뒤에 대명사 접미사가 오지 않는 경우와 오는 경우에 자음과 모음에 약간의 변화가 있는데 다음과 같다.

3인칭남성단수 : שָׁמַר ⇨ שְׁמָרַ- 혹은 שְׁמָרָ-
3인칭여성단수 : שָׁמְרָה ⇨ שְׁמָרַת- 혹은 שְׁמָרָת-
2인칭남성단수 : שָׁמַרְתָּ ⇨ שְׁמַרְתָּ- 혹은 שְׁמַרְתַּ-
2인칭여성단수 : שָׁמַרְתְּ ⇨ שְׁמַרְתִּי-
1인칭단수 : שָׁמַרְתִּי ⇨ שְׁמַרְתִּי-
3인칭복수 : שָׁמְרוּ ⇨ שְׁמָרוּ-
2인칭남성복수 : שְׁמַרְתֶּם ⇨ שְׁמַרְתּוּ-
2인칭여성복수 : שְׁמַרְתֶּן ⇨ שְׁמַרְתּוּ-
1인칭복수 : שָׁמַרְנוּ ⇨ שְׁמַרְנוּ-

2인칭여성단수와 1인칭단수는 뒤에 대명사 접미사가 올 때 형태가 -שְׁמַרְתִּי로 동일해지므로 그 둘 사이의 구분은 전후 문맥으로 결정한다.

예) שְׁמַרְתִּיךָ 내가 너를 지켰다, נְתַתִּיהוּ 네가(여) 그것을 주었다.

⑥ 라메드-후음 동사 중 라메드-헤 동사의 경우 목적격 대명사 접미사가 붙을 때 마지막 자음인 ה가 탈락된다.

예) יִרְאַנִי 혹은 יִרְאֵנִי 그가 나를 볼 것이다, עָשָׂנִי 그가 나를 만들었다.

⑦ 미완료 형태에서 미완료와 목적격 접미사 사이에 자음 נ이 추가되는 경우 자음 נ이 다음 목적격 접미사에 동화되는 경우가 있다.

예) יִשְׁמְרֶנּוּ(הוּ + נ + יִשְׁמֹר) 그가 그것을 지킬 것이다,
יְבָרְכֶךָּ (ךָ + נ + יְבָרֵךְ) 그가 네게 복을 줄 것이다.

⑧ 칼 유형 이외의 동사에도 목적격 대명사 접미사가 올 수 있으며 지금까지의 규칙 내에서 움직이므로 동사의 유형이나 동사 뒤에 붙는 대명사 접미사를 파악하는데 큰 어려움이 없을 것이다.

예) יְשַׁלְּחֶהָ 그가 그녀를 보낼 것이다(피엘 미완료 3인칭남성단수 + 3인칭여성단수)
בָּרְכֵנִי 나를 축복해 주시오 (피엘 명령 2인칭남성단수 + 1인칭단수)

목적격 대명사 접미사 연습

보기에 따라 다음 동사들과 그 뒤에 붙는 대명사 접미사를 분석하고 번역하라.

번호	형태	분석	번역
보기	שְׁמָרֵךְ	칼완료 3남단+2여단	그가 너를(여) 지켰다
1	יְלָדַתְּנִי		
2	וַיִּשְׁלָחֵהוּ		
3	תִּקְבְּרֵנִי		
4	יִזְכְּרוּנִי		
5	שְׁפָכַתְהוּ		
6	יִשְׁבְּרֵהוּ		
7	בְּחַרְתִּיכֶם		
8	וַיִּקְבְּרֻהוּ		
9	לְקַחְתִּיךָ		
10	אֶשְׁלָחֲךָ		
11	קִדַּשְׁתָּם		
12	מְקַדְּשׁוֹ		

연습문제

❖ 다음 문장들을 번역하라.

(1) וַיִּשְׁמְרֵנוּ בְּכָל־הַדֶּרֶךְ אֲשֶׁר הָלַכְנוּ בָהּ (수 24:17)

(2) הִנֵּה יָלְדָה מִלְכָּה גַם־הִוא בָּנִים לְנָחוֹר אָחִיךָ (창 22:20)[1]

(3) וְיָדַעְתָּ כִּי־יְהוָה צְבָאוֹת שְׁלָחַנִי אֲלֵיכֶם (슥 4:9)

(4) בַּיּוֹם הַהוּא כָּרַת יְהוָה אֶת־אַבְרָם בְּרִית (창 15:18)

(5) שְׁלָחַנִי אֱלֹהִים לִפְנֵיכֶם (창 45:5)

(6) יָדַע אֶלְקָנָה אֶת־חַנָּה אִשְׁתּוֹ וַיִּזְכְּרֶהָ יְהוָה (삼상 1:19)[2]

(7) וְלָקַחְתִּי אֶתְכֶם אֶל־אֶרֶץ כְּאַרְצְכֶם (사 36:17)

(8) הָלַכְנוּ אֶל־הָאָרֶץ אֲשֶׁר שְׁלַחְתָּנוּ (민 13:27)

---

1) נָחוֹר 나홀, מִלְכָּה 밀가

2) אֶלְקָנָה 엘가나

(9) יָדְעוּ הָאֲנָשִׁים כִּי־מִלִּפְנֵי יְהוָה הוּא בֹרֵחַ (욘 1:10)

(10) וַיִּשְׁכַּב אֲבִיָּם עִם־אֲבֹתָיו וַיִּקְבְּרוּ אֹתוֹ בְּעִיר דָּוִד וַיִּמְלֹךְ (왕상 15:8)[3]
אָסָא בְנוֹ תַּחְתָּיו

(11) אַתָּה יַעֲקֹב אֲשֶׁר בְּחַרְתִּיךָ (사 41:8)

---

3) אֲבִיָּם 아비얌, **אָסָא** 아사

제25과 히필 완료, 분사

אִמְרָה	말(speech)	קָרַב	가까이 오게 하다, 바치다(hi.)
גָּדַל	크게 하다(hi.)*	קָשַׁב	귀를 기울이다(hi.)
זָכַר	기억나게 하다(hi.)	שָׁכַם	일찍 일어나다(hi.)
זָרַק	뿌리다	שָׁלַךְ	던지다(hi.)
מָלַךְ	왕으로 삼다(hi.)	שָׁמַד	파괴하다, 멸망시키다(hi.)
קָטַר	제물을 태우다(hi.)	תְּפִלָּה	기도

* 여기서 '(hi.)'란 히필형에서 해당단어의 뜻을 말함.

히필은 7유형 중 호팔과 함께 대개 사역의 의미를 갖는데 히필은 능동, 호팔은 수동이다.

예) 가다 → 가게 하다, 듣다 → 듣게 하다(=들려주다), 내려 가다 →내려 가게 하다. 보다 → 보게 하다 혹은 보여주다, 오다 → 오게 하다 혹은 데려오다, 나가다 → 나가게 하다 혹은 꺼내다 등.

25.1 히필 완료[1]

수	인칭, 성		קטל 죽이다	שלך 던지다	שמד 파괴하다	접미사
단수	3인칭남성	הוּא	הִקְטִיל	הִשְׁלִיךְ	הִשְׁמִיד	-
	3인칭여성	הִיא	הִקְטִילָה	הִשְׁלִיכָה	הִשְׁמִידָה	ָה-
	2인칭남성	אַתָּה	הִקְטַלְתָּ	הִשְׁלַכְתָּ	הִשְׁמַדְתָּ	תָּ-
	2인칭여성	אַתְּ	הִקְטַלְתְּ	הִשְׁלַכְתְּ	הִשְׁמַדְתְּ	תְּ-
	1인칭	אֲנִי	הִקְטַלְתִּי	הִשְׁלַכְתִּי	הִשְׁמַדְתִּי	תִּי-
복수	3인칭남성	הֵמָּה	הִקְטִילוּ	הִשְׁלִיכוּ	הִשְׁמִידוּ	וּ-
	3인칭여성	הֵנָּה				
	2인칭남성	אַתֶּם	הִקְטַלְתֶּם	הִשְׁלַכְתֶּם	הִשְׁמַדְתֶּם	תֶּם-
	2인칭여성	אַתֶּן	הִקְטַלְתֶּן	הִשְׁלַכְתֶּן	הִשְׁמַדְתֶּן	תֶּן-
	1인칭	אֲנַחְנוּ	הִקְטַלְנוּ	הִשְׁלַכְנוּ	הִשְׁמַדְנוּ	נוּ-

1) 히필 완료에서는 실제 성경에서 나타나는 빈도수가 많지 않으므로 설명할 때 전통적으로 사용되어져 왔던 동사인 קטל(죽이다)의 형태를 추가하였다.

히필은 성경에 총 9,309회(약13%) 출현하는데 칼과 비교해 볼 때 많은 빈도수를 가지지는 않으나 7유형 중 칼 다음으로 많이 출현한다. 우선순위도 칼과는 많은 차이를 보이며 히필에 나타난 동사가 모두 칼에서 나타나는 것은 아니다. 모든 유형에서와 같이 히필에서도 규칙동사 보다는 불규칙동사가 훨씬 더 많은데 1-20위 내에 규칙동사는 단 한 개만 나타난다.

① 히필 완료의 특징은 제1자음 앞에 접두어 -הִ가 붙는다는 것이다. 언급한 바와 같이 모든 완료의 접미사는 표에서 보는 바와 같이 동일하다.

② 제2자음에 붙는 모음을 살펴보면 1인칭과 2인칭에서는 단모음 '아'(ַ)이고 3인칭에서는 '이'(ִי) 모음이 온다.

예) עַל־אֶרֶץ הִשְׁלַכְתִּיךָ לִפְנֵי מְלָכִים (겔 28:17)

내가 너를(남) 땅 위에서 왕들 앞에 던졌다.

25.2 히필 분사

	남성		여성	
단수	מַקְטִיר	מַשְׁלִיךְ	מַקְטִירָה	מַשְׁלִיכָה
복수	מַקְטִירִים	מַשְׁלִיכִים	מַקְטִירוֹת	מַשְׁלִיכוֹת

예) אֶת־לֶחֶם אֱלֹהֶיךָ הוּא מַקְרִיב (레 21:8)

그는 네(남) 하나님의 빵을 바친다.

① 언급한 바와 같이 칼과 니팔을 제외한 5개 유형의 분사는 자음 מ으로 시작되는데 히필 분사형도 자음 מ으로 시작된다.

② 제1자음 앞의 접두어 -הִ가 탈락되고 그 자리에 자음 מ이 붙으며 단모음 '아'(ַ)를 취한다.

③ 제 2자음에는 '이'(ִי) 모음을 취한다.

히필 완료 및 분사 연습

다음 동사들의 분해를 보기에 따라 해보라. (완료는 과거로, 분사는 '-하는 자/것'으로 번역하라.)

동사형태	유형, 상	인칭, 성, 수	기본형	번 역
הִשְׁמִידוּ	히필 완료	3복	שׁמד	그들이 파괴했다
הִקְרַבְתָּ				
מַקְטִירוֹת				
הִקְשִׁיבוּ				
מַקְרִיב				
מַשְׁמִידָה				
הִשְׁכַּמְתֶּם				
הִקְשַׁבְנוּ				
הִקְרִיבָה				
מַשְׁכִּימִים				
הִגְדַּלְתִּי				
הִקְטִירָם				
וְהִזְכַּרְתַּנִי				
הִקְרִיבוֹ				

연습문제

❖ 다음 문장들을 번역하라.

(1) יְהוָה הִשְׁלִיךְ עֲלֵיהֶם אֲבָנִים גְּדֹלוֹת מִן־הַשָּׁמַיִם עַד־עֲזֵקָה (수 10:11)

(2) וְלָקַחְתָּ אֹתָם מִיָּדָם וְהִקְטַרְתָּ הַמִּזְבֵּחָה עַל־הָעֹלָה (출 29:25)

(3) אָנֹכִי הִשְׁמַדְתִּי אֶת־הָאֱמֹרִי מִפְּנֵיהֶם (암 2:9)[1]

(4) שָׁמַע אֱלֹהִים הִקְשִׁיב בְּקוֹל תְּפִלָּתִי (시 66:19)

(5) הִגְדַּלְתָּ עַל־כָּל־שִׁמְךָ אִמְרָתֶךָ (시 138:2)

(6) אֶת־חֲטָאַי אֲנִי מַזְכִּיר הַיּוֹם (창 41:9)

(7) וְהִקְרַבְתָּם לִפְנֵי יְהוָה וְהִשְׁלִיכוּ הַכֹּהֲנִים עֲלֵיהֶם מֶלַח (겔 43:24)

(8) וְהִקְרִיבוּ בְּנֵי אַהֲרֹן הַכֹּהֲנִים אֶת־הַדָּם וְזָרְקוּ אֶת־הַדָּם עַל־הַמִּזְבֵּחַ (레 1:5)

(9) אֲדֹנֵינוּ הַמֶּלֶךְ־דָּוִד הִמְלִיךְ אֶת־שְׁלֹמֹה (왕상 1:43)

---

1) אֱמֹרִי 아모리

제 26과 히필 미완료, 명령, 부정사

אַבְשָׁלוֹם	압살롬	יַ֫עַר	숲
בּוֹר	구덩이	מַלְכוּת	왕위, 왕국
בַּעְשָׁא	바아사	עֲנָקִי	아낙 사람
בֹּ֫קֶר	아침	פַּ֫חַת	구덩이
יְהוּדִי	유대인	קָרָא	부르다, 읽다
כָּרַת	끊다(hi.)	שֵׁ֫בֶט	막대기, 지파

26.1 히필 미완료

수	인칭, 성		קטל 죽이다	שלך 던지다	שמד 파괴하다	접두사(접미사)
단수	3인칭남성	הוּא	יַקְטִיל	יַשְׁלִיךְ	יַשְׁמִיד	י--
	3인칭여성	הִיא	תַּקְטִיל	תַּשְׁלִיךְ	תַּשְׁמִיד	ת--
	2인칭남성	אַתָּה	תַּקְטִיל	תַּשְׁלִיךְ	תַּשְׁמִיד	ת--
	2인칭여성	אַתְּ	תַּקְטִילִי	תַּשְׁלִיכִי	תַּשְׁמִידִי	ת--ִי
	1인칭	אֲנִי	אַקְטִיל	אַשְׁלִיךְ	אַשְׁמִיד	א--
복수	3인칭남성	הֵמָּה	יַקְטִילוּ	יַשְׁלִיכוּ	יַשְׁמִידוּ	י--וּ
	3인칭여성	הֵנָּה	תַּקְטֵלְנָה	תַּשְׁלֵכְנָה	תַּשְׁמֵדְנָה	ת--נָה
	2인칭남성	אַתֶּם	תַּקְטִילוּ	תַּשְׁלִיכוּ	תַּשְׁמִידוּ	ת--וּ
	2인칭여성	אַתֵּן	תַּקְטֵלְנָה	תַּשְׁלֵכְנָה	תַּשְׁמֵדְנָה	ת--נָה
	1인칭	אֲנַחְנוּ	נַקְטִיל	נַשְׁלִיךְ	נַשְׁמִיד	נ--

예) הוּא־יַשְׁמִיד אֶת־הַגּוֹיִם הָאֵלֶּה מִלְּפָנֶיךָ (신 31:3)

그가 네 앞에서 이 민족들을 파괴할 것이다.

① 제1자음 앞의 접두어 -הִ가 탈락되고 그 자리에 접두사가 붙으면서 단모음 '아'(ַ)를 취한다.

② 제2자음은 2/3인칭여성복수를 제외하고 모두 '이'(ִי) 모음을 취한다. 2/3인칭여성복수는 '에'(ֵ 혹은 ֶ 혹은 ֶי) 모음을 취하는데 출현 빈도수가 매우 빈약하다.

26.2 히필 명령, 부정사

26.2.1 히필 명령형

		קטל 죽이다	שלך 던지다
남성단수	אַתָּה	הַקְטֵל	הַשְׁלֵךְ
여성단수	אַתְּ	הַקְטִילִי	הַשְׁלִיכִי
남성복수	אַתֶּם	הַקְטִילוּ	הַשְׁלִיכוּ
여성복수	אַתֵּן	הַקְטֵלְנָה	הַשְׁלֵכְנָה

예) אָמַר אֲלֵהֶם רְאוּבֵן אַל־תִּשְׁפְּכוּ־דָם הַשְׁלִיכוּ אֹתוֹ אֶל־הַבּוֹר הַזֶּה (창 37:22)

르우벤이 그들에게 말했다: 너희는(남) 피를 흘리지 말라: 너희는(남) 그를 이 웅덩이로 던져라.

① 히필 명령형은 히필 미완료 2인칭남성단수 형태에서 접두사 ת를 제거하고 그 자리에 ה를 붙이고 모음은 그대로 단모음 '아'(ַ)를 취한다.

② 제 2자음에 붙는 모음은 남성단수와 여성복수의 경우는 '에'(ֵ)이고 여성단수와 남성복수는 '이'(ִי) 모음을 취한다.

26.2.2 히필 부정사형

	연계형	절대형
שׁלךְ	הַשְׁלִיךְ	הַשְׁלֵךְ
קטר	הַקְטִיר	הַקְטֵר

예) אֲבַקֵּשׁ לְהַשְׁמִיד אֶת־כָּל־הַגּוֹיִם (슥 12:9)

내가 모든 이방 민족들을 파괴하기를 찾을 것이다.

① 부정사 절대형은 명령형 남성단수와 거의 동일하다.

② 부정사 연계형은 제2자음에 '이'(ִי) 모음을 취하는 것만 제외하고는 명령형 남성단수 형태와 동일하다.

26.3 히필 지시형, 권유형, 바브연속법

	지시형	권유형	바브연속법 미완료 (3인칭 남성단수)
קטל	יַקְטֵל	אַקְטִילָה	וַיַּקְטֵל
שׁלךְ	יַשְׁלֵךְ	נַשְׁלִיכָה	וַיַּשְׁלֵךְ
קטר	יַקְטֵר	אַקְטִירָה	וַיַּקְטֵר

예) וַיַּשְׁמֵד יֵהוּא אֶת־הַבַּעַל מִיִּשְׂרָאֵל (왕하 10:28)[1)]

예후가 이스라엘 중에서 바알을 파괴했다.

① 히필 지시형은 미완료 형태와 제2자음이 취하는 모음에서 차이가 있다. 즉 미완료 형태는 제 2자음이 '이'(ִי) 모음을 취하지만 지시형과 바브연속법에서는 '에'(ֵ) 모음을 취한다.[2)]

---

1) יֵהוּא 예후

2) 히필 지시형과 바브연속법에서 '이' (ִי)모음이 아닌 '에' (ֵ)모음을 취하는 것은 15.1항의 지시형에 대한 설명 중 יָשִׂים에서 יָשֵׂם으로 변하는 것과 동일한 이유이다.

히필 동사 연습(다른 유형 포함)

다음 동사들의 분해를 보기에 따라 해보라. (완료는 과거로, 미완료는 미래로, 분사는 '-하는 자/것'으로 번역하라.)

동사형태	유형, 상	인칭, 성, 수	기본형	번 역
וַיַּשְׁלֵךְ	히필 미완료 바브연속	3남단	שׁלך	그가 던졌다
לְהַגְדִּיל				
אַזְכִּיר				
הַקְרֵב				
מְבַקֵּשׁ				
תַּמְלִיכוּ				
וַיִּזְרֹק				
וַתַּגְדֵּל				
מַשְׁכִּים				
הַקְשִׁיבוּ				
וַיִּלָּחֶם				
הִתְהַלַּכְתִּי				
וַיַּשְׁכִּימוּ				
תַּקְרִיבִי				
הִמְלַכְתַּנִי				

연습문제

❖ 다음 문장들을 번역하라.

(1) אָמַר יְהוָה לְהַשְׁמִיד אֶתְכֶם (신 9:25)

(2) לָקְחוּ אֶת־אַבְשָׁלוֹם וַיַּשְׁלִיכוּ אֹתוֹ בַיַּעַר אֶל־הַפַּחַת הַגָּדוֹל (삼하 18:17)

(3) יַכְרִית יְהוָה אֱלֹהֶיךָ אֶת־הַגּוֹיִם (신 12:29)

(4) וַיַּשְׁכֵּם אֲבִימֶלֶךְ בַּבֹּקֶר וַיִּקְרָא לְכָל־עֲבָדָיו (창 20:8)[3]

(5) וַיַּשְׁמֵד זִמְרִי אֵת כָּל־בֵּית בַּעְשָׁא כִּדְבַר יְהוָה אֲשֶׁר דִּבֶּר אֶל־בַּעְשָׁא (왕상 16:12)

(6) וַיַּכְרֵת יְהוֹשֻׁעַ אֶת־הָעֲנָקִים מִן־הָהָר (수 11:21)

(7) וַיַּשְׁכֵּם יְהוֹשֻׁעַ בַּבֹּקֶר וַיַּקְרֵב אֶת־יִשְׂרָאֵל לִשְׁבָטָיו (수 7:16)

(8) וַיַּשְׁלֵךְ אַהֲרֹן אֶת־מַטֵּהוּ לִפְנֵי פַרְעֹה וְלִפְנֵי עֲבָדָיו (출 7:10)

(9) וַיְבַקֵּשׁ הָמָן לְהַשְׁמִיד אֶת־כָּל־הַיְּהוּדִים אֲשֶׁר בְּכָל־מַלְכוּת אֲחַשְׁוֵרוֹשׁ (에 3:6)[4]

---

3) אֲבִימֶלֶךְ 아비멜렉

4) הָמָן 하만, אֲחַשְׁוֵרוֹשׁ 아하수에로

제 27 과 호팔 동사

אַרְיֵה	사자(lion)	נְבֵלָה	시체
חוֹמָה	성벽	פָּקַד	맡기다(hi.)
כָּשַׁל	넘어지다	קֶבֶר	무덤
לָכַד	사로잡다, 취하다		

호팔은 대개 사역의 의미를 가지며 히필의 수동이다.[1] 다음은 호팔 완료 형태이다.

27.1 호팔 완료

수	인칭, 성		קטל 죽임을 당하다	שלך 던져지다	שכב 눕혀지다	접미사
단수	3인칭남성	הוּא	הָקְטַל	הָשְׁלַךְ	הָשְׁכַּב	-
	3인칭여성	הִיא	הָקְטְלָה	הָשְׁלְכָה	הָשְׁכְּבָה	ָה-
	2인칭남성	אַתָּה	הָקְטַלְתָּ	הָשְׁלַכְתָּ	-	תָּ-
	2인칭여성	אַתְּ	הָקְטַלְתְּ	-	-	תְּ-
	1인칭	אֲנִי	הָקְטַלְתִּי	הָשְׁלַכְתִּי	-	ְתִּי-
복수	3인칭남성	הֵמָּה	הָקְטְלוּ	הָשְׁלְכוּ	-	וּ-
	3인칭여성	הֵנָּה				
	2인칭남성	אַתֶּם	הָקְטַלְתֶּם	-	-	תֶּם-
	2인칭여성	אַתֶּן	הָקְטַלְתֶּן	-	-	תֶּן-
	1인칭	אֲנַחְנוּ	הָקְטַלְנוּ	-	-	נוּ-

1) 호팔은 성경에 총 386회 출현(0.5%)하는데 7유형 중 가장 적은 빈도수를 가지므로 변화형이 매우 빈약하다. 호팔 규칙동사 중 가장 빈도수가 높은 단어는 기본형 שָׁזַר이며 성경에 총 21회 출현하는데 모두 분사 남성단수에서만 출현한다. 예) מָשְׁזָר 꼬인

호팔 완료의 특징은 제1자음 앞에 접두어 ה가 붙는다는 것과 그 접두어에 붙는 모음이 '우'(ֻ) 혹은 '오'(ָ)라는 것이다.[2] 모든 완료의 접미사는 표에서 보는 바와 같이 동일하다.

예) עָלֶיךָ הָשְׁלַכְתִּי (시 22:11) 나는 당신(남) 위에 던져졌습니다.

27.2 호팔 미완료

수	인칭, 성		קטל 죽임을 당하다	שלך 던지다	접두사(접미사)
단수	3인칭남성	הוּא	יָקְטַל	-	י--
	3인칭여성	הִיא	תָּקְטַל	-	תּ--
	2인칭남성	אַתָּה	תָּקְטַל	-	תּ--
	2인칭여성	אַתְּ	תָּקְטְלִי	תֻּשְׁלְכִי	תּ--ִי
	1인칭	אֲנִי	אָקְטַל	-	א--
복수	3인칭남성	הֵמָּה	יָקְטְלוּ	יֻשְׁלְכוּ	י--וּ
	3인칭여성	הֵנָּה	תָּקְטַלְנָה	-	תּ--ְנָה
	2인칭남성	אַתֶּם	תָּקְטְלוּ	-	תּ--וּ
	2인칭여성	אַתֵּן	תָּקְטַלְנָה	-	תּ--ְנָה
	1인칭	אֲנַחְנוּ	נָקְטַל	-	נ--

호팔 미완료의 형태는 규칙동사의 경우 빈도수가 매우 빈약하다. 호팔 미완료 형태가 총 약 160회 출현하는데 그 중 5회 정도가 규칙동사이고 나머지는 모두 불규칙동사이다. 기본형 שלך의 호팔 변화형은 תֻּשְׁלְכִי(2인칭여성 단수), יֻשְׁלְכוּ (3인칭남성 복수) 두 개만 나타난다.

---

2) 호팔 동사는 성경에 약 390회 등장하는데 불규칙동사에서 많이 나타난다. 호팔의 첫 모음은 '오'(ָ)가 기본이나 실제로는 규칙동사, 불규칙동사를 막론하고 첫 모음이 '오' (ָ)가 아닌 '우' (ֻ)가 약 4배 정도 더 많이 나타난다. 푸알의 경우 첫 모음이 규칙동사일 때는 항상 '우' (ֻ)모음으로 시작되고 불규칙

27.3 호팔 분사

호팔 분사형

שׁלךְ/קטל 던져지다		
	남성	여성
단수	מֻשְׁלָךְ / מָקְטָל	מֻשְׁלֶכֶת / מָקְטֶלֶת
복수	מֻשְׁלָכִים / מָקְטָלִים	מֻשְׁלָכוֹת / מָקְטָלוֹת

예) נִבְלָתוֹ מֻשְׁלֶכֶת בַּדֶּרֶךְ (왕상 13:24) 그의 시체가 그 길에 던져졌다.

① 칼과 니팔을 제외한 5개 유형의 분사는 자음 מ으로 시작되는데 호팔 분사형도 제1 자음 앞에 접미어 ה가 탈락되고 그 자리에 자음 מ이 붙는다.

② 처음에 붙는 자음 멤(מ)에는 ‘우(ֻ)’ 혹은 ‘오(ָ)’ 모음이 붙는다.
예) מָשְׁזָר 꼬인 자, מֻכְשָׁלִים 넘어진 자들

③ 호팔 명령형과 부정사형, 지시형, 권유형, 바브연속법은 규칙동사에서는 거의 출현하지 않는다.

동사일 때는 ‘우’(ֻ)나 ‘오’(ָ)로 시작되지만, 호팔의 경우는 일정한 규칙이 없다는 것이 특징이다. 호팔에서 ‘우’ 모음이 훨씬 더 많이 나타나고, 성경 히브리어 동사에서 ‘우’ 모음은 수동을 나타내는 표지이며, 현대 히브리어 문법서에서 ‘후팔’이라는 용어가 사용되는 것을 볼 때 ‘후팔’이 보다 정확한 명칭으로 보인다.

호팔 동사 연습(다른 유형 포함)

다음 동사들의 분해를 보기에 따라 해보라. (완료는 과거로, 미완료는 미래로, 분사는 '-하는 자/것'으로 번역하라.)

동사형태	유형, 상	인칭, 성, 수	기본형	번 역
הָשְׁלַכְתִּי	호팔 완료	1단	שלך	내가 던져졌다
מֻכְשָׁלִים				
וַיַּשְׁלִכוּ				
הָפְקַד				
תֻּשְׁלְכִי				
הֻשְׁלְכוּ				
הִתְקַדְּשׁוּ				
יֻשְׁלְכוּ				
מֻפְקָדִים				
אֲשַׁלֵּם				
הָשְׁכְּבָה				
מֻשְׁלֶכֶת				
קֹרֵא				

연습문제

❖ 다음 문장들을 번역하라.

(1) אַתָּה הָשְׁלַכְתָּ מִקִּבְרְךָ (사 14:19)

(2) אַתָּה הַקְרֵב אֵלֶיךָ אֶת־אַהֲרֹן אָחִיךָ וְאֶת־בָּנָיו אִתּוֹ (출 28:1)

(3) רָאָה הָאִישׁ אֶת־הַנְּבֵלָה מֻשְׁלֶכֶת בַּדֶּרֶךְ וְאֶת־הָאַרְיֵה עֹמֵד אֵצֶל הַנְּבֵלָה (왕상 13:25)

(4) וַיַּכְרֵת יְהוָה מִיִּשְׂרָאֵל רֹאשׁ וְזָנָב (사 9:13)

(5) הֻשְׁלְכוּ עַל־הָאָרֶץ אֲשֶׁר לֹא־יָדָעוּ (렘 22:28)

(6) נָתְנוּ עַל־יַד הַמֻּפְקָדִים בְּבֵית יְהוָה (대하 34:10)

(7) וַיַּקְרֵב שְׁמוּאֵל אֵת כָּל־שִׁבְטֵי יִשְׂרָאֵל וַיִּלָּכֵד שֵׁבֶט בִּנְיָמִן (삼상 10:20)

(8) הִנֵּה רֹאשׁוֹ מֻשְׁלָךְ אֵלֶיךָ בְּעַד הַחוֹמָה (삼하 20:21)

제 28 과 동사 총정리 (강동사)

אֹזֶן	귀	לָכִישׁ	라기스(지명)
הָרַג	죽이다	מִדְבָּר	광야
זָקֵן	늙은, 장로	שֵׁנִי	둘째의
חֲמוֹר	나귀	שְׁנַיִם	둘(two)
יָרֵא	두려워하다	שֵׁרֵת	섬기다, 봉사하다(pi.)
כֹּה	이렇게		

28.1 완료에 붙는 접미사와 미완료에 붙는 접두사(접미사)

완료에 붙는 접미사와 미완료에 붙는 접두사(접미사)는 다음과 같다. 이 접미사와 접두사는 칼에서 호팔 유형까지 모든 유형에서 동일하며 규칙동사나 불규칙동사에 관계없이 동일한 형태이므로 반드시 익히고 숙지하자.

수	인칭, 성		접미사	접두사(접미사)
단수	3인칭남성	הוּא	–	י--
	3인칭여성	הִיא	ָה-	ת--
	2인칭남성	אַתָּה	תָּ-	ת--
	2인칭여성	אַתְּ	תְּ-	ת--ִי
	1인칭	אֲנִי	תִּי-	א--
복수	3인칭남성	הֵמָּה	וּ-	י--וּ
	3인칭여성	הֵנָּה		ת--נָה
	2인칭남성	אַתֶּם	תֶּם-	ת--וּ
	2인칭여성	אַתֶּן	תֶּן-	ת--נָה
	1인칭	אֲנַחְנוּ	נוּ-	נ--

동사를 분석할 때 가장 먼저 해야할 일은 먼저 접두사와 접미사의 여부를 확인하는 일이다. 모든 미완료에는 접두사가 반드시 붙으므로 접두사의 여부를 확인하는 일이 중요하다. 동사의 명령형과 부정사형, 그리고 분사형 중 다섯 유형(피엘, 푸알, 히트파엘, 히필, 호팔)은 미완료형의 모음을 따라가므로 완료형 보다는 미완료형을 잘 익혀야 한다. 동사를 분석할 때는 순서는 중요하지 않으나 다음의 내용이 모두 들어가야 한다.

1) 상-완료, 미완료, 분사, 명령, 부정사(연계형, 절대형)
   완료나 미완료의 경우 바브연속법의 여부를 표시해야 한다.
2) 인칭은 완료, 미완료에만 해당되고, 성과 수는 완료, 미완료, 분사, 명령에 해당된다.
3) 기본형-완료, 미완료, 분사, 명령, 부정사 모두 기본형을 찾아내야 사전을 보고 번역할 수 있게 된다.
4) 유형-칼, 니팔, 피엘, 푸알, 히트파엘, 히필, 호팔 중 한 유형을 찾아내야 한다.
5) 번역

28.2 완료

칼부터 호팔까지 완료 전체를 살펴보면 다음과 같다.

완료동사

인칭, 성, 수		칼	니팔	피엘	푸알	히트파엘	히필	호팔
3남단	הוּא	קָטַל	נִקְטַל	קִטֵּל	קֻטַּל	הִתְקַטֵּל	הִקְטִיל	הָקְטַל
3여단	הִיא	קָֽטְלָה	נִקְטְלָה	קִטְּלָה	קֻטְּלָה	הִתְקַטְּלָה	הִקְטִילָה	הָקְטְלָה
2남단	אַתָּה	קָטַלְתָּ	נִקְטַלְתָּ	קִטַּלְתָּ	קֻטַּלְתָּ	הִתְקַטַּלְתָּ	הִקְטַלְתָּ	הָקְטַלְתָּ
2여단	אַתְּ	קָטַלְתְּ	נִקְטַלְתְּ	קִטַּלְתְּ	קֻטַּלְתְּ	הִתְקַטַּלְתְּ	הִקְטַלְתְּ	הָקְטַלְתְּ
1단	אֲנִי	קָטַלְתִּי	נִקְטַלְתִּי	קִטַּלְתִּי	קֻטַּלְתִּי	הִתְקַטַּלְתִּי	הִקְטַלְתִּי	הָקְטַלְתִּי
3남복	הֵמָּה	קָֽטְלוּ	נִקְטְלוּ	קִטְּלוּ	קֻטְּלוּ	הִתְקַטְּלוּ	הִקְטִילוּ	הָקְטְלוּ
3여복	הֵנָּה							
2남복	אַתֶּם	קְטַלְתֶּם	נִקְטַלְתֶּם	קִטַּלְתֶּם	קֻטַּלְתֶּם	הִתְקַטַּלְתֶּם	הִקְטַלְתֶּם	הָקְטַלְתֶּם
2여복	אַתֶּן	קְטַלְתֶּן	נִקְטַלְתֶּן	קִטַּלְתֶּן	קֻטַּלְתֶּן	הִתְקַטַּלְתֶּן	הִקְטַלְתֶּן	הָקְטַלְתֶּן
1복	אֲנַחְנוּ	קָטַלְנוּ	נִקְטַלְנוּ	קִטַּלְנוּ	קֻטַּלְנוּ	הִתְקַטַּלְנוּ	הִקְטַלְנוּ	הָקְטַלְנוּ

① 동사의 기본형 뒤에 붙는 접미사는 7유형 모두 동일하다. 규칙동사 뿐 아니라 불규칙동사 뒤에 붙는 완료형 접미사는 모두 동일하다. 따라서 동사의 완료형 뒤에 붙는 접미사는 반드시 익히고 숙달시켜야 한다.

② 7유형 중 기본형 앞에 자음이 추가되는 경우는 니팔, 히트파엘, 히필, 호팔 네 유형이다. 니팔은 '니'(נִ), 히트파엘은 '히트'(הִתְ), 히필은 '히'(הִ), 호팔은 '호'(הָ), 혹은 '후'(הֻ)가 추가된다.

③ 7유형 중 칼, 피엘, 푸알 세 유형은 기본형 앞에 자음이 추가되지 않으므로 모음으로만 구별해야 하며 모두 제1자음에 붙는 모음을 관찰하면 되는데 칼은 '아' (ַ) 모음(가끔 '쉐바' 모음), 피엘은 '이' (ִ) 모음, 푸알은 '우' (ֻ) 모음이 붙는다.

28.3 미완료

미완료동사

인칭, 성, 수		칼	니팔	피엘	푸알	히트파엘	히필	호팔
3남단	הוּא	יִקְטֹל	יִקָּטֵל	יְקַטֵּל	יְקֻטַּל	יִתְקַטֵּל	יַקְטִיל	יָקְטַל
3여단	הִיא	תִּקְטֹל	תִּקָּטֵל	תְּקַטֵּל	תְּקֻטַּל	תִּתְקַטֵּל	תַּקְטִיל	תָּקְטַל
2남단	אַתָּה	תִּקְטֹל	תִּקָּטֵל	תְּקַטֵּל	תְּקֻטַּל	תִּתְקַטֵּל	תַּקְטִיל	תָּקְטַל
2여단	אַתְּ	תִּקְטְלִי	תִּקָּטְלִי	תְּקַטְּלִי	תְּקֻטְּלִי	תִּתְקַטְּלִי	תַּקְטִילִי	תָּקְטְלִי
1단	אֲנִי	אֶקְטֹל	אֶקָּטֵל	אֲקַטֵּל	אֲקֻטַּל	אֶתְקַטֵּל	אַקְטִיל	אָקְטַל
3남복	הֵמָּה	יִקְטְלוּ	יִקָּטְלוּ	יְקַטְּלוּ	יְקֻטְּלוּ	יִתְקַטְּלוּ	יַקְטִילוּ	יָקְטְלוּ
3여복	הֵנָּה	תִּקְטֹלְנָה	תִּקָּטַלְנָה	תְּקַטֵּלְנָה	תְּקֻטַּלְנָה	תִּתְקַטֵּלְנָה	תַּקְטֵלְנָה	תָּקְטַלְנָה
2남복	אַתֶּם	תִּקְטְלוּ	תִּקָּטְלוּ	תְּקַטְּלוּ	תְּקֻטְּלוּ	תִּתְקַטְּלוּ	תַּקְטִילוּ	תָּקְטְלוּ
2여복	אַתֶּן	תִּקְטֹלְנָה	תִּקָּטַלְנָה	תְּקַטֵּלְנָה	תְּקֻטַּלְנָה	תִּתְקַטֵּלְנָה	תַּקְטֵלְנָה	תָּקְטַלְנָה
1복	אֲנַחְנוּ	נִקְטֹל	נִקָּטֵל	נְקַטֵּל	נְקֻטַּל	נִתְקַטֵּל	נַקְטִיל	נָקְטַל

① 미완료형 동사의 기본형 앞에 붙는 접두사와 뒤에 붙는 접미사는 7유형 모두 동일하다. 규칙동사 뿐 아니라 불규칙동사에 붙는 미완료형 접두사와 접미사는 모두 동일

하므로 동사의 미완료형에 붙는 접두사와 접미사는 반드시 익히고 숙달시켜야 한다.

② 7유형 중 자음이 추가되는 경우는 히트파엘과 히필 두 개밖에 없으므로 완료보다는 미완료가 상대적으로 더 어렵다. 히트파엘은 두번째 자리(접두사 바로 뒤 자음)에 '트'(תְ) 자음이 추가되며 히필은 기본형 중 제2자음과 제3자음 사이에 '요드'(י) 가 추가된다.

③ 7유형 중 칼, 니팔, 피엘, 푸알, 호팔 5개 유형은 자음상으로는 차이가 없으므로 모음으로 구별해야 한다. 다음 힌트를 잘 익혀서 5개의 유형을 잘 구별하도록 하자.

가. 칼 미완료 - 7유형 중 칼이 약 70%로 가장 많이 등장하므로 칼 미완료에 붙는 모음은 외우도록 하자. 칼 미완료 3인칭단수는 'yiqtol' 이다. 그러므로 '미완료' 라는 명칭 대신에 'yiqtol' 이란 명칭이 사용되기도 한다.

나. 접두사에 붙는 모음을 통해 다음과 같이 1차 구별을 할 수 있다.
- i) 접두사에 '이'(ִ) 모음이 붙을 경우 - 칼 혹은 니팔
- ii) 접두사에 '쉐바'(ְ) 모음이 붙을 경우 - 피엘 혹은 푸알
- iii) 접두사에 '아'(ַ) 단모음이 붙을 경우 - 히필
- iv) 접두사에 '오'(ָ) 단모음이 붙을 경우 - 호팔

다. 니팔 미완료 - 니팔 미완료는 다음과 같은 세가지 힌트를 보고 결정할 수 있다.
- i) 접두사에 '이'(ִ) 모음이 붙는다.
- ii) 제1자음(접두사 바로 뒤의 자음)에 점(다게쉬)이 붙는다.
- iii) 제1자음의 모음이 장모음 '아'(ָ)이다.

라. 피엘 미완료 - 피엘 미완료는 다음 두가지 힌트를 보고 결정할 수 있다.
- i) 접두사에 '쉐바'(ְ) 모음이 붙는다.
- ii) 제1자음에 '아'(ַ) 단모음이 붙는다.

마. 푸알 미완료 - 푸알 미완료는 다음 두가지 힌트를 보고 결정할 수 있다.
- i) 접두사에 '쉐바'(ְ) 모음이 붙는다.
- ii) 제1자음에 '우'(ֻ) 모음이 붙는다.

28.4 기타형태들

기타형태들

	칼	니팔	피엘	푸알	히트파엘	히필	호팔
부정사연계	קְטֹל	הִקָּטֵל	קַטֵּל		הִתְקַטֵּל	הַקְטִיל	הָקְטַל
부정사절대	קָטוֹל	הִקָּטֹל נִקְטֹל	קַטֹּל	קֻטֹּל	הִתְקַטֵּל	הַקְטֵל	הָקְטֵל
명령	קְטֹל קִטְלִי קִטְלוּ קְטֹלְנָה	הִקָּטֵל הִקָּטְלִי הִקָּטְלוּ הִקָּטַלְנָה	קַטֵּל קַטְּלִי קַטְּלוּ קַטֵּלְנָה		הִתְקַטֵּל הִתְקַטְּלִי הִתְקַטְּלוּ הִתְקַטֵּלְנָה	הַקְטֵל הַקְטִילִי הַקְטִילוּ הַקְטֵלְנָה	
분사	קֹטֵל קֹטֶלֶת קֹטְלִים קֹטְלוֹת	נִקְטָל נִקְטֶלֶת נִקְטְלִים נִקְטְלוֹת	מְקַטֵּל מְקַטֶּלֶת מְקַטְּלִים מְקַטְּלוֹת	מְקֻטָּל מְקֻטֶּלֶת מְקֻטָּלִים מְקֻטָּלוֹת	מִתְקַטֵּל מִתְקַטֶּלֶת מִתְקַטְּלִים מִתְקַטְּלוֹת	מַקְטִיל מַקְטִילָה מַקְטִילִים מַקְטִילוֹת	מָקְטָל מָקְטָלָה מָקְטָלִים מָקְטָלוֹת
바브연속법	וַיִּקְטֹל	וַיִּקָּטֵל	וַיְקַטֵּל	וַיְקֻטַּל	וַיִּתְקַטֵּל	וַיַּקְטֵל	

① 푸알과 호팔 유형에서는 명령형이 없다.

② 칼과 피엘 명령형은 미완료형 2인칭에서 접두사를 제외하면 된다.

③ 니팔과 히필 명령형은 미완료형 2인칭에서 접두사가 있는 자리에 모음은 그대로 두고 접두사의 자음 대신에 자음 ה 를 넣고, 히트파엘은 הת 를 넣는다.

④ 칼과 니팔, 피엘, 히트파엘 유형에서는 부정사연계형과 명령형 남성단수 형태가 동일하다.

⑤ 칼과 니팔을 제외한 5개의 유형, 즉 피엘부터 호팔까지는 분사형이 자음 מ 으로 시작한다.

동사총연습

다음 동사들의 분해를 보기에 따라 해보라. (완료는 과거로, 미완료는 미래로, 분사는 '-하는 자/것'으로 번역하라.)

동사형태	유형, 상	인칭, 성, 수	기본형	번 역
שָׁמַרְתָּ	칼 완료	2남단	שׁמר	네가(남) 지켰다
עָמְדָה				
יִקְרְאוּ				
אָכַלְנוּ				
יִתְהַלֵּךְ				
לִמְצֹא				
יִשְׁמְעוּ				
מְשָׁרֵת				
יֵלַד				
שָׁמַעְתָּ				
תֹּאמַר				
הִלֵּל				
הִתְהַלְלוּ				
נִשְׁמְרָה				

동사형태	유형, 상	인칭, 성, 수	기본형	번 역
יַפְקִידוּ				
עִמְדוּ				
יְדַעְתֶּן				
יִמָּצֵא				
יַשְׁמִיעוּ				
אֹכֶלֶת				
מְהֻלָּל				
שְׁמַעְתִּיךָ				
וְזָרַקְתָּ				
לְהַשְׁמִידֵנוּ				
וַיְבַקְשֻׁהוּ				
יִשָּׁפֵךְ				
וַיְקַדְּשֵׁהוּ				
הָרְגוּ				
וְהִתְחַנַּנְתֶּם				

동사형태	유형, 상	인칭, 성, 수	기본형	번 역
נַשְׁכִּימָה				
נִמְכַּרְנוּ				
וְהִקְרִיבָהּ				

연습문제

❖ 다음 문장들을 번역하라.

(1) וַיְהִי יְהוָה אֶת־יְהוּדָה (삿 1:19)

(2) וַיִּכְתְּבֵם עַל־שְׁנֵי לֻחוֹת אֲבָנִים (신 4:13)

(3) בַּיּוֹם הַשְּׁמִינִי קָרָא מֹשֶׁה לְאַהֲרֹן וּלְבָנָיו וּלְזִקְנֵי יִשְׂרָאֵל (레 9:1)[1]

(4) אָמַר לָהֶם יְשַׁעְיָהוּ כֹּה תֹאמְרוּן אֶל־אֲדֹנֵיכֶם (왕하 19:6)[2]

(5) לֹא תִשְׁמְעוּ בְּקוֹל יְהוָה אֱלֹהֵיכֶם (신 8:20)

(6) קְרָאתִיךָ יְהוָה בְּכָל־יוֹם (시 88:10)

(7) וַיִּמְצָאָהּ מַלְאַךְ יְהוָה עַל־עֵין הַמַּיִם בַּמִּדְבָּר (창 16:7)

(8) נָתַן יְהוָה אֶת־לָכִישׁ בְּיַד יִשְׂרָאֵל וַיִּלְכְּדָהּ בַּיּוֹם הַשֵּׁנִי (수 10:32)

(9) וַיִּשְׁמַע שְׁמוּאֵל אֵת כָּל־דִּבְרֵי הָעָם וַיְדַבְּרֵם בְּאָזְנֵי יְהוָה (삼상 8:21)

(10) לָקַח מֹשֶׁה אֶת־אִשְׁתּוֹ וְאֶת־בָּנָיו וַיַּרְכִּבֵם עַל־הַחֲמֹר (출 4:20)

---

1) 동사 קָרָא 뒤에 전치사 לְ나 אֶל이 오면 직접목적어로 '~를 부르다'의 뜻이다.

2) 여기서 תֹּאמְרוּן은 칼 2인칭남성복수인데 단어 끝의 '눈'(ן)은 고대 형태의 흔적으로 동사를 강조하기 위한 것이었으나 형태만 남아 있고 그 역할은 사라졌다.

제29과 페-후음 동사

אָמַן	믿다(hi.)	סִיחוֹן	시혼
גְּרִזִים	그리심	רָעָב	기근
יוֹתָם	요담		

29.1 서론

10. 3항에서 언급한 대로 불규칙동사란 동사의 기본형 세 자음 중에 후음문자(א, ה, ח, ע)가 적어도 하나 이상 들어 있는 경우, 기본형 첫자음에 י 혹은 נ이 들어 있는 경우, 가운데 자음에 י 혹은 ו가 들어 있는 경우, 그리고 기본형 세 자음 중 둘째와 셋째가 동일한 경우의 동사를 말한다.

불규칙 동사의 유형은 다음과 같다:

(1) **페-후음동사** - 세 자음으로 구성된 동사의 기본형 어간 중 첫번째 자음이 후음인 동사를 말한다. 언급한 바와 같이 히브리어 문법학자들은 오랫동안 פָּעַל이란 동사로 문법설명을 해왔다. 따라서 세 자음 어간 중 פ는 첫번째 자음을 대표하고 ע은 두번째 자음, ל는 세번째 자음을 대표한다. 페-후음동사 중 특히 '알레프'로 시작되는 동사를 '페-알레프동사'(פ"א)로 부른다. 빈도수 1위(אמר, 5307회), 2위(היה, 3561회), 3위(עשה, 2621회)가 모두 페-후음동사에 속한다.

(2) **아인-후음동사** - 기본어간 중 두번째 자음이 후음인 동사를 말한다. 빈도수 7위(ראה, 1302회)와 55위(אהב, 203회)가 아인-후음동사에 속한다.

(3) **라메드-후음동사** - 기본어간 중 세번째 자음이 후음인 동사를 말한다. 특히 라메드-

후음동사 중 ה와 א으로 끝나는 동사를 각각 '라메드-헤동사', '라메드-알레프동사'라고 부른다. 라메드-후음동사 중 빈도수 2위(היה), 3위(עשה)가 '라메드-헤동사'이며 빈도수 4위(בוא, 2568회)가 '라메드-알레프동사'에 속한다.

(4) **페-요드동사**(פ"י) - 동사 어간 중 첫번째 자음이 י로 시작되는 동사를 말한다. 빈도수 10위(ישׁב), 11위(יצא), 14위(ידע)가 페-요드동사이다.

(5) **페-눈동사**(פ"נ) - 첫번째 자음이 נ으로 시작되는 동사이다. 빈도수 5위(נתן), 20위(נשׂא), 30위(נפל)가 페-눈동사이다.

(6) **아인-바브동사** (아인-요드동사) - 두번째 자음이 ו나 י인 동사를 말한다. 빈도수 4위(בוא), 12위(שׁוב), 21위(קום) 등이다.

(7) **아인-중복동사** - 동사 어간 중 두번째 자음과 세번째 자음이 동일한 동사를 말한다. 여기에 속하는 동사들은 빈도수가 높지 않다. 빈도수 80위(סבב, 돌다)와 87위(הלל, 자랑하다), 126위(רעע, 사악하다)가 있다.

불규칙동사 7가지는 서로 겹치는 경우도 많다. 예를 들어 빈도수 3위동사인 עשׂה는 두 자음이 불규칙으로 페-후음동사, 라메드-헤동사에 동시에 속한다. 이와같이 두 가지 이상 겹치게 되는 동사의 경우 규칙변화에서 좀 더 많은 변화를 하게 된다.

확률적으로만 계산해 본다면 성경 히브리어에 나타나는 모든 동사 중 규칙변화를 하는 동사들은 약 40%이며 불규칙변화를 하는 동사들은 약 60%이다. 그러나 실제로는 규칙변화 보다 불규칙변화가 훨씬 더 많이 출현한다는 것을 알 수 있는데 규칙변화는 빈도수 20위권 안에는 하나도 없으며 30위권 내에서 단 하나가 발견되며(שׁמר 지키다, 28위 - 468회 출현) 60위권 내에서는 6개(10%)만 발견될 뿐이다. 그러나 모든 불규칙변화들은 규칙변화에 그 기초를 두고 자음이나 모음 변화에 약간의 변화를 주기 때문에 규칙변화를 철저히 익힐 필요가 있다.

29.2 후음동사의 변화

후음이 들어간 동사는 페-후음동사, 아인-후음동사, 라메드-후음동사 세 가지로, 동사에서 후음이 들어가면 대부분 자음변화는 일어나지 않고 모음의 변화만 일어난다. 모음의 변화가 일어나는 이유는 후음이 인후에서 나오는 소리이므로 발음하기가 까다로워 발음을 좀 더 부드럽고 자연스럽게 해 주기 위해서이다. 복잡한 모음변화를 익히기 위해서는 다음과 같은 후음의 일반 법칙을 잘 알아둘 필요가 있다.

① 후음은 단순쉐바(ְ)를 취하는 경우가 간혹 있으나 일반적으로 단순쉐바(ְ)를 취하지 않는다.

예) דְּבָרִים ⇨ אֲדוֹנִים, יִהְיֶה

② 후음은 단순쉐바(ְ)를 취하는 대신에 합성쉐바(주로 ֲ)를 취한다.

예) כֹּתְבִים ⇨ אֹהֲבִים

③ 후음은 대개 자기 자신의 모음에 변화를 일으킬 뿐 아니라 그 앞에 있는 자음의 모음에도 변화를 일으킨다.

예) הִעְמִיד ⇨ הֶעֱמִיד

④ 후음은 대개 점(다게쉬)을 취할 수 없다.

예) הַמֶּלֶךְ ⇨ הָאִישׁ

⑤ 후음에 점을 취할 수 없는 경우 그에 따른 보상으로 장음화 현상이나 모음이 바뀌는 현상이 일어난다. 장음화 현상은 대개 동일한 모음에서 발생하며 모음이 바뀌는 현상은 대개 ‘이’(ִ) ⇨ ‘에’(ֵ), ‘우’(ֻ)⇨ ‘오’(ֹ)로 일어난다.

예) בִּקֵּשׁ ⇨ מֵאֵן, יְדֻבַּר ⇨ יְבֹרַךְ

29.3 페-후음 동사

페-후음동사는 기본형 세 자음 중 첫번째 자음이 후음인 동사를 말하는 것으로 다음과 같이 변화한다.

29.3.1 완료

인칭, 성, 수	칼			니팔	히필	호팔
3남단	עָמַד	חָזַק	אָמַר	נֶעֱבַד	הֶעֱמִיד	הָעֳמַד
3여단	עָֽמְדָה	חָֽזְקָה	אָֽמְרָה	נֶעֶבְדָה	הֶעֱמִידָה	הָעָמְדָה
2남단	עָמַדְתָּ	חָזַקְתָּ	אָמַרְתָּ	נֶעֱבַדְתָּ	הֶעֱמַדְתָּ	הָעֳמַדְתָּ
2여단	עָמַדְתְּ	חָזַקְתְּ	אָמַרְתְּ	נֶעֱבַדְתְּ	הֶעֱמַדְתְּ	הָעֳמַדְתְּ
1단	עָמַדְתִּי	חָזַקְתִּי	אָמַרְתִּי	נֶעֱבַדְתִּי	הֶעֱמַדְתִּי	הָעֳמַדְתִּי
3남복 3여복	עָֽמְדוּ	חָֽזְקוּ	אָֽמְרוּ	נֶעֶבְדוּ	הֶעֱמִידוּ	הָעָמְדוּ
2남복	עֲמַדְתֶּם	חֲזַקְתֶּם	אֲמַרְתֶּם	נֶעֱבַדְתֶּם	הֶעֱמַדְתֶּם	הָעֳמַדְתֶּם
2여복	עֲמַדְתֶּן	חֲזַקְתֶּן	אֲמַרְתֶּן	נֶעֱבַדְתֶּן	הֶעֱמַדְתֶּן	הָעֳמַדְתֶּן
1복	עָמַדְנוּ	חָזַקְנוּ	אָמַרְנוּ	נֶעֱבַדְנוּ	הֶעֱמַדְנוּ	הָעֳמַדְנוּ

① 니팔과 히필 완료형은 첫 자음의 모음이 '이'(ִ)에서 '에' (ֶ)로 변한다. 두번째 자음(제1자음)이 후음이므로 단순쉐바(ְ) 대신 합성쉐바 (ֱ)를 취하면서 그 합성쉐바에 어울리는 모음 '에'(ֱ)를 취하기 때문에 그렇게 변한 것이다.

נִעְבַד ⇨ נֶעֱבַד, הִעְמִיד ⇨ הֶעֱמִיד

② 니팔 완료형 3인칭여성단수에서 원래 הֶעֱבְדָה가 되어야 하는데 הֶעֶבְדָה가 된 것은 합성쉐바와 단순쉐바가 연속적으로 올 수 없기 때문에 즉 עֱבְ가 완전한 음절이 될 수 없기 때문에 ע의 모음이 합성쉐바에서 '쎄골'(ֶ)로 변한 것이다.

③ 호팔 완료형에서 두번째 자음은 단순쉐바를 취하는 대신 합성쉐바를 취하였는데 첫 자음에 붙는 모음에 맞추어 '오'(ֳ) 모음을 취하였다. 그러나 3인칭여성단수와 같이 강세가 종음절로 이동하면 합성쉐바가 아닌 '오'(ָ) 단모음을 취한다.

29.3.2 미완료

인칭, 성, 수	칼			니팔	히필	호팔
3남단	יַעֲמֹד	יֶחֱזַק	יֹאמַר	יֵעָבֵד	יַעֲמִיד	יָעֳמַד
3여단	תַּעֲמֹד	תֶּחֱזַק	תֹּאמַר	תֵּעָבֵד	תַּעֲמִיד	תָּעֳמַד
2남단	תַּעֲמֹד	תֶּחֱזַק	תֹּאמַר	תֵּעָבֵד	תַּעֲמִיד	תָּעֳמַד
2여단	תַּעַמְדִי	תֶּחֶזְקִי	תֹּאמְרִי	תֵּעָבְדִי	תַּעֲמִידִי	תָּעָמְדִי
1단	אֶעֱמֹד	אֶחֱזַק	אֹמַר	אֵעָבֵד	אַעֲמִיד	אָעֳמַד
3남복	יַעַמְדוּ	יֶחֶזְקוּ	יֹאמְרוּ	יֵעָבְדוּ	יַעֲמִידוּ	יָעָמְדוּ
3여복	תַּעֲמֹדְנָה	תֶּחֱזַקְנָה	תֹּאמַרְנָה	תֵּעָבַדְנָה	תַּעֲמֵדְנָה	תָּעֳמַדְנָה
2남복	תַּעַמְדוּ	תֶּחֶזְקוּ	תֹּאמְרוּ	תֵּעָבְדוּ	תַּעֲמִידוּ	תָּעָמְדוּ
2여복	תַּעֲמֹדְנָה	תֶּחֱזַקְנָה	תֹּאמַרְנָה	תֵּעָבַדְנָה	תַּעֲמֵדְנָה	תָּעֳמַדְנָה
1복	נַעֲמֹד	נֶחֱזַק	נֹאמַר	נֵעָבֵד	נַעֲמִיד	נָעֳמַד

① 칼 미완료형에서 첫 자음의 모음이 '이'(ִ)에서 '아'(ַ) 혹은 '에'(ֶ)로 변한다. 두 번째 자음(제1자음)이 후음이므로 단순쉐바를 취하는 대신 합성쉐바를 취하면서 그 합성쉐바에 어울리는 모음을 취하기 때문에 그렇게 변한 것이다.

יִעְמֹד ⇨ יַעֲמֹד, יִחְזַק ⇨ יֶחֱזַק

② 페-후음동사 중 특히 페-알레프동사 미완료 변화형에서 첫 음절의 모음이 '오'(ֹ)인 것을 유의하라. 또한 페-알레프동사 1인칭단수에서 א는 두 개가 아니라 אֹמַר와 같이 하나만 취한다.

③ 니팔 미완료형에서는 두번째 자음, 즉 동사의 제1자음이 후음이므로 점(다게쉬)를 취하지 못하는 대신 첫번째 자음의 모음을 '이'(ִ)에서 '에'(ֵ)로 변경시켜준다.

④ 히필과 호팔에서는 완료에서와 같이 후음인 두번째 자음이 단순쉐바가 아닌 합성쉐바를 취한다.

29.3.3 명령, 분사, 부정사, 바브연속법

		칼			니팔	히필	호팔
명령	남단	עֲמֹד	חֲזַק	אֱמֹר	הֵעָבֵד	הַעֲמֵד	
	여단	עִמְדִי	חִזְקִי	אִמְרִי	הֵעָבְדִי	הַעֲמִידִי	
	남복	עִמְדוּ	חִזְקוּ	אִמְרוּ	הֵעָבְדוּ	הַעֲמִידוּ	
	여복	עֲמֹדְנָה	חֲזַקְנָה	אֱמֹרְנָה	הֵעָבַדְנָה	הַעֲמֵדְנָה	
분사	능동	עֹמֵד	חָזֵק	אֹמֵר	נֶעֱבָד	מַעֲמִיד	
	수동	עָמוּד		אָמוּר			מָעֳמָד
부정사	연계형	עֲמֹד	חֲזֹק	אֱמֹר	הֵעָבֵד	הַעֲמִיד	
	절대형	עָמוֹד	חָזוֹק	אָמוֹר	נַעֲבֹד	הַעֲמֵד	
바브연속	미완료	וַיַּעֲמֹד	וַיֶּחֱזַק	וַיֹּאמֶר	וַיֵּעָבֶד	וַיַּעֲמֵד	וַיָּעֳמַד

① 명령, 부정사형은 미완료의 모음을 따라가므로 미완료에서의 변화형을 잘 익히면 모음 변화를 잘 파악할 수 있을 것이다.

② 칼 분사형은 규칙변화와 거의 흡사하고 니팔과 히필 분사에서도 후음의 일반 법칙을 따라 변화한다.

연습문제

❖ 다음 문장들을 번역하라.

(1) לֹא־הֶאֱמִין סִיחוֹן אֶת־יִשְׂרָאֵל (삿 11:20)

(2) לֹא תֹאכְלוּ מִכֹּל עֵץ הַגָּן (창 3:1)

(3) אָמְרוּ כָל־הָעָם אֶל־שְׁמוּאֵל הִתְפַּלֵּל בְּעַד־עֲבָדֶיךָ אֶל־יְהוָה אֱלֹהֶיךָ
(삼상 12:19)

(4) וַיַּעֲמֹד יוֹתָם בְּרֹאשׁ הַר־גְּרִזִים (삿 9:7)

(5) וַיַּאֲמִינוּ אַנְשֵׁי נִינְוֵה בֵּאלֹהִים (욘 3:5)

(6) וַיַּעֲבֹד יַעֲקֹב עִמּוֹ עוֹד שֶׁבַע־שָׁנִים אֲחֵרוֹת (창 29:30)

(7) לֹא תָעָבְדֵם כִּי אָנֹכִי יְהוָה אֱלֹהֶיךָ (신 5:9)

(8) הַמָּקוֹם אֲשֶׁר אַתָּה עוֹמֵד עָלָיו אַדְמַת־קֹדֶשׁ הוּא (출 3:5)

(9) וּבַדָּבָר הַזֶּה אֵינְכֶם מַאֲמִינִם בַּיהוָה אֱלֹהֵיכֶם (신 1:32)

(10) וַיֶּחֱזַק הָרָעָב בָּעִיר וְלֹא־הָיָה לֶחֶם לְעַם הָאָרֶץ (렘 52:6)

제 30 과 아인-후음동사

גִּלְעָד	길르앗	קֵינִי	겐 사람
יִפְתָּח	입다	שָׁאַל	묻다
צִיּוֹן	시온		

아인-후음동사란 기본어간 중 제2자음이 후음인 동사를 말한다. 아인-후음동사의 변화는 다음과 같다.

30.1 완료

인칭, 성, 수	칼	니팔	피엘	푸알	히트파엘
3남단	בָּחַר	נִבְחַר	בֵּרֵךְ	בֹּרַךְ	הִתְבָּרֵךְ
3여단	בָּחֲרָה	נִבְחֲרָה	בֵּרֲכָה	בֹּרְכָה	הִתְבָּרֲכָה
2남단	בָּחַרְתָּ	נִבְחַרְתָּ	בֵּרַכְתָּ	בֹּרַכְתָּ	הִתְבָּרַכְתָּ
2여단	בָּחַרְתְּ	נִבְחַרְתְּ	בֵּרַכְתְּ	בֹּרַכְתְּ	הִתְבָּרַכְתְּ
1단	בָּחַרְתִּי	נִבְחַרְתִּי	בֵּרַכְתִּי	בֹּרַכְתִּי	הִתְבָּרַכְתִּי
3남복 3여복	בָּחֲרוּ	נִבְחֲרוּ	בֵּרֲכוּ	בֹּרְכוּ	הִתְבָּרֲכוּ
2남복	בָּחַרְתֶּם	נִבְחַרְתֶּם	בֵּרַכְתֶּם	בֹּרַכְתֶּם	הִתְבָּרַכְתֶּם
2여복	בָּחַרְתֶּן	נִבְחַרְתֶּן	בֵּרַכְתֶּן	בֹּרַכְתֶּן	הִתְבָּרַכְתֶּן
1복	בָּחַרְנוּ	נִבְחַרְנוּ	בֵּרַכְנוּ	בֹּרַכְנוּ	הִתְבָּרַכְנוּ

① 피엘, 푸알 유형에서 제2자음에 점을 취할 수 없으므로 제1자음의 모음이 변하는데 피엘의 경우 ‘이’(ִ)에서 ‘에’(ֵ)로 변하며 푸알은 ‘우’(ֻ)에서 ‘오’(ֹ)로 변한다.

예) בִּרֵּךְ ⇨ בֵּרֵךְ, בֻּרַּךְ ⇨ בֹּרַךְ

② 히트파엘 유형 역시 제2자음에 점을 취할 없는데 제1자음의 모음이 단모음(ַ)에서 장모음(ָ)으로 변한다.

예) הִתְבַּרֵּךְ ⇨ הִתְבָּרֵךְ

30.2 미완료

인칭, 성, 수	칼	니팔	피엘	푸알	히트파엘
3남단	יִבְחַר	יִבָּחֵר	יְבָרֵךְ	יְבֹרַךְ	יִתְבָּרֵךְ
3여단	תִּבְחַר	תִּבָּחֵר	תְּבָרֵךְ	תְּבֹרַךְ	תִּתְבָּרֵךְ
2남단	תִּבְחַר	תִּבָּחֵר	תְּבָרֵךְ	תְּבֹרַךְ	תִּתְבָּרֵךְ
2여단	תִּבְחֲרִי	תִּבָּחֲרִי	תְּבָרֲכִי	תְּבֹרְכִי	תִּתְבָּרֲכִי
1단	אֶבְחַר	אֶבָּחֵר	אֲבָרֵךְ	אֲבֹרַךְ	אֶתְבָּרֵךְ
3남복	יִבְחֲרוּ	יִבָּחֲרוּ	יְבָרֲכוּ	יְבֹרְכוּ	יִתְבָּרֲכוּ
3여복	תִּבְחַרְנָה	תִּבָּחַרְנָה	תְּבָרַכְנָה	תְּבֹרַכְנָה	תִּתְבָּרַכְנָה
2남복	תִּבְחֲרוּ	תִּבָּחֲרוּ	תְּבָרֲכוּ	תְּבֹרְכוּ	תִּתְבָּרֲכוּ
2여복	תִּבְחַרְנָה	תִּבָּחַרְנָה	תְּבָרַכְנָה	תְּבֹרַכְנָה	תִּתְבָּרַכְנָה
1복	נִבְחַר	נִבָּחֵר	נְבָרֵךְ	נְבֹרַךְ	נִתְבָּרֵךְ

① 칼 미완료형에서 후음자리의 모음이 '오'(ֹ)에서 '아'(ַ)로 변한다.

예) יִבְחֹר ⇨ יִבְחַר

② 피엘, 푸알, 히트파엘 미완료형에서 후음자리에 점을 취할 수 없으므로 피엘과 히트파엘 미완료형에서는 장음화 현상이 일어나며, 푸알에서는 '우'(ֻ)에서 '오'(ֹ)로의 모음변화가 일어난다.

예) יְבַרֵּךְ ⇨ יְבָרֵךְ הִתְבַּרֵּךְ ⇨ הִתְבָּרֵךְ

יְבֻרַּךְ ⇨ יְבֹרַךְ

30.3 명령, 분사, 부정사, 바브연속법

		칼	니팔	피엘	푸알	히트파엘
명령	남단	בְּחַר	הִבָּחֵר	בָּרֵךְ		הִתְבָּרֵךְ
	여단	בַּחֲרִי	הִבָּחֲרִי	בָּרְכִי		הִתְבָּרֲכִי
	남복	בַּחֲרוּ	הִבָּחֲרוּ	בָּרְכוּ		הִתְבָּרֲכוּ
	여복	בְּחַרְנָה	הִבָּחַרְנָה	בָּרֵכְנָה		הִתְבָּרַכְנָה
분사	능동	בֹּחֵר	נִבְחָר	מְבָרֵךְ		מִתְבָּרֵךְ
	수동	בָּחוּר			מְבֹרַךְ	
부정사	연계형	בְּחֹר	הִבָּחֵר	בָּרֵךְ		הִתְבָּרֵךְ
	절대형	בָּחוֹר	נִבְחוֹר	בָּרֵךְ		הִתְבָּרֵךְ
바브연속	미완료	וַיִּבְחַר	וַיִּבָּחֵר	וַיְבָרֶךְ	וַיְבֹרַךְ	וַיִּתְבָּרֵךְ

아인-후음 동사의 명령, 분사, 부정사, 바브연속법 형태는 후음의 일반 법칙 내에서 움직이므로 완료와 미완료에서 형태의 변화를 잘 살펴본다면 이곳에서도 큰 어려움 없이 파악할 수 있다.

연습문제

❖ 다음 문장들을 번역하라.

(1) יְהוָה בֵּרַךְ אֶת־עַמּוֹ (대하 31:10)

(2) וַיֹּאמֶר מֹשֶׁה אֶל־יְהוֹשֻׁעַ בְּחַר־לָנוּ אֲנָשִׁים (출 17:9)

(3) וַיִּשְׁאֲלוּ אַנְשֵׁי הַמָּקוֹם לְאִשְׁתּוֹ וַיֹּאמֶר אֲחֹתִי הִוא (창 26:7)

(4) יְהוָה אֱלֹהֵי יִשְׂרָאֵל נִלְחָם לְיִשְׂרָאֵל (수 10:42)

(5) וְשֵׁרֵת בְּשֵׁם יְהוָה אֱלֹהָיו כְּכָל־אֶחָיו הַלְוִיִּם הָעֹמְדִים שָׁם לִפְנֵי יְהוָה
(신 18:7)

(6) תְּבֹרַךְ מִנָּשִׁים יָעֵל אֵשֶׁת חֶבֶר הַקֵּינִי (삿 5:24)[1]

(7) וַיִּבְחַר אֶת־שֵׁבֶט יְהוּדָה אֶת־הַר צִיּוֹן (시 78:68)

(8) וַיֹּאמֶר הַמֶּלֶךְ שְׁאַל אַתָּה בֶּן־מִי־זֶה (삼상 17:56)

(9) וַיִּקְבֹּץ יִפְתָּח אֶת־כָּל־אַנְשֵׁי גִלְעָד וַיִּלָּחֶם אֶת־אֶפְרָיִם (삿 12:4)[2]

(10) הַנַּעַר הָיָה מְשָׁרֵת אֶת־יְהוָה אֶת־פְּנֵי עֵלִי הַכֹּהֵן (삼상 2:11)[3]

---

1) יָעֵל 야엘, חֶבֶר 헤벨
2) אֶפְרָיִם 에브라임
3) עֵלִי 엘리

제 31 과 라메드-후음(הּ, ח, ע) 동사

אֵלִיָּה	엘리야	עַד	영원
בָּטַח	신뢰하다	צוּר	반석
גֶּבֶר	남자, 사람	רֶכֶב	병거

라메드-후음동사란 기본어간 중 세번째 자음이 후음인 동사를 말하며 특히 라메드-후음동사 중 ה와 א으로 끝나는 동사를 각각 '라메드-헤동사', '라메드-알레프동사'라고 부른다. 라메드-후음동사 중 '라메드-헤동사'와 '라메드-알레프동사'를 제외한 라메드-후음(הּ, ח, ע)동사의 변화형은 다음과 같다.

31.1 완료

인칭, 성, 수	칼	니팔	피엘	푸알	히트파엘	히필	호팔
3남단	שָׁלַח	נִשְׁלַח	שִׁלַּח	שֻׁלַּח	הִשְׁתַּלַּח	הִשְׁלִיחַ	הָשְׁלַח
3여단	שָֽׁלְחָה	נִשְׁלְחָה	שִׁלְּחָה	שֻׁלְּחָה	הִשְׁתַּלְּחָה	הִשְׁלִיחָה	הָשְׁלְחָה
2남단	שָׁלַחְתָּ	נִשְׁלַחְתָּ	שִׁלַּחְתָּ	שֻׁלַּחְתָּ	הִשְׁתַּלַּחְתָּ	הִשְׁלַחְתָּ	הָשְׁלַחְתָּ
2여단	שָׁלַחַתְּ	נִשְׁלַחַתְּ	שִׁלַּחַתְּ	שֻׁלַּחַתְּ	הִשְׁתַּלַּחַתְּ	הִשְׁלַחַתְּ	הָשְׁלַחַתְּ
1단	שָׁלַחְתִּי	נִשְׁלַחְתִּי	שִׁלַּחְתִּי	שֻׁלַּחְתִּי	הִשְׁתַּלַּחְתִּי	הִשְׁלַחְתִּי	הָשְׁלַחְתִּי
3남복 3여복	שָֽׁלְחוּ	נִשְׁלְחוּ	שִׁלְּחוּ	שֻׁלְּחוּ	הִשְׁתַּלְּחוּ	הִשְׁלִיחוּ	הָשְׁלְחוּ
2남복	שְׁלַחְתֶּם	נִשְׁלַחְתֶּם	שִׁלַּחְתֶּם	שֻׁלַּחְתֶּם	הִשְׁתַּלַּחְתֶּם	הִשְׁלַחְתֶּם	הָשְׁלַחְתֶּם
2여복	שְׁלַחְתֶּן	נִשְׁלַחְתֶּן	שִׁלַּחְתֶּן	שֻׁלַּחְתֶּן	הִשְׁתַּלַּחְתֶּן	הִשְׁלַחְתֶּן	הָשְׁלַחְתֶּן
1복	שָׁלַחְנוּ	נִשְׁלַחְנוּ	שִׁלַּחְנוּ	שֻׁלַּחְנוּ	הִשְׁתַּלַּחְנוּ	הִשְׁלַחְנוּ	הָשְׁלַחְנוּ

① 피엘과 히트파엘 3인칭남성단수의 제2자음에서 '에'(̤) 대신 '아'(̠)를 취한다.

예) שִׁלֵּחַ ⇨ שִׁלַּח, הִשְׁתַּלֵּחַ ⇨ הִשְׁתַּלַּח

31.2 미완료, 명령, 분사, 부정사, 바브연속법

인칭, 성, 수		칼	니팔	피엘	푸알	히트파엘	히필	호팔
미완료	3남단	יִשְׁלַח	יִשָּׁלַח	יְשַׁלַּח	יְשֻׁלַּח	יִשְׁתַּלַּח	יַשְׁלִיחַ	יָשְׁלַח
	3여단	תִּשְׁלַח	תִּשָּׁלַח	תְּשַׁלַּח	תְּשֻׁלַּח	תִּשְׁתַּלַּח	תַּשְׁלִיחַ	תָּשְׁלַח
	2남단	תִּשְׁלַח	תִּשָּׁלַח	תְּשַׁלַּח	תְּשֻׁלַּח	תִּשְׁתַּלַּח	תַּשְׁלִיחַ	תָּשְׁלַח
	2여단	תִּשְׁלְחִי	תִּשָּׁלְחִי	תְּשַׁלְּחִי	תְּשֻׁלְּחִי	תִּשְׁתַּלְּחִי	תַּשְׁלִיחִי	תָּשְׁלְחִי
	1단	אֶשְׁלַח	אֶשָּׁלַח	אֲשַׁלַּח	אֲשֻׁלַּח	אֶשְׁתַּלַּח	אַשְׁלִיחַ	אָשְׁלַח
	3남복	יִשְׁלְחוּ	יִשָּׁלְחוּ	יְשַׁלְּחוּ	יְשֻׁלְּחוּ	יִשְׁתַּלְּחוּ	יַשְׁלִיחוּ	יָשְׁלְחוּ
	3여복	תִּשְׁלַחְנָה	תִּשָּׁלַחְנָה	תְּשַׁלַּחְנָה	תְּשֻׁלַּחְנָה	תִּשְׁתַּלַּחְנָה	תַּשְׁלַחְנָה	תָּשְׁלַחְנָה
	2남복	תִּשְׁלְחוּ	תִּשָּׁלְחוּ	תְּשַׁלְּחוּ	תְּשֻׁלְּחוּ	תִּשְׁתַּלְּחוּ	תַּשְׁלִיחוּ	תָּשְׁלְחוּ
	2여복	תִּשְׁלַחְנָה	תִּשָּׁלַחְנָה	תְּשַׁלַּחְנָה	תְּשֻׁלַּחְנָה	תִּשְׁתַּלַּחְנָה	תַּשְׁלַחְנָה	תָּשְׁלַחְנָה
	1복	נִשְׁלַח	נִשָּׁלַח	נְשַׁלַּח	נְשֻׁלַּח	נִשְׁתַּלַּח	נַשְׁלִיחַ	נָשְׁלַח
명령	남단	שְׁלַח	הִשָּׁלַח	שַׁלַּח		הִשְׁתַּלַּח	הַשְׁלַח	
	여단	שִׁלְחִי	הִשָּׁלְחִי	שַׁלְּחִי		הִשְׁתַּלְּחִי	הַשְׁלִיחִי	
	남복	שִׁלְחוּ	הִשָּׁלְחוּ	שַׁלְּחוּ		הִשְׁתַּלְּחוּ	הַשְׁלִיחוּ	
	여복	שְׁלַחְנָה	הִשָּׁלַחְנָה	שַׁלַּחְנָה		הִשְׁתַּלַּחְנָה	הַשְׁלַחְנָה	
분사	능동	שֹׁלֵחַ	נִשְׁלָח	מְשַׁלֵּחַ		מִשְׁתַּלֵּחַ	מַשְׁלִיחַ	
	수동	שָׁלוּחַ			מְשֻׁלָּח			מָשְׁלָח
부정사	연계형	שְׁלֹחַ	הִשָּׁלַח	שַׁלַּח		הִשְׁתַּלַּח	הַשְׁלִיחַ	
	절대형	שָׁלוֹחַ	נִשְׁלֹחַ	שַׁלֵּחַ		הִשְׁתַּלַּח	הַשְׁלֵחַ	
바브연속	미완료	וַיִּשְׁלַח	וַיִּשָּׁלַח	וַיְשַׁלַּח	וַיְשֻׁלַּח	וַיִּשְׁתַּלַּח	וַיַּשְׁלַח	וַיָּשְׁלַח

① 칼 미완료형에서 후음자리의 앞 모음이 '오'(̇)에서 '아'(̠)로 변한다

예) יִשְׁלֹח ⇨ יִשְׁלַח

② 니팔, 피엘, 히트파엘 미완료형, 명령, 부정사 연계형에서는 후음자리의 앞 모음이 '에'(̤)에서 '아'(̠)로 변한다

예) יִשָּׁלֵח ⇨ יִשָּׁלַח, הִשָּׁלֵח ⇨ הִשָּׁלַח

연습문제

❖ 다음 문장들을 번역하라.

(1) שְׁמַע יִשְׂרָאֵל יְהוָה אֱלֹהֵינוּ יְהוָה אֶחָד (신 6:4)

(2) וַיִּשְׁלַח יַעֲקֹב מַלְאָכִים לְפָנָיו אֶל־עֵשָׂו אָחִיו (창 32:4)

(3) בָּרוּךְ הַגֶּבֶר אֲשֶׁר יִבְטַח בַּיהוָה (렘 17:7)

(4) וַיִּשְׁמַע פַּרְעֹה אֶת־הַדָּבָר הַזֶּה וַיְבַקֵּשׁ לַהֲרֹג אֶת־מֹשֶׁה וַיִּבְרַח מֹשֶׁה מִפְּנֵי פַּרְעֹה (출 2:15)

(5) הִנֵּה אָנֹכִי שֹׁלֵחַ לָכֶם אֵת אֵלִיָּה הַנָּבִיא (말 3:23)

(6) אֲדֹנָי הִשְׁמִיעַ אֶת־מַחֲנֵה אֲרָם קוֹל רֶכֶב קוֹל סוּס (왕하 7:6)

(7) וַיָּקָם דָּוִד וַיִּבְרַח בַּיּוֹם־הַהוּא מִפְּנֵי שָׁאוּל (삼하 21:11)

(8) בִּטְחוּ בַיהוָה עֲדֵי־עַד כִּי בְּיָהּ יְהוָה צוּר עוֹלָמִים (사 26:4)

(9) וַיִּשְׁלַח אַבְשָׁלוֹם אֶל־יוֹאָב לִשְׁלֹחַ אֹתוֹ אֶל־הַמֶּלֶךְ (삼하 14:29)

(10) וַיִּשְׁמַע הָעָם אֶת־הַדָּבָר הָרָע הַזֶּה (출 33:4)

제 32 과 라메드-알레프 동사

בָּרָא	창조하다	קַיִן	가인
צֶלֶם	형상		

라메드-알레프동사란 기본어간 중 세번째 자음이 알레프인 동사를 말하며 변화형은 다음과 같다.

32.1 완료

인칭, 성, 수	칼	니팔	피엘	푸알	히트파엘	히필	호팔
3남단	מָצָא	נִמְצָא	מִלֵּא	מֻלָּא	הִתְמַלֵּא	הִמְצִיא	הֻמְצָא
3여단	מָֽצְאָה	נִמְצְאָה	מִלְּאָה	מֻלְּאָה	הִתְמַלְּאָה	הִמְצִיאָה	הֻמְצְאָה
2남단	מָצָאתָ	נִמְצֵאתָ	מִלֵּאתָ	מֻלֵּאתָ	הִתְמַלֵּאתָ	הִמְצֵאתָ	הֻמְצֵאתָ
2여단	מָצָאת	נִמְצֵאת	מִלֵּאת	מֻלֵּאת	הִתְמַלֵּאת	הִמְצֵאת	הֻמְצֵאת
1단	מָצָאתִי	נִמְצֵאתִי	מִלֵּאתִי	מֻלֵּאתִי	הִתְמַלֵּאתִי	הִמְצֵאתִי	הֻמְצֵאתִי
3남복 3여복	מָֽצְאוּ	נִמְצְאוּ	מִלְּאוּ	מֻלְּאוּ	הִתְמַלְּאוּ	הִמְצִיאוּ	הֻמְצְאוּ
2남복	מְצָאתֶם	נִמְצֵאתֶם	מִלֵּאתֶם	מֻלֵּאתֶם	הִתְמַלֵּאתֶם	הִמְצֵאתֶם	הֻמְצֵאתֶם
2여복	מְצָאתֶן	נִמְצֵאתֶן	מִלֵּאתֶן	מֻלֵּאתֶן	הִתְמַלֵּאתֶן	הִמְצֵאתֶן	הֻמְצֵאתֶן
1복	מָצָאנוּ	נִמְצֵאנוּ	מִלֵּאנוּ	מֻלֵּאנוּ	הִתְמַלֵּאנוּ	הִמְצֵאנוּ	הֻמְצֵאנוּ

① 자음 알레프는 그 직전 모음이 a모음일 때 장음화된다. 따라서 규칙동사에서 단모음(ַ)을 취하는 자리에서 장모음(ָ)을 취한다.

예) מָצַא ⇨ מָצָא , נִמְצַא ⇨ נִמְצָא

② 니팔, 피엘, 히트파엘, 히필 1인칭과 2인칭에서 알레프 직전 모음이 '아'(ַ)에서 '에'(ֵ)으로 변한다.

예) נִמְצַאתָ ⇨ נִמְצֵאתָ , הִמְצַאנוּ ⇨ הִמְצֵאנוּ

32.2 미완료, 명령, 분사, 부정사, 바브연속법

인칭, 성, 수		칼	니팔	피엘	푸알	히트파엘	히필	호팔
미완료	3남단	יִמְצָא	יִמָּצֵא	יְמַלֵּא	יְמֻלָּא	יִתְמַלֵּא	יַמְצִיא	יֻמְצָא
	3여단	תִּמְצָא	תִּמָּצֵא	תְּמַלֵּא	תְּמֻלָּא	תִּתְמַלֵּא	תַּמְצִיא	תֻּמְצָא
	2남단	תִּמְצָא	תִּמָּצֵא	תְּמַלֵּא	תְּמֻלָּא	תִּתְמַלֵּא	תַּמְצִיא	תֻּמְצָא
	2여단	תִּמְצְאִי	תִּמָּצְאִי	תְּמַלְּאִי	תְּמֻלְּאִי	תִּתְמַלְּאִי	תַּמְצִיאִי	תֻּמְצְאִי
	1단	אֶמְצָא	אֶמָּצֵא	אֲמַלֵּא	אֲמֻלָּא	אֶתְמַלֵּא	אַמְצִיא	אֻמְצָא
	3남복	יִמְצְאוּ	יִמָּצְאוּ	יְמַלְּאוּ	יְמֻלְּאוּ	יִתְמַלְּאוּ	יַמְצִיאוּ	יֻמְצְאוּ
	3여복	תִּמְצֶאנָה	תִּמָּצֶאנָה	תְּמַלֶּאנָה	תְּמֻלֶּאנָה	תִּתְמַלֶּאנָה	תַּמְצֶאנָה	תֻּמְצֶאנָה
	2남복	תִּמְצְאוּ	תִּמָּצְאוּ	תְּמַלְּאוּ	תְּמֻלְּאוּ	תִּתְמַלְּאוּ	תַּמְצִיאוּ	תֻּמְצְאוּ
	2여복	תִּמְצֶאנָה	תִּמָּצֶאנָה	תְּמַלֶּאנָה	תְּמֻלֶּאנָה	תִּתְמַלֶּאנָה	תַּמְצֶאנָה	תֻּמְצֶאנָה
	1복	נִמְצָא	נִמָּצֵא	נְמַלֵּא	נְמֻלָּא	נִתְמַלֵּא	נַמְצִיא	נֻמְצָא
명령	남단	מְצָא	הִמָּצֵא	מַלֵּא		הִתְמַלֵּא	הַמְצֵא	
	여단	מִצְאִי	הִמָּצְאִי	מַלְּאִי		הִתְמַלְּאִי	הַמְצִיאִי	
	남복	מִצְאוּ	הִמָּצְאוּ	מַלְּאוּ		הִתְמַלְּאוּ	הַמְצִיאוּ	
	여복	מְצֶאנָה	הִמָּצֶאנָה	מַלֶּאנָה		הִתְמַלֶּאנָה	הַמְצֶאנָה	
분사	능동	מֹצֵא	נִמְצָא	מְמַלֵּא		מִתְמַלֵּא	מַמְצִיא	
	수동	מָצוּא			מְמֻלָּא			מֻמְצָא
부정사	연계형	מְצֹא	הִמָּצֵא	מַלֵּא		הִתְמַלֵּא	הַמְצִיא	
	절대형	מָצוֹא	נִמְצֹא	מַלֹּא		הִתְמַלֵּא	הַמְצֵא	
바브연속	미완료	וַיִּמְצָא	וַיִּמָּצֵא	וַיְמַלֵּא	וַיְמֻלָּא	וַיִּתְמַלֵּא	וַיַּמְצֵא	וַיֻּמְצָא

① 완료에서와 같이 자음 알레프는 그 직전 모음이 a 모음일 때 장음화된다.

예) תִּמְצַא ⇨ תִּמְצָא, אֲמֻלַּא ⇨ אֲמֻלָּא

연습문제

❖ 다음 문장들을 번역하라.

(1) וַיִּקְרָא קַיִן שֵׁם הָעִיר כְּשֵׁם בְּנוֹ חֲנוֹךְ (창 4:17)[1]

(2) רָעָה לֹא־תִמָּצֵא בְךָ מִיָּמֶיךָ (삼상 25:28)

(3) וַיֹּאמֶר פַּרְעֹה חָטָאתִי לַיהוָה אֱלֹהֵיכֶם וְלָכֶם (출 10:16)

(4) אֲנִי יְהוָה קְדוֹשְׁכֶם בּוֹרֵא יִשְׂרָאֵל מַלְכְּכֶם (사 43:15)

(5) הִנֵּה מָלֵא כְבוֹד־יְהוָה אֶת־בֵּית יְהוָה (겔 44:4)

(6) וַיִּשְׁלַח הַמֶּלֶךְ לִקְרֹא אֶת־אֲחִימֶלֶךְ בֶּן־אֲחִיטוּב הַכֹּהֵן (삼상 22:11)[2]

(7) וַיִּבְרָא אֱלֹהִים אֶת־הָאָדָם בְּצַלְמוֹ בְּצֶלֶם אֱלֹהִים בָּרָא אֹתוֹ (창 1:27)

(8) לֹא תַחֲטִיא אֶת־הָאָרֶץ אֲשֶׁר יְהוָה אֱלֹהֶיךָ נֹתֵן לְךָ (신 24:4)

(9) לֹא שְׁלֹמֹה מִלֵּא אַחֲרֵי יְהוָה כְּדָוִד אָבִיו (왕상 11:6)

---

1) חֲנוֹךְ 에녹

2) אֲחִימֶלֶךְ 아히멜렉 אֲחִיטוּב 아히둡

제 33 과 라메드-헤 동사

בָּנָה	집을 짓다	דְּמוּת	모양
בֵּרַךְ	축복하다(pi.)	עָנָה	대답하다
גָּלָה	드러내다	שָׁתָה	마시다

라메드-헤동사란 기본어간 중 세번째 자음이 헤인 동사를 말하며 변화형은 다음과 같다.

33.1 완료

인칭, 성, 수	칼	니팔	피엘	푸알	히트파엘	히필	호팔
3남단	גָּלָה	נִגְלָה	גִּלָּה	גֻּלָּה	הִתְגַּלָּה	הִגְלָה	הָגְלָה
3여단	גָּלְתָה	נִגְלְתָה	גִּלְּתָה	גֻּלְּתָה	הִתְגַּלְּתָה	הִגְלְתָה	הָגְלְתָה
2남단	גָּלִיתָ	נִגְלֵיתָ	גִּלִּיתָ	גֻּלֵּיתָ	הִתְגַּלִּיתָ	הִגְלִיתָ	הָגְלִיתָ
2여단	גָּלִית	נִגְלֵית	גִּלִּית	גֻּלֵּית	הִתְגַּלִּית	הִגְלִית	הָגְלִית
1단	גָּלִיתִי	נִגְלֵיתִי	גִּלִּיתִי	גֻּלֵּיתִי	הִתְגַּלִּיתִי	הִגְלֵיתִי	הָגְלֵיתִי
3남복 3여복	גָּלוּ	נִגְלוּ	גִּלּוּ	גֻּלּוּ	הִתְגַּלּוּ	הִגְלוּ	הָגְלוּ
2남복	גָּלִיתֶם	נִגְלֵיתֶם	גִּלִּיתֶם	גֻּלֵּיתֶם	הִתְגַּלִּיתֶם	הִגְלִיתֶם	הָגְלִיתֶם
2여복	גָּלִיתֶן	נִגְלֵיתֶן	גִּלִּיתֶן	גֻּלֵּיתֶן	הִתְגַּלִּיתֶן	הִגְלִיתֶן	הָגְלִיתֶן
1복	גָּלִינוּ	נִגְלֵינוּ	גִּלִּינוּ	גֻּלֵּינוּ	הִתְגַּלִּינוּ	הִגְלֵינוּ	הָגְלֵינוּ

동사의 모든 유형에서 다음 세 가지를 유의하면 된다.

① 1인칭과 2인칭의 경우(단수, 복수 모두) 세번째 자음의 ה가 י로 바뀐다. 이것은 대부분의 라메드-헤동사에서 세번째 자음 ה는 원래의 어원이 아니라 י가 원래의 어원이기 때문이다.

예) גָּלַהְתָּ ⇨ גָּלִיתָ, גִּלַּהְתִּי ⇨ גִּלִּיתִי, הִתְגַּלַּהְתֶּם ⇨ הִתְגַּלִּיתֶם

② 3인칭여성단수의 경우 세번째 자음의 ה가 ת로 바뀐다.

예) גָּלְהָה ⇨ גָּלְתָה, הָגְלְהָה ⇨ הָגְלְתָה

③ 3인칭복수의 경우 세번째 자음인 ה가 사라진다.

예) גָּלְהוּ ⇨ גָּלוּ, נִגְלְהוּ ⇨ נִגְלוּ

33.2 미완료, 명령, 분사, 부정사, 바브연속법

인칭, 성, 수		칼	니팔	피엘	푸알	히트파엘	히필	호팔
미완료	3남단	יִגְלֶה	יִגָּלֶה	יְגַלֶּה	יְגֻלֶּה	יִתְגַּלֶּה	יַגְלֶה	יָגְלֶה
	3여단	תִּגְלֶה	תִּגָּלֶה	תְּגַלֶּה	תְּגֻלֶּה	תִּתְגַּלֶּה	תַּגְלֶה	תָּגְלֶה
	2남단	תִּגְלֶה	תִּגָּלֶה	תְּגַלֶּה	תְּגֻלֶּה	תִּתְגַּלֶּה	תַּגְלֶה	תָּגְלֶה
	2여단	תִּגְלִי	תִּגָּלִי	תְּגַלִּי	תְּגֻלִּי	תִּתְגַּלִּי	תַּגְלִי	תָּגְלִי
	1단	אֶגְלֶה	אֶגָּלֶה	אֲגַלֶּה	אֲגֻלֶּה	אֶתְגַּלֶּה	אַגְלֶה	אָגְלֶה
	3남복	יִגְלוּ	יִגָּלוּ	יְגַלּוּ	יְגֻלּוּ	יִתְגַּלּוּ	יַגְלוּ	יָגְלוּ
	3여복	תִּגְלֶינָה	תִּגָּלֶינָה	תְּגַלֶּינָה	תְּגֻלֶּינָה	תִּתְגַּלֶּינָה	תַּגְלֶינָה	תָּגְלֶינָה
	2남복	תִּגְלוּ	תִּגָּלוּ	תְּגַלּוּ	תְּגֻלּוּ	תִּתְגַּלּוּ	תַּגְלוּ	תָּגְלוּ
	2여복	תִּגְלֶינָה	תִּגָּלֶינָה	תְּגַלֶּינָה	תְּגֻלֶּינָה	תִּתְגַּלֶּינָה	תַּגְלֶינָה	תָּגְלֶינָה
	1복	נִגְלֶה	נִגָּלֶה	נְגַלֶּה	נְגֻלֶּה	נִתְגַּלֶּה	נַגְלֶה	נָגְלֶה
명령	남단	גְּלֵה	הִגָּלֵה	גַּלֵּה		הִתְגַּלֵּה	הַגְלֵה	
	여단	גְּלִי	הִגָּלִי	גַּלִּי		הִתְגַּלִּי	הַגְלִי	
	남복	גְּלוּ	הִגָּלוּ	גַּלּוּ		הִתְגַּלּוּ	הַגְלוּ	
	여복	גְּלֶינָה	הִגָּלֶינָה	גַּלֶּינָה		הִתְגַּלֶּינָה	הַגְלֶינָה	
분사	능동	גֹּלֶה	נִגְלֶה	מְגַלֶּה		מִתְגַּלֶּה	מַגְלֶה	
	수동	גָּלוּי			מְגֻלֶּה			מָגְלֶה
부정사	연계형	גְּלוֹת	הִגָּלוֹת	גַּלּוֹת		הִתְגַּלּוֹת	הַגְלוֹת	
	절대형	גָּלֹה	נִגְלֹה	גַּלֵּה		הִתְגַּלֵּה	הַגְלֵה	
바브연속	미완료	וַיִּגֶל	וַיִּגָּל	וַיְגַל	וַיְגֻלֶּה	וַיִּתְגַּל	וַיֶּגֶל	וַיָּגֶל

미완료, 분사의 경우 다음을 유의하면 된다.

① ה로 끝나는 경우 ה 앞의 모음은 단모음 '에'(ֶ)이다.

예) יִגְלֶה, תְּגַלֶּה, נִתְגַּלֶּה

② 미완료에서 ִי나 וּ로 끝나는 경우와 분사에서 ִים 과 וֹת로 끝날 경우 ה는 생략된다.

예) תִּגְלִי , יִגָּלוּ , תִּתְגַּלִּי , מְגַלִּים

③ 2인칭, 3인칭 여성복수와 같이 נָה로 끝나는 경우 נָה 앞의 자음이 ה에서 ֶי로 바뀐다.

예) תִּגְלֶינָה, תִּגָּלֶינָה, תְּגַלֶּינָה

연습문제

❖ 다음 문장들을 번역하라.

(1) הַיּוֹם אֵרָאֶה אֵלָיו (왕상 18:15)

(2) לֶחֶם לֹא אָכַלְתִּי וּמַיִם לֹא שָׁתִיתִי (신 9:9)

(3) עָנָה יְהוֹשֻׁעַ בִּן־נוּן מְשָׁרֵת מֹשֶׁה (민 11:28)

(4) רָאָה בִּלְעָם כִּי טוֹב בְּעֵינֵי יְהוָה לְבָרֵךְ אֶת־יִשְׂרָאֵל (민 24:1)

(5) וַיֹּאמֶר אֱלֹהִים נַעֲשֶׂה אָדָם בְּצַלְמֵנוּ כִּדְמוּתֵנוּ (창 1:26)

(6) לֹא־נִבְנָה בַיִת לְשֵׁם יְהוָה עַד הַיָּמִים הָהֵם (왕상 3:2)

(7) נִגְלָה יְהוָה אֶל־שְׁמוּאֵל בְּשִׁלוֹ בִּדְבַר יְהוָה (삼상 3:21)

(8) וְעָלִינוּ אֶל־הַמָּקוֹם אֲשֶׁר־אָמַר יְהוָה כִּי חָטָאנוּ (민 14:40)

(9) רָאִיתִי צַדִּיק לְפָנַי בַּדּוֹר הַזֶּה (창 7:1)

(10) אֶת־הָאֵשׁ הַגְּדֹלָה הַזֹּאת לֹא־אֶרְאֶה עוֹד (신 18:16)

제 34 과 페-요드 동사

הָרָה	임신하다	סָבַב	돌다
יָדָה	감사하다, 찬양하다	שְׁפֵלָה	쉐펠라(지명)
יָצָא	나가다		

페-요드동사란 동사 어간 중 첫번째 자음이 י로 시작되는 동사를 말하며 다음과 같이 변한다.

34.1 완료

인칭, 성, 수	칼	니팔	히필		호팔
3남단	יָשַׁב	נוֹשַׁב	הוֹשִׁיב	הֵיטִיב	הוּשַׁב
3여단	יָשְׁבָה	נוֹשְׁבָה	הוֹשִׁיבָה	הֵיטִיבָה	הוּשְׁבָה
2남단	יָשַׁבְתָּ	נוֹשַׁבְתָּ	הוֹשַׁבְתָּ	הֵיטַבְתָּ	הוּשַׁבְתָּ
2여단	יָשַׁבְתְּ	נוֹשַׁבְתְּ	הוֹשַׁבְתְּ	הֵיטַבְתְּ	הוּשַׁבְתְּ
1단	יָשַׁבְתִּי	נוֹשַׁבְתִּי	הוֹשַׁבְתִּי	הֵיטַבְתִּי	הוּשַׁבְתִּי
3남복 3여복	יָשְׁבוּ	נוֹשְׁבוּ	הוֹשִׁיבוּ	הֵיטִיבוּ	הוּשְׁבוּ
2남복	יְשַׁבְתֶּם	נוֹשַׁבְתֶּם	הוֹשַׁבְתֶּם	הֵיטַבְתֶּם	הוּשַׁבְתֶּם
2여복	יְשַׁבְתֶּן	נוֹשַׁבְתֶּן	הוֹשַׁבְתֶּן	הֵיטַבְתֶּן	הוּשַׁבְתֶּן
1복	יָשַׁבְנוּ	נוֹשַׁבְנוּ	הוֹשַׁבְנוּ	הֵיטַבְנוּ	הוּשַׁבְנוּ

29-33과에서는 주로 후음이 들어간 불규칙동사를 다루었는데 이 과에서부터는 후음이 아닌 י나 ו나 נ과 같은 다른 자음들이 들어간 것과 제 2자음과 제 3자음이 동일한 중복 불규칙동사들을 다루고자 한다. 후음이 들어간 불규칙동사의 경우 자음변화 보다는 모음변화가 일어난 것이 특징이라면 י, ו, נ과 같은 자음이 들어갔거나 중복 불규칙동사의

경우 모음변화도 일어나지만 자음변화가 일어나는 것이 큰 특징이다. 자음변화는 자음 자체가 탈락되는 경우, 그 자음이 동화되어 다음 자음에 점으로 남는 경우(נ의 경우에만 해당), 다른 자음으로 변화되는 경우 등으로 나타난다. י, ו, נ 등의 자음이 단어 처음에 올 때는 그러한 변화가 일어나지 않고 단어 중간에 들어갈 경우에 일어나며 그러한 자음들이 단어 중간에 들어갈 경우라도 항상 그러한 변화가 일어나는 것은 아니다.

페-요드동사의 경우 기본형의 모양이 모두 י로 시작하기 때문에 모두 같은 것으로 생각하기 쉬우나 다음 둘로 뚜렷이 나누어 진다는 사실을 먼저 유의해야 한다.[1]

① 제1자음의 어원이 י가 아니라 ו인 경우

가. 대부분의 페-요드동사가 이 경우에 해당하며 제1자음의 어원이 י가 아니라 ו이다. 그렇기 때문에 י가 단어 중간으로 들어가게 되면 원래의 어원인 ו로 돌아가려는 경향이 있어 י에서 ו로 자음이 변한다. 특히 니팔과 히필과 호팔에서 י가 ו로 자음 변화를 일으키는 것을 주의하자.

예) נוֹשַׁב, הוֹשִׁיב, הוּשַׁב

나. 특히 조심해야 할 것은 히필과 호팔이다. 히필 완료형의 경우 '호'(הוֹ)로 시작하여 호팔로 착각하기 쉬우나 히필이며 호팔의 경우 '호'(הוֹ)가 아닌 '후'(הוּ)로 시작된다.

다. 페-요드동사가 아니면서 페-요드동사처럼 변화하는 예외적인 동사가 있는데 הָלַךְ(가다) 가 바로 그것이다. הָלַךְ은 페-요드동사와 동일하게 변화하는데 히필에서는 ה가 ו로 변한다. 예) הוֹלִיךְ

② 제1자음의 어원이 י인 경우

제1자음의 어원이 י인 경우는 니팔과 히필 등에서도 י가 ו로 바뀌지 않고 그대로 남아 있는다. 성경 히브리어에서 이 경우에 해당하는 동사는 그리 많지 않다.

---

1) 성경 히브리어에서는 페-요드동사가 기본형에서 '요드'로 나타나지만 현대 아랍어에서는 어원이 '바브'인 동사는 기본형에서도 '바브'로 시작되어 어원이 '요드'인 동사와 뚜렷이 구별된다.

예) יָטַב 좋다, יָנַק 젖을 빨다

제1자음의 어원이 ו인 경우에도 제1자음의 어원이 י인 경우와 같이 변하는 경우가 가끔 있다.

예) יָרַשׁ 상속받다 ⇨ יִירַשׁ , יָרֵא 두려워하다 ⇨ יִירָא

34.2 미완료, 명령, 분사, 부정사, 바브연속법

인칭, 성, 수		칼		니팔	히필		호팔
미완료	3남단	יֵשֵׁב	יִיטַב	יִוָּשֵׁב	יוֹשִׁיב	יֵיטִיב	יוּשַׁב
	3여단	תֵּשֵׁב	תִּיטַב	תִּוָּשֵׁב	תּוֹשִׁיב	תֵּיטִיב	תּוּשַׁב
	2남단	תֵּשֵׁב	תִּיטַב	תִּוָּשֵׁב	תּוֹשִׁיב	תֵּיטִיב	תּוּשַׁב
	2여단	תֵּשְׁבִי	תִּיטְבִי	תִּוָּשְׁבִי	תּוֹשִׁיבִי	תֵּיטִיבִי	תּוּשְׁבִי
	1단	אֵשֵׁב	אִיטַב	אִוָּשֵׁב	אוֹשִׁיב	אֵיטִיב	אוּשַׁב
	3남복	יֵשְׁבוּ	יִיטְבוּ	יִוָּשְׁבוּ	יוֹשִׁיבוּ	יֵיטִיבוּ	יוּשְׁבוּ
	3여복	תֵּשַׁבְנָה	תִּיטַבְנָה	תִּוָּשַׁבְנָה	תּוֹשֵׁבְנָה	תֵּיטַבְנָה	תּוּשַׁבְנָה
	2남복	תֵּשְׁבוּ	תִּיטְבוּ	תִּוָּשְׁבוּ	תּוֹשִׁיבוּ	תֵּיטִיבוּ	תּוּשְׁבוּ
	2여복	תֵּשַׁבְנָה	תִּיטַבְנָה	תִּוָּשַׁבְנָה	תּוֹשֵׁבְנָה	תֵּיטַבְנָה	תּוּשַׁבְנָה
	1복	נֵשֵׁב	נִיטַב	נִוָּשֵׁב	נוֹשִׁיב	נֵיטִיב	נוּשַׁב
명령	남단	שֵׁב		הִוָּשֵׁב	הוֹשֵׁב	הֵיטֵב	
	여단	שְׁבִי		הִוָּשְׁבִי	הוֹשִׁיבִי	הֵיטִיבִי	
	남복	שְׁבוּ		הִוָּשְׁבוּ	הוֹשִׁיבוּ	הֵיטִיבוּ	
	여복	שֵׁבְנָה		הִוָּשַׁבְנָה	הוֹשֵׁבְנָה	הֵיטֵבְנָה	
분사	능동	יֹשֵׁב	יֹטֵב	נוֹשָׁב	מוֹשִׁיב	מֵיטִיב	
	수동	יָשׁוּב					מוּשָׁב
부정사	연계형	שֶׁבֶת		הִוָּשֵׁב	הוֹשִׁיב	הֵיטִיב	
	절대형	יָשׁוֹב		הִוָּשֵׁב	הוֹשֵׁב	הֵיטֵב	
바브연속	미완료	וַיֵּשֶׁב	וַיִּיטַב	וַיִּוָּשֵׁב	וַיּוֹשֶׁב	וַיֵּיטֶב	וַיּוּשַׁב

① 칼 미완료형, 명령형, 부정사 연계형의 경우 י가 생략되며 예외인 הָלַךְ(가다) 동사 역시 첫자음인 ה가 생략된다.

예) תֵּשֵׁב, תֵּלֵךְ(칼 미완료형), שֵׁב(명령형), שֶׁבֶת(부정사 연계형)

② 니팔, 히필, 호팔에서 제1자음의 어원이 י가 아니라 ו인 경우 완료에서와 같이 미완료, 분사, 부정사, 명령 등에서도 י에서 ו로 자음이 변한다.
예) יוֹשְׁבוּ, מוֹשִׁיב, תִּוָּשֵׁב

연습문제

❖ **다음 문장들을 번역하라.**

(1) וַיֵּצֵא מֹשֶׁה וַיְדַבֵּר אֶל־הָעָם אֵת דִּבְרֵי יְהוָה (민 11:24)

(2) הָאָדָם יָדַע אֶת־חַוָּה אִשְׁתּוֹ וַתַּהַר וַתֵּלֶד אֶת־קַיִן (창 4:1)

(3) אֲנַחְנוּ לֹא־נֵדַע מַה־נַּעֲבֹד אֶת־יְהוָה (출10:26)

(4) כֹּה אָמַר יְהוָה רֵד בֵּית־מֶלֶךְ יְהוּדָה וְדִבַּרְתָּ שָׁם אֶת־הַדָּבָר הַזֶּה (렘22:1)

(5) אֲנִי וְהָאִשָּׁה הַזֹּאת יֹשְׁבֹת בְּבַיִת אֶחָד (왕상 3:17)

(6) מִצִּיּוֹן תֵּצֵא תוֹרָה וּדְבַר־יְהוָה מִירוּשָׁלָםִ (사 2:3)

(7) הוֹדוּ לַיהוָה כִּי־טוֹב כִּי לְעוֹלָם חַסְדּוֹ (시 136:1)

(8) וַיִּוָּלְדוּ עוֹד לְדָוִד בָּנִים וּבָנוֹת (삼하 5:13)

(9) יָרְדוּ בְּנֵי יְהוּדָה לְהִלָּחֵם בַּכְּנַעֲנִי יוֹשֵׁב הָהָר וְהַנֶּגֶב וְהַשְּׁפֵלָה (삿 1:9)

제 35 과 페–눈 동사

אֶלֶף	천(thousand)	נָצַל	구원하다(hi.)
בָּכָה	울다	נָשָׂא	들어올리다, 들고 가다
נָגַד	말하다(hi.)	נָשַׁק	입맞추다
נָכָה	때리다, 죽이다(hi.)	שָׁלוֹם	평화
נָפַל	떨어지다	שְׁלִישִׁי	셋째의

① 페-눈동사에서는 נ이 단어 중간에 들어가는 경우에 다음 자음에 동화되어 점을 남긴다. 니팔 완료형의 경우 נ을 한 번만 쓴다.

예) יִפֹּל , הִגִּישׁ , יִגַּשׁ , אֶתֵּן , נִגַּשׁ

② 칼 미완료형에서 두번째 모음은 대개 '오'(ֹ)이지만 제2자음이나 제3자음이 후음인 경우 '아'(ַ) 모음이 되며 נָתַן 동사의 경우는 '에'(ֵ) 모음을 취한다.

예) יִפֹּל, יִסַּע, יִתֵּן

③ 페-눈동사가 아니면서 페-눈동사처럼 변화하는 예외적인 동사는 לָקַח(취하다)이다. לָקַח는 칼에서만 페-눈동사와 동일하게 변화하는데 칼 미완료형, 명령형 등에서 ל가 탈락된다.

예) אֶקַּח, תִּקְחוּ , קַח

페-눈동사는 첫번째 자음이 נ으로 시작되는 동사이며 변화형은 다음과 같다.

인칭, 성, 수		칼			니팔	히필	호팔
완료	3남단	נָפַל	נָסַע	נָתַן	נִגַּשׁ	הִגִּישׁ	הֻגַּשׁ
	3여단	נָֽפְלָה	נָֽסְעָה	נָֽתְנָה	נִגְּשָׁה	הִגִּישָׁה	הֻגְּשָׁה
	2남단	נָפַלְתָּ	נָסַעְתָּ	נָתַתָּ	נִגַּשְׁתָּ	הִגַּשְׁתָּ	הֻגַּשְׁתָּ
	2여단	נָפַלְתְּ	נָסַעְתְּ	נָתַתְּ	נִגַּשְׁתְּ	הִגַּשְׁתְּ	הֻגַּשְׁתְּ
	1단	נָפַלְתִּי	נָסַעְתִּי	נָתַתִּי	נִגַּשְׁתִּי	הִגַּשְׁתִּי	הֻגַּשְׁתִּי
	3남복 / 3여복	נָֽפְלוּ	נָֽסְעוּ	נָֽתְנוּ	נִגְּשׁוּ	הִגִּישׁוּ	הֻגְּשׁוּ
	2남복	נְפַלְתֶּם	נָסַעְתֶּם	נְתַתֶּם	נִגַּשְׁתֶּם	הִגַּשְׁתֶּם	הֻגַּשְׁתֶּם
	2여복	נְפַלְתֶּן	נָסַעְתֶּן	נְתַתֶּן	נִגַּשְׁתֶּן	הִגַּשְׁתֶּן	הֻגַּשְׁתֶּן
	1복	נָפַלְנוּ	נָסַעְנוּ	נָתַנּוּ	נִגַּשְׁנוּ	הִגַּשְׁנוּ	הֻגַּשְׁנוּ
미완료	3남단	יִפֹּל	יִסַּע	יִתֵּן	יִנָּגֵשׁ	יַגִּישׁ	יֻגַּשׁ
	3여단	תִּפֹּל	תִּסַּע	תִּתֵּן	תִּנָּגֵשׁ	תַּגִּישׁ	תֻּגַּשׁ
	2남단	תִּפֹּל	תִּסַּע	תִּתֵּן	תִּנָּגֵשׁ	תַּגִּישׁ	תֻּגַּשׁ
	2여단	תִּפְּלִי	תִּסְּעִי	תִּתְּנִי	תִּנָּֽגְשִׁי	תַּגִּישִׁי	תֻּגְּשִׁי
	1단	אֶפֹּל	אֶסַּע	אֶתֵּן	אֶנָּגֵשׁ	אַגִּישׁ	אֻגַּשׁ
	3남복	יִפְּלוּ	יִסְּעוּ	יִתְּנוּ	יִנָּֽגְשׁוּ	יַגִּישׁוּ	יֻגְּשׁוּ
	3여복	תִּפֹּלְנָה	תִּסַּעְנָה	תִּתֵּנָּה	תִּנָּגַשְׁנָה	תַּגֵּשְׁנָה	תֻּגַּשְׁנָה
	2남복	תִּפְּלוּ	תִּסְּעוּ	תִּתְּנוּ	תִּנָּֽגְשׁוּ	תַּגִּישׁוּ	תֻּגְּשׁוּ
	2여복	תִּפֹּלְנָה	תִּסַּעְנָה	תִּתֵּנָּה	תִּנָּגַשְׁנָה	תַּגֵּשְׁנָה	תֻּגַּשְׁנָה
	1복	נִפֹּל	נִסַּע	נִתֵּן	נִנָּגֵשׁ	נַגִּישׁ	נֻגַּשׁ
명령	남단	נְפֹל	סַע	תֵּן	הִנָּגֵשׁ	הַגֵּשׁ	
	여단	נִפְלִי	סְעִי	תְּנִי	הִנָּֽגְשִׁי	הַגִּישִׁי	
	남복	נִפְלוּ	סְעוּ	תְּנוּ	הִנָּֽגְשׁוּ	הַגִּישׁוּ	
	여복	נְפֹלְנָה	סַעְנָה	תֵּנָּה	הִנָּגַשְׁנָה	הַגֵּשְׁנָה	
분사	능동	נֹפֵל	נֹסֵעַ	נֹתֵן	נִגָּשׁ	מַגִּישׁ	
	수동	נָפוּל	נָסוּעַ	נָתוּן			מֻגָּשׁ
부정사	연계형	נְפֹל	נְסֹעַ	תֵּת	הִנָּגֵשׁ	הַגִּישׁ	
	절대형	נָפוֹל	נָסוֹעַ	נָתוֹן	הִנָּגֵשׁ	הַגֵּשׁ	
바브연속	미완료	וַיִּפֹּל	וַיִּסַּע	וַיִּתֵּן	וַיִּנָּגֵשׁ	וַיַּגֵּשׁ	וַיֻּגַּשׁ

연습문제

❖ 다음 문장들을 번역하라.

(1) בַּמָּקוֹם הַזֶּה אֶתֵּן שָׁלוֹם (학 2:9)

(2) וַיַּגִּדוּ לְסִיסְרָא כִּי עָלָה בָּרָק בֶּן־אֲבִינֹעַם הַר־תָּבוֹר (삿 4:12)

(3) בָּרוּךְ יְהוָה אֲשֶׁר הִצִּיל אֶתְכֶם מִיַּד מִצְרַיִם (출18:10)

(4) אֵלֶּה מַלְכֵי הָאָרֶץ אֲשֶׁר הִכּוּ בְנֵי־יִשְׂרָאֵל (수 12:1)

(5) וַתִּשַּׁק לָהֶן וַתִּשֶּׂאנָה קוֹלָן וַתִּבְכֶּינָה (룻1.9)

(6) בְּנֹתֵיכֶם תִּתְּנוּ־לָנוּ וְאֶת־בְּנֹתֵינוּ תִּקְחוּ לָכֶם (창34:9)

(7) וַיַּעֲשׂוּ בְנֵי־לֵוִי כִּדְבַר מֹשֶׁה וַיִּפֹּל מִן־הָעָם בַּיּוֹם הַהוּא כִּשְׁלֹשֶׁת אַלְפֵי אִישׁ (출32:28)

(8) וַיֻּגַּד לִשְׁלֹמֹה לֵאמֹר הִנֵּה אֲדֹנִיָּהוּ יָרֵא אֶת־הַמֶּלֶךְ שְׁלֹמֹה (왕상 1:51)

(9) וַיַּכּוּ אֶת־מַחֲנֵה פְלִשְׁתִּים מִגִּבְעוֹן וְעַד־גָּזְרָה (대상 14:16)[1]

(10) וַיֹּאמֶר יְהוָה יְהוּדָה יַעֲלֶה הִנֵּה נָתַתִּי אֶת־הָאָרֶץ בְּיָדוֹ (삿 1:2)

1) גֶּזֶר 게셀(지명)

제 36 과 아인-요드/아인-바브 동사

בּוֹא	오다	מוּת	죽다
כָּלָה	끝나다	שׁוּב	돌아오다

아인-요드/아인-바브동사는 제 2자음이 י나 ו인 동사를 말하는 것으로 다음과 같이 변한다.

36.1 완료

인칭, 성, 수	칼		니팔	히필	호팔
3남단	קָם	שָׂם	נָכוֹן	הֵקִים	הוּקַם
3여단	קָמָה	שָׂמָה	נָכוֹנָה	הֵקִימָה	הוּקְמָה
2남단	קַמְתָּ	שַׂמְתָּ	נְכוּנוֹתָ	הֲקִימוֹתָ	הוּקַמְתָּ
2여단	קַמְתְּ	שַׂמְתְּ	נְכוּנוֹת	הֲקִימוֹת	הוּקַמְתְּ
1단	קַמְתִּי	שַׂמְתִּי	נְכוּנוֹתִי	הֲקִימוֹתִי	הוּקַמְתִּי
3남복 3여복	קָמוּ	שָׂמוּ	נָכוֹנוּ	הֵקִימוּ	הוּקְמוּ
2남복	קַמְתֶּם	שַׂמְתֶּם	נְכוּנוֹתֶם	הֲקִימוֹתֶם	הוּקַמְתֶּם
2여복	קַמְתֶּן	שַׂמְתֶּן	נְכוּנוֹתֶן	הֲקִימוֹתֶן	הוּקַמְתֶּן
1복	קַמְנוּ	שַׂמְנוּ	נְכוּנוֹנוּ	הֲקִימוֹנוּ	הוּקַמְנוּ

① 칼에서 제2자음인 י나 ו가 생략되며 첫자리의 모음이 장모음(ָ)이거나 단모음(ַ)인데 3인칭남성단수와 같이 한 음절로 구성된 경우와 개음절일 경우 장모음(ָ)이며

첫 음절이 폐음절인 경우에는 단모음(ַ)을 갖는다.

예) קָמָה , שָׂמוּ, קַמְתִּי, שַׂמְתֶּם

② 히필과 호팔에서도 제2자음인 י나 ו가 생략되며 첫자리의 모음이 히필의 경우 3인칭에서는 '에'(ֵ)을 취하며 1인칭과 2인칭에서는 합성쉐바인 (ֲ)를 취하며 호팔의 경우 완전철자법(혹은 불완전철자법)의 '우'(וּ) 모음을 취한다.

예) הֵקִימָה, הוּקַמְתָּ, הֲקִימוֹנוּ

③ 히필 1인칭과 2인칭 완료형에서 접미사 앞에 보조 모음 '오'(וֹ)가 오는 경우도 있고 그렇지 않는 경우도 있다.

예) הֲקִימוֹתָ 네가(남) 세웠다, הֵבֵאתִי 내가 가져왔다

④ 니팔의 경우 3인칭에서는 첫음절의 모음이 '아'(ָ)이며 두번째 음절의 모음은 '오'(וֹ)인데 1인칭과 2인칭 다수의 경우 첫음절의 모음이 쉐바(ְ)이며 두번째 음절의 모음은 '우'(וּ)이며 접미사 앞, 즉 세번째 모음으로 '오'(וֹ)를 취한다.

예) נָכוֹן , נְכוּנוֹתִי, נְכוּנוֹתֶם

36.2 미완료, 명령, 분사, 부정사, 바브연속법

인칭, 성, 수		칼		니팔	히필	호팔
미완료	3남단	יָקוּם	יָשִׂים	יִכּוֹן	יָקִים	יוּקַם
	3여단	תָּקוּם	תָּשִׂים	תִּכּוֹן	תָּקִים	תּוּקַם
	2남단	תָּקוּם	תָּשִׂים	תִּכּוֹן	תָּקִים	תּוּקַם
	2여단	תָּקוּמִי	תָּשִׂימִי	תִּכּוֹנִי	תָּקִימִי	תּוּקְמִי
	1단	אָקוּם	אָשִׂים	אֶכּוֹן	אָקִים	אוּקַם
	3남복	יָקוּמוּ	יָשִׂימוּ	יִכּוֹנוּ	יָקִימוּ	יוּקְמוּ
	3여복	תְּקוּמֶינָה	תְּשִׂימֶינָה	תִּכּוֹנָּה	תָּקֵמְנָה	תּוּקַמְנָה
	2남복	תָּקוּמוּ	תָּשִׂימוּ	תִּכּוֹנוּ	תָּקִימוּ	תּוּקְמוּ
	2여복	תְּקוּמֶינָה	תְּשִׂימֶינָה	תִּכּוֹנָּה	תָּקֵמְנָה	תּוּקַמְנָה
	1복	נָקוּם	נָשִׂים	נִכּוֹן	נָקִים	נוּקַם
명령	남단	קוּם	שִׂים	הִכּוֹן	הָקֵם	
	여단	קוּמִי	שִׂימִי	הִכּוֹנִי	הָקִימִי	
	남복	קוּמוּ	שִׂימוּ	הִכּוֹנוּ	הָקִימוּ	
	여복	קֹמְנָה		הִכּוֹנָּה	הָקֵמְנָה	
분사	능동	קָם	שָׂם	נָכוֹן	מֵקִים	
	수동	קוּם	שִׂים			מוּקָם
부정사	연계형	קוּם	שִׂים	הִכּוֹן	הָקִים	
	절대형	קוֹם	שׂוֹם	הִכּוֹן	הָקֵם	
바브연속	미완료	וַיָּקָם	וַיָּשֶׂם	וַיִּכּוֹן	וַיָּקֶם	וַיּוּקַם

① 칼과 히필 미완료형의 접두사에 붙는 모음이 대부분 장모음 '아'(ָ)이다.

예) תָּקוּמִי, יָקִים, תָּקִימוּ

② 칼이나 니팔 유형에서 미완료형, 명령형 등에서는 제 2자음인 ו나 י가 그대로 남아 있다. 예) יָקוּם, תָּשִׂים, קוּם, יִכּוֹן

③ 히필이나 호팔 유형에서는 제2자음인 ו나 י가 없어진다. 또한 히필 미완료와 명령에서 첫음절의 모음은 단모음(ַ)이 아닌 장모음(ָ)을 취하며 호팔은 완료형에서와 같이 첫음절의 모음으로 '우'(וּ)를 취한다.

예) יָקִים, הָקִימִי, נוּקַם

연습문제

❖ 다음 문장들을 번역하라.

(1) הַאַתָּה אִישׁ־הָאֱלֹהִים אֲשֶׁר־בָּאתָ מִיהוּדָה (왕상 13:14)

(2) וַיָּמָת אַהֲרֹן שָׁם בְּרֹאשׁ הָהָר וַיֵּרֶד מֹשֶׁה וְאֶלְעָזָר מִן־הָהָר (민 20:28)

(3) יָשֻׁבוּ בְּנֵי יִשְׂרָאֵל וּבִקְשׁוּ אֶת־יְהוָה אֱלֹהֵיהֶם וְאֵת דָּוִד מַלְכָּם (호 3:5)

(4) וַיֵּלֶךְ יְהוָה כַּאֲשֶׁר כִּלָּה לְדַבֵּר אֶל־אַבְרָהָם וְאַבְרָהָם שָׁב לִמְקֹמוֹ (창 18:33)

(5) וַיְהִי דְּבַר־יְהוָה אֶל־יוֹנָה בֶן־אֲמִתַּי לֵאמֹר קוּם לֵךְ אֶל־נִינְוֵה
הָעִיר הַגְּדוֹלָה (욘 1:1-2)

(6) וַיָּבֹא אֱלֹהִים אֶל־בִּלְעָם וַיֹּאמֶר מִי הָאֲנָשִׁים הָאֵלֶּה עִמָּךְ (민 22:9)

(7) מֹשֶׁה עַבְדִּי מֵת וְעַתָּה קוּם עֲבֹר אֶת־הַיַּרְדֵּן הַזֶּה אַתָּה וְכָל־הָעָם הַזֶּה
אֶל־הָאָרֶץ (수 1:2)

(8) וַיֻּגַּד לְשָׁאוּל כִּי־בָא דָוִד קְעִילָה (삼상 23:7)

(9) וַיָּקֻמוּ וַיֵּרְדוּ מִצְרַיִם וַיַּעַמְדוּ לִפְנֵי יוֹסֵף (창 43:15)

(10) וַתָּקָם הָאִשָּׁה וַתַּעַשׂ כִּדְבַר אִישׁ הָאֱלֹהִים (왕하 8:2)

(11) דַּע כִּי־מוֹת תָּמוּת אַתָּה וְכָל־אֲשֶׁר־לָךְ (창 20:7)

제 37 과 아인-중복 동사

גּוּר	살다	עֲטָרָה	왕관
זָהָב	금	צִוָּה	명령하다(pi.)
חָרָבָה	마른 땅	תָּמַם	완성하다, 마치다
מִלְחָמָה	전쟁		

① 아인-중복동사의 변화 중 두번째와 세번째의 자음이 중복하여 나타나는 경우는 칼 완료 3인칭남성단수에서 뿐이며 그 중에서도 일부에만 나타난다.

예) סָבַב, תַּם

② 접미사가 붙는 완료형의 경우 중첩되는 자음에 점(다게쉬)이 붙는다.

예) סַבּוֹתָ, תַּמּוּ

③ 칼, 니팔, 히필, 호팔 1인칭과 2인칭 완료형에서 접미사 앞에 보조 모음 וֹ 가 온다.

예) סַבּוֹתָ, נְסַבּוֹתִי, הֲסִבּוֹתֶם

아인-중복동사란 동사 어간 중 두번째 자음과 세번째 자음이 동일한 동사를 말한다. 여기에 속하는 동사들은 빈도수가 높지 않는데 다음과 같이 변한다.

인칭, 성, 수		칼		니팔	히필	호팔
완료	3남단	סָבַב	תַּם	נָסַב	הֵסֵב	הוּסַב
	3여단	סַבָּה	תַּמָּה	נָסַבָּה	הֵסֵבָּה	הוּסַבָּה
	2남단	סַבּוֹתָ	תַּמּוֹתָ	נְסַבּוֹתָ	הֲסִבּוֹתָ	הוּסַבּוֹתָ
	2여단	סַבּוֹת	תַּמּוֹת	נְסַבּוֹת	הֲסִבּוֹת	הוּסַבּוֹת
	1단	סַבּוֹתִי	תַּמּוֹתִי	נְסַבּוֹתִי	הֲסִבּוֹתִי	הוּסַבּוֹתִי
	3남복	סַבּוּ	תַּמּוּ	נָסַבּוּ	הֵסֵבּוּ	הוּסַבּוּ
	3여복					
	2남복	סַבּוֹתֶם	תַּמּוֹתֶם	נְסַבּוֹתֶם	הֲסִבּוֹתֶם	הוּסַבּוֹתֶם
	2여복	סַבּוֹתֶן	תַּמּוֹתֶן	נְסַבּוֹתֶן	הֲסִבּוֹתֶן	הוּסַבּוֹתֶן
	1복	סַבּוֹנוּ	תַּמּוֹנוּ	נְסַבּוֹנוּ	הֲסִבּוֹנוּ	הוּסַבּוֹנוּ
미완료	3남단	יָסֹב	יֵתַם	יִסַּב	יָסֵב	יוּסַב
	3여단	תָּסֹב	תּתם	תִּסַּב	תָּסֵב	תּוּסַב
	2남단	תָּסֹב	תֵּתַם	תִּסַּב	תָּסֵב	תּוּסַב
	2여단	תָּסֹבִּי	תֵּתַמִּי	תִּסַּבִּי	תָּסֵבִּי	תּוּסַבִּי
	1단	אָסֹב	אֵתַם	אֶסַּב	אָסֵב	אוּסַב
	3남복	יָסֹבּוּ	יֵתַמּוּ	יִסַּבּוּ	יָסֵבּוּ	יוּסַבּוּ
	3여복	תְּסֻבֶּינָה	תְּתַמֶּינָה	תִּסַּבֶּינָה	תְּסִבֶּינָה	תּוּסַבֶּינָה
	2남복	תָּסֹבּוּ	תֵּתַמּוּ	תִּסַּבּוּ	תָּסֵבּוּ	תּוּסַבּוּ
	2여복	תְּסֻבֶּינָה	תְּתַמֶּינָה	תִּסַּבֶּינָה	תְּסִבֶּינָה	תּוּסַבֶּינָה
	1복	נָסֹב	נֵתַם	נִסַּב	נָסֵב	נוּסַב
명령	남단	סֹב	תַּם	הִסַּב	הָסֵב	
	여단	סֹבִּי	תַּמִּי	הִסַּבִּי	הָסֵבִּי	
	남복	סֹבּוּ	תַּמּוּ	הִסַּבּוּ	הָסֵבּוּ	
	여복	סֻבֶּינָה	תַּמְנָה	הִסַּבֶּינָה	הֲסִבֶּינָה	
분사	능동	סֹבֵב	תַּם	נָסָב	מֵסֵב	
	수동	סָבוּב				מוּסָב
부정사	연계형	סֹב	תֹּם	הִסֵּב	הָסֵב	
	절대형	סָבוֹב		הִסֹּב	הָסֵב	
바브연속	미완료	וַיָּסָב	וַיֵּתַם	וַיִּסַּב	וַיָּסֶב	וַיּוּסַב

연습문제

❖ 다음 문장들을 번역하라.

(1) שֵׁם הָאֶחָד פִּישׁוֹן הוּא הַסֹּבֵב אֵת כָּל־אֶרֶץ הַחֲוִילָה אֲשֶׁר־שָׁם הַזָּהָב (창 2:11)[1]

(2) וּבֵרַךְ עֵלִי אֶת־אֶלְקָנָה וְאֶת־אִשְׁתּוֹ וְאָמַר יָשֵׂם יְהוָה לְךָ זֶרַע (삼상 2:20)
מִן־הָאִשָּׁה הַזֹּאת

(3) וְכָל־יִשְׂרָאֵל עֹבְרִים בֶּחָרָבָה עַד אֲשֶׁר־תַּמּוּ כָּל־הַגּוֹי לַעֲבֹר אֶת־הַיַּרְדֵּן (수 3:17)

(4) וְסַבֹּתֶם אֶת־הָעִיר כֹּל אַנְשֵׁי הַמִּלְחָמָה (수 6:3)

(5) יְהוָה אֱלֹהֵיכֶם הַהֹלֵךְ לִפְנֵיכֶם הוּא יִלָּחֵם לָכֶם כְּכֹל אֲשֶׁר עָשָׂה (신 1:30)
אִתְּכֶם בְּמִצְרַיִם לְעֵינֵיכֶם

(6) סָבַב בֵּית־אֵל וְהַגִּלְגָּל וְהַמִּצְפָּה וְשָׁפַט אֶת־יִשְׂרָאֵל אֵת (삼상 7:16)
כָּל־הַמְּקוֹמוֹת הָאֵלֶּה

(7) וַיֵּלֶךְ אִישׁ מִבֵּית לֶחֶם יְהוּדָה לָגוּר בִּשְׂדֵי מוֹאָב (룻 1:1)

(8) הַכֹּהֲנִים נֹשְׂאֵי הָאָרוֹן עֹמְדִים בְּתוֹךְ הַיַּרְדֵּן עַד תֹּם כָּל־הַדָּבָר (수 4:10)
אֲשֶׁר־צִוָּה יְהוָה אֶל־הָעָם אֶת־יְהוֹשֻׁעַ לְדַבֵּר

---

1) פִּישׁוֹן 비손, חֲוִילָה 하윌라

(9) סֹבּוּ וְהָמִיתוּ כֹּהֲנֵי יְהוָה כִּי גַם־יָדָם עִם־דָּוִד (삼상 22:17)

(10) וְלָקַחְתָּ כֶסֶף־וְזָהָב וְעָשִׂיתָ עֲטָרוֹת וְשַׂמְתָּ בְּרֹאשׁ יְהוֹשֻׁעַ בֶּן־יְהוֹצָדָק (슥 6:11)
הַכֹּהֵן הַגָּדוֹל

참고문헌

Ben-David, I., *Contextual and Pausal Forms in Biblical Hebrew* (written in Hebrew), Jerusalem: The Magnes Press, 1995.

Blau, Joshua, *A Grammar of Biblical Hebrew*, Wiesbaden: Otto Harraowitz, 1976.

Buth, Randall, *Living Biblical Hebrew*, Biblical Language Center, Jerusalem, 2005.

Dan, B., *Accentuation* (written in Hebrew), Jerusalem: Barqay, 1996.

Gesenius-Kautsch-Cowley, *Gesenius' Hebrew Grammar*, as Edited and Enlarged by the Late E. Kautzsch etc. (Revised by A.E. Cowley), Oxford, 1910.

Jacobson, J. R., *Chanting the Hebrew Bible*, Philadelphia: The Jewish Publication Society, 2005.

Joüon, P.- Muraoka, T., 성서 히브리어 문법, 김정우 역, (서울: 기혼, 2012) ; *A Grammar of Biblical Hebrew*, Reprint of First Edition with Corrections, Rome, 2006.

Kogut, S., *Correlations between Biblical Accentuation and Traditional Jewish Exegesis* (written in Hebrew), Jerusalem: The Magnes Press, 1996.

Lambdin, T. O., *Introduction to Biblical Hebrew*, Charles Scribner's Sons, New York, 1971.

Merwe, C.H.J. van der, Jackie A. Naudé and Jan H. Kroeze, *A Biblical Hebrew Reference Grammar*, Sheffield Academic Press, 1999.

Seow, C. L., *A Grammar for Biblical Hebrew*, Nashville: Abingdon, 1987.

Shmuel, M., *The Goodness of Accentuation* (written in Hebrew), Jerusalem: Feldheim, 2002.

Shmuel, Y., *Biblical Accentuation* (written in Hebrew), Jerusalem: Eshkol, 1995.

Waltke, B. K. - O'Connor, M., *An Introduction to Biblical Hebrew Syntax*, Indiana, 1990.

Weingreen, J., 히브리어 문법, 류근상 역, (서울: 크리스챤 출판사, 2000); *A Practical Grammar for Classical Hebrew*, Oxford: Oxford University Press, 1959.

Allen P. Ross, 로스성서히브리어, 최명덕 · 정길호 공역, (서울: 도서출판 미스바, 2007), *Introducing Biblical Hebrew*, Baker Academic, 2001.

김영진, 성경히브리어, 개정증보판, 올람하타낙, 2005.

박미섭, 성경히브리어문법, 도서출판 기혼, 2005.

신득일, 구약히브리어, 기독교문서선교회, 2007.

Computer Software

- Accordance 10, BibleWorks 10, Microsoft Excel 2007.

부록1
성경히브리어 악센트와 수사

1. 악센트

1.1 악센트의 정의와 기능

성경 히브리어 악센트란 히브리어로 '타암'(טַעַם, 맛, 감각, 강세)이라 하는데 단어 속에서 억양을 나타내는 강세(stress)와는 구분되는 용어이다. 주후 5-10세기경 히브리어 성경의 전수와 보존을 위해 특별한 노력을 기울였던 유대인들을 '마소라' 학자들이라고 하는데 그들의 대표적인 두가지 업적은 모음 부호와 악센트 부호의 창안이다. 성경 히브리어 본문을 해석함에 있어서 모음 부호가 매우 중요한 역할을 하는 것처럼 악센트 부호 역시 매우 중요한 역할을 한다. 특히 성경 히브리어와 같이 문장의 단어 순서가 고정적으로 정해져 있지 않은 언어에 있어서 악센트 부호는 매우 중요한 역할을 한다.

성경 히브리어 악센트의 기능은 다음 세가지이다.

① 음악적 기능

성경 히브리어 악센트의 첫 번째 기능은 음악적 기능이다. 히브리어 악센트는 26종류가 있는데 이 26종류의 악센트는 26개의 악보와 같다. 이러한 음악적 기능을 살려 히브리어 본문을 읽게 되면 노래를 부르는 것과 같은 효과를 가져온다. 현재 이스라엘은 물론 전 세계에 흩어져 있는 유대인 회당에서는 악센트의 음악적 기능을 살려 히브리어 본문을 읽는 이들이 있는데 이들을 '영창자(chanter)' 라 부른다. 유대인들은 본인이 직접 영창을 하지 않더라도 회당에서 영창자들이 본문 낭독하는 것을 늘 접하며 살기 때문에 히브리어 본문에 대한 기억이 매우 뛰어나다고 할 수 있다.

② 음성적 기능

성경 히브리어 악센트의 두 번째 기능은 음성적 기능이다. 대개 악센트 부호가 있는 곳에 강세가 온다. 이 기능은 히브리어 성경의 낭독을 정확하게 하는데만 필요한 것이 아니라 때로는 히브리어 본문의 번역과 해석에 영향을 미치기도 한다.

창세기 29:6 וְהִנֵּה֙ רָחֵ֣ל בִּתּ֔וֹ בָּאָ֖ה עִם־הַצֹּֽאן׃
창세기 29:9 וְרָחֵ֣ל ׀ בָּ֗אָה עִם־הַצֹּאן֙

만일 위 두 구절에서 히브리어 악센트 부호가 없다면 בָּאָה는 완료형 동사인지 분사인지가 구분되지 않는다. 그러나 악센트 부호로 인해 강세의 여부를 파악할 수 있다. 전자는 강세가 뒷 부분에 있으므로 '칼 능동분사 여성단수' 이며 후자는 강세가 앞 부분에 있으므로 '칼 완료형 3인칭여성단수' 임을 알 수 있게 된다.

악센트 부호가 있는 곳에 강세가 오면서 종종 악센트 부호가 있는 음절에 모음변화를 일으키기도 한다. 가장 괄목할만한 모음변화는 לְךָ֔ 에서 לָ֔ךְ 로의 변화이다. לָ֔ךְ 는 '전치사+2인칭남성단수' 인데 '전치사+2인칭여성단수' 로 오해하지 않아야 한다.

③ 통사적 기능

성경 히브리어 악센트의 세 번째 기능인 통사적 기능은 문장 번역 및 해석과 관련하여 가장 중요한 기능이다. 이 세 번째 기능으로 인해 문장에 대한 번역이 달라질 수도 있으므로 문장의 번역을 정확하게 하기 위해 성경 히브리어 악센트는 필수적으로 익혀야만 한다. 이 통사적 기능은 문장 안에서 각 단어들 간의 분리 및 연결을 가리킬 뿐만 아니라 한 단어가 어떤 구나 절에 속해야 하는지, 또는 문장에서 차지하는 중요도가 어느 정도인지를 가늠할 수 있기 때문에 매우 중요한 기능이라 할 수 있다.

1.2 악센트의 목록

성경 히브리어 악센트 체계는 두 유형으로 나뉘어 지는데 21권 악센트와 3권 악센트이다. 3권 악센트는 히브리어로 에메트(אמ"ת) 악센트로 불려지는데 이는 욥(איוב), 잠언(משלי), 시편(תהלים)에 대한 첫 글자를 딴 말이다. 다시 말하면 히브리어 성경 24권 중 욥, 잠언, 시편의 악센트 체계와 그 나머지 책들(21권)의 악센트 체계가 다르다는 말이다.[1] 21권 악센트 체계와 3권(에메트) 악센트 체계는 악센트 부호들이 이름과 모양에 있어서 공통점과 약간의 차이점을 가지고 있지만 악센트 체계의 원리와 방법은 동일하다. 따라서 21권 악센트 체계를 잘 익히면 3권(에메트) 악센트 체계를 자연스럽게 익힐 수 있게 된다. 이곳에서는 21권 악센트 체계만 소개하고자 한다. 21권 악센트 체계는 크게 분리악센트와 연결악센트로 나뉘어 지는데 분리악센트는 18개, 연결악센트는 8개 총 26개로 구성되어 있다.

---

1) 정확하게는 욥 1:1-3:1과 42:7-17은 3권 악센트 체계가 아닌 21권 악센트로 분류되어야 한다.

① 분리악센트

분리악센트는 단어와 단어 사이를 서로 분리해 주는 역할을 한다. 그러나 단순히 분리만 해 주는 것이 아니라 특정한 계급을 소유하고 그 계급에 따라 통치 영역과 그에 따른 힘이 주어진다. 다음은 4 계급으로 구성된 분리악센트이다.

21권 악센트 체계 중 분리악센트[2)]

계급	분리악센트의 명칭과 부호				
제1급	סִלּוּק (סוֹף פָּסוּק:) 씰룩 :○○○			אֶתְנַחְתָּא 에트나흐타 ○○○	
제2급	זָקֵף קָטֹן 자켑 카톤 ○○○	זָקֵף גָּדוֹל 자켑 가돌 ○○○	שַׁלְשֶׁלֶת 샬쉘레트 ○○○	טִפְּחָא 티프하 ○○○	סֶגּוֹל 쎄골 ○○○
제3급	יְתִיב 예티브 ○○○	פַּשְׁטָא 파쉬타 ○○○	תְּבִיר 트비르 ○○○	זַרְקָא 자르카 ○○○	רְבִיעַ 르비아 ○○○
제4급	תְּלִישָׁא גְדוֹלָה 틀리샤 그돌라 ○○○		קַרְנֵי פָרָה 카르네이 파라 ○○○		פָּזֵר 파제르 ○○○
	גֵּרֵשׁ 게레쉬 ○○○		גֵּרְשַׁיִם 게르샤임 ○○○		מֻנַּח לְגַרְמֵיהּ 무나흐 레가르메 |○○○

2) 악센트 부호 중 위치를 조심해야 할 것이 5개 있는데 쎄골과 파쉬타와 자르카는 반드시 단어 끝에 위치하며 예티브와 틀리샤 그돌라는 단어 앞에 위치한다. 이 다섯 개의 악센트는 강세가 오는 곳이 악센트의 위치와 다를 경우 강세가 오는 곳에 동일한 모양의 부호를 하나 더 추가한다. 예를들어 פַּשְׁטָא는 강세가 마지막에 마지막 음절에 있으므로 악센트를 추가하지 않으나 מִצְרַיְמָה 같은 경우는 ר에 강세가 있으므로 하나를 더 추가시킨다. 다른 악센트 부호들은 모두 강세가 있는 곳에 표시된다.

③ 연결악센트

연결악센트는 총8개로 분리악센트와는 달리 계급이 없으며 그 다음에 오는 단어와 연결하여 한 묶음으로 만들어 동일한 통치영역에 들어가게 된다. 따라서 문장에서 단어의 분리작업을 할 때 연결악센트는 분리악센트 보다 상대적으로 중요성이 떨어진다고 볼 수 있다. 다음은 연결악센트의 부호와 명칭이다.

21권 악센트 체계 중 연결악센트

מֵרְכָא 메르하 ○○○	מֻנַּח 무나흐 ○○○	מַהְפָּךְ 마흐파흐 ○○○	קַדְמָא 카드마 ○○○
דַּרְגָּא 다르가 ○○○	יֵרַח בֶּן יוֹמוֹ 야레아흐 벤 요모 ○○○	מֵרְכָא כְפוּלָה 메르하 흐풀라 ○○○	תְּלִישָׁא קְטַנָּה 틀리샤 크타나 ○○○

1.3 악센트의 분리 규칙

각 악센트 부호들이 어떤 곳에 언제, 어떤 순서로 오는가 하는 것은 매우 복잡한 법칙에 따라 움직인다. 뿐만 아니라 각 악센트들이 계급이 낮은 악센트라해서 무조건 임명할 수 있는 것이 아니고 직속상관과 직속부하들이 있어서 그러한 체계에 따라 부하들을 임명한다. 그러나 이러한 복잡한 규칙들은 성경 히브리어 본문을 번역하고 해석하는데 특별한 영향을 미치지는 못한다. 중요한 것은 악센트 부호가 어떤 계급에 속하는가 하는 것과 한 문장에서 악센트 부호들이 어떤 규칙으로 나뉘어지는가를 파악하는 것이다. 다음은 문장에서 각 악센트의 계급이 갖고 있는 규칙이다.

① 제1급 악센트는 비슷한 힘을 가지고 있으며 대개 에트나흐타가 절을 이등분하여 에트나흐타가 붙어 있는 단어를 포함하여 앞쪽에 있는(즉 오른쪽에 있는) 단어들이 그의 통치영역에 속해 있으며 절의 끝에서부터 에트나흐타 뒤에 있는 단어까지는 씰룩이 통치한다.

② 제1급 악센트들은 그 밑에 적어도 한 명 이상의 제2급들을 둘 수 있다. 가장 먼저 임명받는 제2급(2급1)이 가장 오른쪽에 위치하며 제1급의 통치구역을 이등분한다. 그 다음에 임명받는 제2급(2급2)은 2급1의 왼쪽에 위치하며 제1급의 통치구역의 1/4의 힘을 가지며 그 다음에 임명받는 제2급(2급3)은 2급2의 왼쪽에 위치하며 1/8의 힘을 가진다.

③ 동일한 방법으로 제2급들도 밑에 제3급들을 임명할 수 있으며 제3급들도 밑에 제4급들을 임명할 수 있다.

제1급의 통치영역의 힘을 1로 보았을 때 제1급 바로 아래급인 제2급들 중 가장 먼저 임명받은 2급1은 그 힘이 1/2이며 2급2는 1/4이다. 2급1 바로 아래급에 해당하는 두 명의 제3급중 3급1의 힘은 1/4이며 3급2는 1/8의 힘을 갖는다. 그러나 2급2의 2급1은 2급2의 힘인 1/4의 절반이므로 1/8이며 2급2의 3급2는 1/16의 힘을 갖는다. 2급1의 3급1의 4급1은 그 힘이 1/8이며 4급2는 1/16이다. 2급2의 3급1의 4급1은 그 힘이 1/16이다.

따라서 모든 제2급이 동일한 통치영역과 힘을 갖는 것이 아니며 마찬가지로 모든 제3급이 다 동일한 힘을 소유하는 것은 아니다. 어떤 상급자에게 속했는가하는 것이 통치영역과 힘을 결정하는데 중요하다.

1.4 악센트에 따른 성경 구절 분석의 예

① 창세기 10장 21절

וּלְשֵׁ֥ם יֻלַּ֖ד גַּם־ה֑וּא אֲבִי֙ כָּל־בְּנֵי־עֵ֔בֶר אֲחִ֖י יֶ֥פֶת הַגָּדֽוֹל׃

1급　　　　2급　2급1　　　　3급1　1급　　　2급1

　　　　　1/8　1/4　　　　1/8　1/2　　　1/4

제1급 전반부와 후반부를 살펴 보면 다음과 같다:
제1급 전반부: 셈, 그에게도 태어났다.
제1급 후반부: 모든 에벨 자손의 조상, 큰 야벳의 형제

이 구절에서 살펴보고자 하는 것은 제1급 후반부의 뒷 부분이다. 먼저 제2급인 '에베르' (עֵ֣בֶר)에서 1/4이므로 '모든 에벨 자손의 조상' 과 '큰 야벳의 형제' 가 동등한 힘을 소유하며 다시 뒷 부분에서 '아히' (אֲחִ֣י)가 제 2급이므로 '형제' 와 '큰 야벳' 이 동등한 힘을 소유한다. '셈' 은 '모든 에벨 자손의 조상' 이요 '큰 야벳의 형제 '라는 것이다. 셈이 큰 야벳의 형제라는 것은 야벳의 동생임을 의미한다. 만일 셈이 야벳의 형이라면 제 2 급 '아히' (אֲחִ֣י)가 아니라 '예페트'(יֶ֣פֶת)에 위치해야 한다. 그러나 히브리어 성경 본문에는 분명 '예페트'(יֶ֥פֶת)에 분리악센트가 아닌 연결악센트가 있다.

② 사무엘상 3장 3절

וְנֵ֣ר אֱלֹהִים֙ טֶ֣רֶם יִכְבֶּ֔ה וּשְׁמוּאֵ֖ל שֹׁכֵ֑ב בְּהֵיכַ֣ל יְהוָ֔ה אֲשֶׁר־שָׁ֖ם אֲר֥וֹן אֱלֹהִֽים׃

1급 2급2 2급1 1급 2급2 2급1 3급1
1/8 1/4 1/2 1/8 1/4 1/8

제1급 전반부와 후반부를 살펴 보면 다음과 같다:
제1급 전반부: 하나님의 등불은 아직 꺼지지 않았으며 사무엘은 누워있었다.
제1급 후반부: 하나님의 법궤가 있던 여호와의 전에

제1급 전반부를 둘로 나누면 '하나님의 등불은 아직 꺼지지 않았으며' 와 '사무엘은 누워있었다' 이고 제1급 후반부는 '하나님의 법궤가 있던' 와 '여호와의 전에' 로 이등분된다. 여기서 우리가 관심을 갖고자 하는 것은 '사무엘이 누워있었던 곳이 어디인가' 하는 것이다. 만일 사무엘이 누워있던 곳이 '여호와의 전' 이라면 '쇼헤브' (שֹׁכֵ֑ב)(누워있었다)에 제1급 악센트가 와서는 안된다. 다시말하면 '하나님의 등불은 아직 꺼지지 않았다' 라는 절과 동등한 힘을 갖는 절로 '사무엘이 여호와의 전에 누워있었다' 라는 절이 와야만 한다. 그러나 '사무엘이 누워있었다' 라는 절에서 제1급 악센트가 왔다는 것은 사무엘이 누워있었던 곳은 여호와의 전이 아님을 말해주고 있는 것이다. 우리는 본 구절은 물론 성경의 다른 구

절에서도 사무엘이 누워있었던 장소를 알 수 없다. 사무엘이 누워있었던 장소는 당시 성막이나 성전과 관련된 고고학, 역사학적 자료 등을 통한다면 좀 더 정확히 알게 되겠지만 제사장도 아닌 소년 사무엘이(삼상 3:1) 제사장도 잠을 자지 않는 성막에서 잠을 잔다는 것은 정황상 맞지 않음을 짐작할 수는 있다.

2. 수사

본 초급단계에서는 수사를 1부터 10까지만을 다룬다. 수사는 기수와 서수로 나뉘어지는데 기수는 다음과 같다.

2.1 기수

기수	남 성		여 성	
	절대형	연계형	절대형	연계형
1	אֶחָד	אַחַד	אַחַת	אַחַת
2	שְׁנַיִם	שְׁנֵי	שְׁתַּיִם	שְׁתֵּי
3	שְׁלֹשָׁה	שְׁלֹשֶׁת	שָׁלוֹשׁ	שְׁלֹשׁ
4	אַרְבָּעָה	אַרְבַּעַת	אַרְבַּע	אַרְבַּע
5	חֲמִשָּׁה	חֲמֵשֶׁת	חָמֵשׁ	חֲמֵשׁ
6	שִׁשָּׁה	שֵׁשֶׁת	שֵׁשׁ	שֵׁשׁ
7	שִׁבְעָה	שִׁבְעַת	שֶׁבַע	שְׁבַע
8	שְׁמֹנָה	שְׁמֹנַת	שְׁמֹנֶה	שְׁמֹנֶה
9	תִּשְׁעָה	תִּשְׁעַת	תֵּשַׁע	תְּשַׁע
10	עֲשָׂרָה	עֲשֶׂרֶת	עֶשֶׂר	עֶשֶׂר

① אֶחָד와 אַחַת는 형용사와 같이 서술적, 관형적, 독립적으로 모두 사용된다. 관형적 용법으로 사용될 때는 형용사처럼 명사 뒤에 온다.

חֲלוֹם פַּרְעֹה אֶחָד (창 41:25) 바로의 꿈은 하나이다.

תּוֹרָה אַחַת וּמִשְׁפָּט אֶחָד יִהְיֶה לָכֶם (민 15:16)

한 율법과 한 법도가 너희에게 있을 것이다.

② 2부터는 절대형은 명사 앞이나 뒤에 붙지만 연계형은 항상 명사 앞에 붙는다.

אֵילִם שְׁנַיִם (출 29:1) 두마리의 사슴   שְׁנַיִם חֳדָשִׁים (삿 11:39) 두 달

שְׁנֵי בָנִים (삼하 14:6) 두 아들   שְׁלֹשֶׁת יָמִים (창 30:36) 삼 일[3]

---

3) 기수를 쓰는 방법은 큰 수부터 작은 수로 기록하기도 하고 반대로 작은 수부터 큰 수로 기록하기도 한다. 후자는 전자보다 고대의 표기법이다. 현대 히브리어는 전자의 방법을 쓰나 현대아랍어는 아직도 후자의 방법을 쓴다.

2.2 서수

서수	남 성	여 성
첫째	רִאשׁוֹן	רִאשׁוֹנָה
둘째	שֵׁנִי	שֵׁנִית
셋째	שְׁלִישִׁי	שְׁלִישִׁית
넷째	רְבִיעִי	רְבִיעִית
다섯째	חֲמִישִׁי	חֲמִישִׁית
여섯째	שִׁשִּׁי	שִׁשִּׁית
일곱째	שְׁבִיעִי	שְׁבִיעִית
여덟째	שְׁמִינִי	שְׁמִינִית
아홉째	תְּשִׁיעִי	תְּשִׁיעִית
열째	עֲשִׂירִי	עֲשִׂירִית

① 서수는 형용사와 같이 서술적, 관형적, 독립적으로 모두 사용된다. 관형적 용법으로 사용될 때는 형용사처럼 명사 뒤에 온다.

② אֶחָד는 주로 기수로 사용되나 서수로 사용되기도 한다.
예) יוֹם אֶחָד (창 1:5) 첫째 날

부록2 연습문제풀이

〈제2과〉

1. 다음 개음절을 읽어보라.

(1) שָׁ 샤	(2) לֵ 레	(3) גִּ 기	(4) דֹ 도	(5) וֵ 베
(6) טֶ 테	(7) זוֹ 조	(8) פֻּ 푸	(9) אֱ 에	(10) הֳ 호
(11) הִי 히	(12) חֲ 하	(13) יַ 야	(14) יוּ 유	(15) צֹה 쪼
(16) טָה 타	(17) רוֹ 로	(18) סֻ 수	(19) שַׂגִּי 싸기	(20) מֶדֹ 메도
(21) בָּכוּ 바후	(22) כָּכָה 카하	(23) הָזִי 하지	(24) קָפֶה 카페	(25) תֶּה 테
(26) יוּדוֹ 유도	(27) הוֹדוּ 호두	(28) מִנִי 미니	(29) יֵשׁוּ 예슈	(30) קָקָאוֹ 카카오

2. 다음 폐음절을 읽어보라.

(1) טוֹב 토브	(2) תֵּן 텐	(3) אֵל 엘	(4) עַם 암	(5) כֹּל 콜
(6) יוֹם 욤	(7) אִישׁ 이쉬	(8) אַל 알	(9) אֵין 엔	(10) נוּן 눈
(11) אָח 아흐	(12) זוּז 주즈	(13) שַׁב 샤브	(14) בַּת 바트	(15) מִן 민
(16) לֵב 레브	(17) אִם 임	(18) לָן 란	(19) גַּר 가르	(20) פֶּן 펜
(21) אַף 아프	(22) הַר 하르	(23) אַז 아즈	(24) יָד 야드	(25) הֵם 헴
(26) בֵּן 벤	(27) שִׁיר 쉬르	(28) דֹּב 도브	(29) סוּס 수쓰	(30) פִּיל 필

3. 다음 단어들을 읽어보라.

(1) גָּדוֹל 가돌	(2) בַּיִת 바이트	(3) יְהִי 예히	(4) יֶלֶד 옐레드	(5) אָדָם 아담
(6) אֲנִי 아니	(7) עַתָּה 아타	(8) יֵשׁוּעַ 예슈아	(9) הוֹשֵׁעַ 호쉐아	(10) כֹּחַ 코아흐
(11) חֹדֶשׁ 호데쉬	(12) כְּלִי 켈리	(13) חַסְדוֹ 하쓰도	(14) לָמָּה 라마	(15) הָאָרֶץ 하아레쯔
(16) תּוֹרָה 토라	(17) צִידוֹן 찌돈	(18) עֵבֶר 에베르	(19) לָהֶם 라헴	(20) אֱנוֹשׁ 에노쉬
(21) מָקוֹם 마콤	(22) גִּבְעָה 기브아	(23) שֶׁמֶשׁ 쉐메쉬	(24) דֶּלֶת 델레트	(25) קָשֶׁה 카쉐
(26) הוּא 후	(27) נַחַל 나할	(28) תַּפּוּחַ 타푸아흐	(29) פְּרָת 페라트	(30) הַלְלוּיָה 할렐루야

4. 다음 인명, 지명들을 읽어보라.

(1) יִשְׂרָאֵל 이쓰라엘 (2) דָּוִד 다비드 (3) שְׁמוּאֵל 쉐무엘 (4) בֵּית לֶחֶם 베트 레헴 (5) יְהוֹשֻׁעַ 예호슈아

(6) חֶבְרוֹן 헤브론 (7) אֶפְרַיִם 에프라임 (8) רְאוּבֵן 레우벤 (9) יְהוּדָה 예후다 (10) בֵּית-אֵל 베트-엘

(11) עִמָּנוּ אֵל 이마누엘 (12) מִיכָאֵל 미하엘 (13) אֵלִיָּהוּ 엘리야후 (14) יִצְחָק 이쯔하크 (15) גִּבְעוֹן 기브온

(16) זְכַרְיָה 제하르야 (17) יוֹנָה 요나 (18) דָּנִיֵּאל 다니엘 (19) בָּבֶל 바벨 (20) כְּנַעַן 케나안

(21) רוּת 루트 (22) חֲבַקּוּק 하바쿠크 (23) יָפוֹ 야포 (24) אֶסְתֵּר 에쓰테르 (25) דָּן 단

(26) כַּרְמֶל 카르멜 (27) עָמוֹס 아모쓰 (28) נַחוּם 나훔 (29) בִּנְיָמִין 빈야민 (30) אַבְשָׁלוֹם 아브샬롬

〈제3과〉 ❖ 다음을 번역하라.

(1)	הַשָּׁנָה	그 해	(2)	הַיּוֹם	그 날
(3)	שֵׁם הָהָר	그 산의 이름	(4)	אִישׁ אֱלֹהִים	하나님의 사람
(5)	עַם אֱלֹהִים	하나님의 백성	(6)	מֶלֶךְ הָאָרֶץ	그 땅의 왕
(7)	בֶּן הָאִישׁ	그 사람의 아들	(8)	בֵּית מֶלֶךְ	왕의 집
(9)	שֵׁם הָעִיר	그 도시의 이름	(10)	יַד יְהוּדָה	유다의 손
(11)	אֲבִי מֶלֶךְ	왕의 아버지	(12)	אֱלֹהֵי יְהוּדָה	유다의 하나님
(13)	עִיר דָּוִד	다윗의 도시	(14)	הַר אֱלֹהִים	하나님의 산

〈제4과〉 1. 다음을 번역하라.

(1)	לְדָוִד	다윗에게, 다윗을 위해	(2)	בְּשֵׁם	이름으로/이름에(서)
(3)	כְּמֶלֶךְ	왕처럼/왕과 같이	(4)	לִיהוּדָה	유다에게, 유다를 위해
(5)	בֵּאלֹהִים	하나님 안에	(6)	כְּאִישׁ	사람처럼/사람과 같이
(7)	לָעִיר	그 도시로/ 그 도시를 위해	(8)	בַּבַּיִת	그 집에(서)
(9)	בָּאָרֶץ	그 땅에(서)	(10)	כָּאִישׁ	그 사람처럼/ 그 사람과 같이
(11)	עַד־הַבַּיִת	그 집까지	(12)	עַל־הָאָרֶץ	그 땅 위에
(13)	מִן־הָעָם	그 백성으로부터	(14)	עִם־יִצְחָק	이삭과 함께
(15)	אֶת־הַבֵּן	그 아들을, 그 아들과 함께	(16)	עִם־הָאָב	그 아버지와 함께
(17)	מִיהוּדָה	유다로부터	(18)	לַדָּבָר	그 것을 위해/그 말(씀)을 위해
(19)	מִיִּשְׂרָאֵל	이스라엘에서부터/이스라엘로부터	(20)	בַּיּוֹם	그 날에
(21)	בַּשָּׁנָה	그 해에	(22)	אֶל הַמֶּלֶךְ	그 왕에게

2. 다음 명사문장을 번역하라. (현재로 번역할 것)

(1)	מִי־אֲנִי	(대상 17:16)	내가/나는 누구냐?
(2)	אֲנִי יְהוָה	(왕상 20:13)	나는 여호와이다.
(3)	מִי־אַתְּ / אָנֹכִי רוּת	(룻 3:9)	너는(여) 누구냐? / 저는 룻입니다.
(4)	אֲנִי שָׁם	(삼하 14:32)	나는 거기에 있다.
(5)	מִי־אֵלֶּה	(창 33:5)	이들은 누구냐?
(6)	זֶה הוּא	(삼상 16:12)	이 자가 그다/이것이 저것(그것)이다.
(7)	יְהוָה עִם־דָּוִד	(삼상 18:28)	여호와께서 다윗과 함께 계신다.

(8) מִי כַּיהוָה (시 113:5)	누가 여호와와 같은가?
(9) בַּת־מִי אַתְּ (창 24:47)	너는/당신은(여) 누구의 딸인가?
(10) אֲנַחְנוּ בַּבָּיִת (왕상 3:18)	우리는 그 집에 있다.
(11) מַה־זֶּה (에 4:5)	이것은 무엇인가?
(12) אַתֶּם עֲבָדִים לְשָׁאוּל (삼상 17:8)	너희는/당신들은(남) 사울에게 속한/사울의 종들이다.

〈제5과〉 1. 다음 구들을 번역하라.

(1) שֵׁם הָעִיר (창 4:17)	그 도시의 이름
(2) מַלְכֵי מִדְיָן (삿 8:12)	미디안의 왕들
(3) אֵת דִּבְרֵי יְהוָה (민 11:24)	여호와의 말씀들을
(4) כָּל־הָעָם (룻 4:9)	그 모든 백성
(5) אֱלֹהֵי הָרִים (왕상 20:23)	산들의 하나님
(6) בְּנוֹת מְלָכִים (시 45:10)	왕들의 딸들
(7) בֵּין כָּל־נֶפֶשׁ (창 9:15)	모든 생명 사이에
(8) כָּל־עַבְדֵי פַרְעֹה (창 50:7)	바로의 모든 종들
(9) רָאשֵׁי בְנֵי־הַמֶּלֶךְ (왕하 10:8)	그 왕의 아들들의/그 왕자들의 머리들
(10) בְּיַד־אִשָּׁה (삿 4:9)	여자의 손에(서)
(11) כָּל־יְמֵי אָדָם (창 5:5)	사람의 모든 날들
(12) אֲבִי כָּל־בְּנֵי־עֵבֶר (창 10:21)	에벨의 모든 아들들의/자손들의 아버지/조상
(13) בְּדֶרֶךְ כָּל־הָאָרֶץ (수 23:14)	그 모든 땅의 길에(서)/길로
(14) מִבְּנֵי יִשְׂרָאֵל (수 4:4)	이스라엘 아들들/자손들로부터
(15) בְּשֵׁם־יְהוָה (렘 26:9)	여호와의 이름으로
(16) עַד הַיּוֹם הַזֶּה (삼상 5:5)	이 날까지/오늘날까지
(17) מִיַּד־אִישׁ (삼상 12:4)	사람의 손으로부터
(18) בְּמֵי הַיַּרְדֵּן (수 3:13)	그 요단(요단강)(의) 물에
(19) אֶל־אֶרֶץ כְּנַעַן (레 14:34)	가나안 땅으로
(20) עַל־בָּתֵּי בְנֵי־יִשְׂרָאֵל (출 12:27)	이스라엘 아들들의/자손들의 집들 위에

2. 다음 명사문장을 번역하라. (현재로 번역할 것)

(1) הוּא אֲבִי־מוֹאָב (창 19:37)	그는 모압의 아버지(조상)이다.
(2) הִיא עִיר דָּוִד (삼하 5:7)	그것은 다윗의 도시/다윗성이다.
(3) בֶּן־יְהוֹשָׁפָט הוּא (대하 22:9)	그는 여호사밧의 아들이다.
(4) אִישׁ אֱלֹהִים אָתָּה (왕상 17:24)	너는/당신은(남) 하나님의 사람이다.
(5) אֵלֶּה שְׁמוֹת בְּנֵי יִשְׂרָאֵל (출 1:1)	이것들은 이스라엘 아들들의/자손들의 이름들이다./ 이스라엘 아들들의/자손들의 이름들은 이러하다.
(6) הַקֹּל קוֹל יַעֲקֹב וְהַיָּדַיִם יְדֵי עֵשָׂו (창 27:22)	그 (목)소리는 야곱의 (목)소리이고 그 양/두 손은 에서의 양 두 손이다.

〈제6과〉 명사와 형용사의 연습

(1) עַם טוֹב	좋은 백성[1]	(2) דָּבָר קָשֶׁה	어려운 말(것)
(3) אֶרֶץ רָעָה	나쁜 땅	(4) הַכֹּהֵן הַגָּדוֹל	그 큰/위대한 제사장/그 대제사장
(5) הַבַּת הַחֲזָקָה	그 강한 딸	(6) הָעִיר הַיָּפָה	그 아름다운 도시
(7) אֱלֹהִים גָּדוֹל	위대하신 하나님	(8) קָשֶׁה הַשֵּׁם	그 이름은 어렵다
(9) יְהוָה צַדִּיק	여호와는 의로우시다	(10) הָאֲנָשִׁים הַקָּשִׁים	그 완고한 남자들/사람들
(11) מַיִם טוֹבִים	좋은 물	(12) הָעִיר רָעָה	그 도시는 나쁘다/악하다
(13) יָמִים רַבִּים	많은 날들	(14) שָׁנָה טוֹבָה	좋은 해
(15) שֵׁמוֹת יָפִים	아름다운 이름들	(16) גְּדֹלוֹת הַנָּשִׁים	그 여자들은 크다/위대하다
(17) דָּוִד הֶחָזָק	강한 다윗	(18) הַיָּד גְּדוֹלָה	그 손은 크다
(19) הָאָח הָרָע	그 나쁜 형제	(20) חֲכָמִים הַמְּלָכִים	그 왕들은 지혜롭다

❖ 다음을 번역하라. (명사문장은 현재로 번역할 것)

(1) יָפָה הִוא מְאֹד (창 12:14)	그녀는 매우 아름답다
(2) אֶל־נִינְוֵה הָעִיר הַגְּדוֹלָה (욘 1:2)	그 큰 도시 니느웨로

1) 서술적으로 '백성은 좋다'로 번역할 수 있다. 그러나 이곳에서는 관형적으로 번역한다.

(3) עַד הַיּוֹם הַזֶּה (수 22:3)	이 날까지/오늘날까지
(4) נֹחַ אִישׁ צַדִּיק (창 6:9)	노아는 의로운 사람이다.
(5) יְהוָה הַצַּדִּיק (출 9:27)	의로우신 여호와
(6) הַמַּיִם רָעִים (왕하 2:19)	그 물은 나쁘다.
(7) בְּיָד חֲזָקָה (시 136:12)	강한 손으로
(8) הָאָרֶץ הַטּוֹבָה הַזֹּאת (신 9:6)	이 좋은 땅
(9) יוֹם יְהוָה הַגָּדוֹל (욜 3:4)	위대하신 여호와의 날/여호와의 (그) 큰/위대한 날
(10) הָאִישׁ קָשֶׁה וְרַע (삼상 25:3)	그 사람은/남자는 완고하고 악하다.
(11) הֵמָּה חֲכָמִים (렘 4:22)	그들은 지혜롭다.
(12) עַם־רַב אַתָּה (수 17:15)	너는/당신은(남) 많은/위대한 백성이다.
(13) גָּדוֹל הַיּוֹם הַהוּא (렘 30:7)	저(그) 날은 크다/위대하다.
(14) מִי־הָאִישׁ הֶחָכָם (렘 9:11)	그 지혜로운 사람은/남자는 누구인가?
(15) לֹא־טוֹב הַדָּבָר הַזֶּה (삼상 26:16)	이 말(것)은 좋지 않다.
(16) מֶלֶךְ גָּדוֹל אָנִי (말 1:14)	나는 위대한 왕이다.
(17) טוֹבָה הָאָרֶץ מְאֹד מְאֹד (민 14:7)	그 땅은 매우 매우 좋다.
(18) נָשִׁים יָפוֹת כִּבְנוֹת אִיּוֹב (욥 42:15)	아름다운 여자들은 욥의 딸들과 같다.
(19) יְהוּדָה וְיִשְׂרָאֵל רַבִּים (왕상 4:20)	유다와 이스라엘은 많다/위대하다.

〈제7과〉 번역연습

(1) כַּסְפֵּנוּ (창 43:22)	우리의 돈
(2) בְּכָל־לִבָּם (왕상 8:23)	그들의 모든 마음으로
(3) בְּחַרְבְּךָ (수 24:12)	너의/당신의(남) 칼로
(4) אִישָׁהּ (민 30:14)	그녀의 남자(남편)
(5) עַל־רֹאשׁוֹ (출 29:7)	그의 머리 위에
(6) אֶת־דַּרְכֵּךְ (렘 2:36)	너의/당신의(여) 길을
(7) בְּכָל־נַפְשְׁךָ (신 6:5)	너의/당신의(남) 모든 생명으로
(8) אֶת־קוֹלְכֶם (수 6:10)	너희의/당신들의(남) (목)소리를
(9) אֶל־פִּיהֶם (삿 7:6)	그들의 입으로
(10) בֵּין עַמִּי וּבֵין עַמְּךָ (출 8:19)	나의 백성과 너의/당신의(남) 백성 사이에

1. 다음 단어나 구들을 번역하라.

(1)	מִמְּקוֹמוֹ (미 1:3)	그의 장소로부터
(2)	אֶת־חַרְבּוֹ (삼상 25:13)	그의 칼을
(3)	בְּיָדִי (겔 37:19)	내 손에
(4)	בְּרֹאשָׁם (레 21:5)	그들의 머리에
(5)	בְּדֶרֶךְ מַלְכֵי יִשְׂרָאֵל (왕하 8:18)	이스라엘의 왕들의 길에
(6)	עַד־מְקוֹמִי (삿 11:19)	나의 장소까지
(7)	אֶל־אַרְצוֹ (사 37:7)	그의 땅으로
(8)	לְאַנְשֵׁי בֵיתָהּ (창 39:14)	그녀의 집의 사람들/남자들에게
(9)	אֶת־קוֹל דִּבְרֵי הָעָם הַזֶּה (신 5:28)	이 백성의 말들의 (목)소리를
(10)	אֶת־בַּת־בְּנָהּ וְאֶת־בַּת־בִּתָּהּ (레 18:17)	그녀의 아들의 딸과 그녀의 딸의 딸을

2. 다음 문장들을 번역하라. (현재로 번역할 것)

(1)	אֲנִי עַבְדֶּךָ (삼하 15:34)	나는 너의/당신의(남) 종이다.
(2)	יְהוָה מַלְכֵּנוּ (사 33:22)	여호와는 우리의 왕이시다.
(3)	בְּנִי אַתָּה (시 2:7)	너는/당신은(남) 나의/내 아들이다.
(4)	יְהוָה אֱלֹהֵי־צְבָאוֹת שְׁמוֹ (암 4:13)	그의 이름은 군대들의 하나님 여호와이다.
(5)	הִיא לֹא אִשְׁתִּי (호 2:4)	그녀는 나의 아내가 아니다.
(6)	קוֹלוֹ כְּקוֹל מַיִם רַבִּים (겔 43:2)	그의 소리는 많은 물의 소리와 같다.
(7)	אֹיְבֵי אִישׁ אַנְשֵׁי בֵיתוֹ (미 7:6)	사람의 원수들은 그의 집의 사람들이다.

〈제8과〉 번역연습

(1)	כָּל־יָמָיו (전 5:16)	그의 모든 날들
(2)	אֶל־אֲדֹנֵיכֶם (렘 27:4)	너희의/당신들의(남) 주인들에게
(3)	אֶת־תּוֹרֹתַי (겔 44:24)	나의 율법들을
(4)	עַל־נַפְשֹׁתֵיכֶם (출 30:15)	너희들/당신들의(남) 생명들위에
(5)	מִשְׁפָּטֶיךָ (시 10:5)	너의/당신의(남) 법도들
(6)	רָאשֵׁיהֶם (출 38:19)	그들의 머리들
(7)	בְּנוֹתַיִךְ (겔 26:8)	너의/당신의(여) 딸들

(8) כְּכָל־מִשְׁפָּטָיו (민 9:3) 그의 모든 법도들과 같이
(9) עִם־עֲבָדֶיךָ (단 1:13) 너의/당신의(남) 종들과 함께
(10) כֹּהֲנֵינוּ (느 10:1) 우리의 제사장들

1. 다음 단어와 구들을 번역하라.

(1) בִּדְרָכָיו (신 8:6) 그의 길들에
(2) לְאֹיְבָיִךְ (나 3:13) 너의/당신의(여) 원수들에게
(3) כָּל־אֲנָשֶׁיהָ (수 10:2) 그녀의 모든 사람들
(4) כָּל־נְבִיאֶיךָ (왕상 22:23) 너의/당신의(남) 모든 선지자들
(5) אֶת־כָּל־מִצְוֹתָיו (신 28:1) 그의 모든 계명들을

---

(6) אֶת־כָּל־מַלְכֵיהֶם (수 11:12) 그들의 모든 왕들을
(7) לַאֲנָשָׁיו (삼상 24:7) 그의 사람들에게
(8) שָׁמֶיךָ (시 8:4) 너의/당신의(남) 하늘
(9) עִם־חַרְבֹתֵיהֶם (느 4:7) 그들의 칼들과 함께
(10) אֶל־אֲחֵיהֶם (삿 18:8) 그들의 형제들에게

2. 다음 문장들을 번역하라. (현재로 번역할 것)

(1) אֵלֶּה הַמִּצְוֹת וְהַמִּשְׁפָּטִים (민 36:13) 이것들은 그 계명들과 그 법도들이다.
(2) אֵלֶּה בָנָיו (대상 8:10) 이들은 그의 아들들이다.
(3) חַסְדְּךָ גָּדוֹל (시 86:13) 당신의(남) 인자는 크다.
(4) אֱלֹהֵינוּ אַתָּה (대하 14:10) 당신은(남) 우리의 하나님이시다.
(5) עַם קָדוֹשׁ אַתָּה לַיהוָה אֱלֹהֶיךָ (신14:2) 너는/당신은(남) 당신의(남) 하나님 여호와께 거룩한 백성이다.

---

(6) מִי אֲבִיהֶם (삼상 10:12) 그들의 아버지는 누구인가?

(7) אֵלֶּה שְׁמוֹתָם (민 13:4) 이것들은 그들의 이름들이다.

(8) אֵלֶּה רָאשֵׁי בֵית־אֲבֹתָם (출 6:14) 이들은 그들의 아버지들의/조상들의 집의 머리들이다.

〈제9과〉 전치사 연습

① לָכֶם	너희/당신들(남)에게/위해	② אֹתוֹ	그를
③ אִתָּנוּ	우리와 함께	④ מֵהֶם	그들로부터
⑤ כָּמוֹנִי	나처럼	⑥ עָלַיִךְ	네/당신(여) 위에
⑦ אֲלֵיהֶן	그녀들에게	⑧ לְפָנֶיךָ	네/당신(남) 앞에
⑨ אַחֲרָיו	그의 뒤에	⑩ בָּנוּ	우리 안에
⑪ עִמְּךָ	너와/당신과(남) 함께	⑫ בֵּינֵיכֶם	너희/당신들(남) 사이에
⑬ עָדֶיהָ	그녀까지	⑭ תַּחְתֵּיהֶם	그들 아래(대신에)
⑮ אֶצְלוֹ	그의 옆에	⑯ בַּעֲדִי	나를 위하여
⑰ מִמֶּנּוּ	그로부터, 우리로부터	⑱ לִפְנֵיכֶן	너희/당신들(여) 앞에
⑲ לִי	나에게/나를 위해	⑳ בִּלְעָדֶיךָ	너/당신(남) 없이

번역연습

(1) מִכַּסְפִּי (겔 16:17) 나의 돈으로부터

(2) בִּלְעָדַי (사 45:6) 나 없이

(3) בְּחַרְבְּךָ (수 24:12) 너의/당신의(남) 칼로/칼(안)에

(4) לְאִישִׁי (창 30:18) 나의 남자에게

(5) אֶת־מִשְׁפָּטַי (레 18:4) 나의 법도들을

(6) עַל־רֹאשָׁהּ (삼하 13:19) 그녀의 머리 위에

(7) אֶצְלָם (겔 1:19) 그들 옆에

(8) כְּמִשְׁפָּטָם (왕상 18:28) 그들의 법도에 따라

(9) אֶת־פִּיהָ (창 4:11) 그것의/그녀의(여) 입을

(10) בֵּינִי וּבֵינֵיהֶם (겔 43:8) 나와 그들 사이에

1. 다음 구들을 번역하라.

(1) בְּכֹל מְקוֹמֹתֵיכֶם (암 4:6) 너희의/당신들의(남) 모든 장소들에서

(2) אֶת־חַרְבִּי (겔 30:24) 나의 칼을

(3) אַנְשֵׁיהֶן וּבְנֵיהֶן (겔 16:45) 그녀들의 남자들과/사람들과 그녀들의 아들들/자손들

(4) אֶל־רֹאשׁוֹ (출 36:29) 그(것)의 머리로

(5) בֵּינֵנוּ וּבֵינֵיכֶם (수 22:28) 우리와 너희/당신들(남) 사이에
(6) אֶל־מְקוֹמִי (호 5:15) 나의 장소로
(7) אֶת־דָּוִד וַאֲנָשָׁיו (삼상 24:3) 다윗과 그의 사람들을
(8) לִשְׁמִי (말 2:2) 나의 이름에
(9) בְּחַרְבוֹתָם (겔 16:40) 그들의 칼들로/칼들(안)에
(10) אַתֶּם וַאֲחֵיכֶם (대상 15:12) 너희와/당신들과(남) 너희들의(남) 형제들

2. 다음 문장들을 번역하라. (현재로 번역할 것)

(1) הֲיֵשׁ לָכֶם אָח (창 43:7) 너희에게/당신들에게(남) 형제가 있느냐?
(2) אֵין בּוֹ מָיִם (창 37:24) 그 안에(는) 물이 없다.
(3) יֶשׁ־חֶרֶב בְּיָדִי (민 22:29) 내 손에 칼이 있다.
(4) מַחֲנֵיהֶם עִמָּם (삿 8:10) 그들의 진영들이 그들과 함께 있다.
(5) מַה־יֶּשׁ־לִי (삼하 19:29) 나에게 무엇이 있느냐?

(6) לְחַנָּה אֵין יְלָדִים (삼상 1:2) 한나에게 아이들이 없다.
(7) יֵשׁ אֱלֹהִים לְיִשְׂרָאֵל (삼상 17:46) 이스라엘에게 하나님이 계시다.
(8) לֶחֶם וָיַיִן יֶשׁ־לִי (삿 19:19) 나에게 빵과 포도주가 있다.
(9) בַּיָּמִים הָהֵם אֵין מֶלֶךְ בְּיִשְׂרָאֵל (삿 17:6) 그 날들에 이스라엘에는 왕이 없다.
(10) יֵשׁ דְּבַר יְהוָה אִתָּם (렘 27:18) 여호와의 말씀이 그들과 함께 있다.
(11) הֲטוֹב אַתָּה מִבָּלָק בֶּן־צִפּוֹר מֶלֶךְ מוֹאָב (삿 11:25)
너는/당신은(남) 모압의 왕 십볼의 아들 발락보다 더 좋은가?

〈제10과〉 1. 다음 히브리어 동사들의 유형과 성경히브리어 사전에 나타나는 기본형을 제시하라.(해석은 불필요)

히브리어동사	유형	기본형	히브리어동사	유형	기본형
(1) הִפְקִיד	히필	פקד	(2) נִשְׁמַר	니팔	שׁמר
(3) דִּבֵּר	피엘	דבר	(4) הָפְקַד	호팔	פקד
(5) שָׁפַט	칼	שׁפט	(6) פֻּקַּד	푸알	פקד
(7) נִפְקַד	니팔	פקד	(8) הִמְלִיךְ	히필	מלך
(9) הָמְלַךְ	호팔	מלך	(10) בִּקֵּשׁ	피엘	בקשׁ

2. 다음 문장에서 동사를 찾고 유형과 기본형을 제시하라.

히브리어동사	유형	기본형	히브리어동사	유형	기본형
(1) שָׁמַר	칼	שמר	(2) הִמְלִיךְ	히필	מלך
(3) דִּבֶּר	피엘	דבר	(4) קֻבַּר	푸알	קבר
(5) נִלְקָת	니팔	לקח	(6) שָׁפַט	칼	שפט
(7) הִתְהַלֵּךְ	히트파엘	הלך	(8) הָמְלַךְ	호팔	מלך

〈제11과〉 ❖ 다음 문장들을 번역하라.

(1) לֹא שָׁמַרְתָּ אֶת־מִצְוַת יְהוָה אֱלֹהֶיךָ(삼상 13:13)

너는/당신은(남) 너의/당신의(남) 하나님 여호와의 계명을 지키지 않았다.

(2) פְּלִשְׁתִּים הָלְכוּ לִמְקוֹמָם (삼상 14:46) 블레셋 사람들이 그들의 장소로 갔다.

(3) אֵיךְ כָּתַבְתָּ אֶת־כָּל־הַדְּבָרִים הָאֵלֶּה(렘 36:17)

어떻게 너는/당신은(남) 이 모든 것들(말씀들)을 썼는가?

(4) לֹא פְקַדְתֶּם אֹתָם (렘 23:2) 너희는/당신들은(남) 그들을 권고하지 않았다.

(5) לֹא שְׁמַעְתֶּם בְּקֹלוֹ (신 9:23) 너희는/당신들은(남) 그의 목소리를 듣지 않았다.[2)]

(6) זָכַרְתִּי בַלַּיְלָה שִׁמְךָ (시 119:55) 내가 그 밤에 너의/당신의(남) 이름을 기억했다.

(7) לֹא־שָׁמְרוּ אֲבוֹתֵינוּ אֶת־דְּבַר יְהוָה (대하 34:21)

우리의 아버지들이/ 조상들이 여호와의 말씀을 지키지 않았다.

(8) הֲלֹא כָתַבְתִּי לְךָ (잠 22:20) 내가 너에게/당신에게(남) 쓰지 않았느냐?

(9) לֹא זָכְרוּ בְּרִית אַחִים (암 1:9) 그들은 형제들의 계약을 기억하지 않았다.

(10) לֹא שָׁמַעְנוּ בְּקוֹל יְהוָה אֱלֹהֵינוּ (렘 3:25)

우리가 우리의 하나님 여호와의 (목)소리를 듣지 않았습니다.

---

2) שָׁמַע 동사는 뒤에 직접목적어가 올 때 종종 전치사 בְּ나 אֶל을 취하여 '-을 듣다'의 뜻을 갖는다.

〈제12과〉 분사연습

동사 기본형	의미	남성단수	여성단수	남성복수	여성복수
הלךְ	가다	הֹלֵךְ	הֹלֶכֶת	הֹלְכִים	הֹלְכוֹת
אכל	먹다	אֹכֵל	אֹכֶלֶת	אֹכְלִים	אֹכְלוֹת
עמד	서다	עֹמֵד	עֹמֶדֶת	עֹמְדִים	עֹמְדוֹת
ירד	내려가다	יֹרֵד	יֹרֶדֶת	יֹרְדִים	יֹרְדוֹת
אמר	말하다	אֹמֵר	אֹמֶרֶת	אֹמְרִים	אֹמְרוֹת
שׁכב	눕다	שֹׁכֵב	שֹׁכֶבֶת	שֹׁכְבִים	שֹׁכְבוֹת
שׁפךְ	붓다, 흘리다	שֹׁפֵךְ	שֹׁפֶכֶת	שֹׁפְכִים	שֹׁפְכוֹת

❖ 다음 문장들을 번역하라. (완료는 과거로, 분사는 현재로 번역할 것)

(1) הִנֵּה־עָם יוֹרֵד מֵרָאשֵׁי הֶהָרִים (삿 9:36)

보라, 백성이 그 산들의 머리들(정상)로부터 내려온다.

(2) אֵלֶּה הַמְּלָכִים אֲשֶׁר מָלְכוּ בְּאֶרֶץ אֱדוֹם (창 36:31)

이들은 에돔 땅에서 왕이 된 왕들이다(되었다).

(3) אֲנִי וְהָאִשָּׁה הַזֹּאת יֹשְׁבֹת בְּבַיִת אֶחָד (왕상 3:17)

나와 이 여자는 한 집에 앉아(거주하고) 있다.

(4) אַתֶּם עֹבְרִים אֶת־הַיַּרְדֵּן אֶל־אֶרֶץ כְּנָעַן (민 33:51)

너희는/당신들은(남) 가나안 땅으로 요단을 건넌다.

(5) בָּרוּךְ אַתָּה בָּעִיר וּבָרוּךְ אַתָּה בַּשָּׂדֶה (신 28:3)

너는/당신은(남) 그 도시에서 복을 받으며 그 들판에서 복을 받는다.

(6) לָמָּה לֹא־הָלַכְתָּ עִמִּי מְפִיבֹשֶׁת (삼하 19:26)

므비보셋아, 왜 너는/당신은(남) 나와 함께 가지 않았느냐?

(7) עָשָׂה הָאִישׁ כַּאֲשֶׁר אָמַר יוֹסֵף (창 43:17)

그 사람은 요셉이 말한것처럼/말한 대로 행했다.

(8) זֶה הַיּוֹם אֲשֶׁר נָתַן יְהוָה אֶת־סִיסְרָא בְּיָדֶךָ (삿 4:14)

이것은 여호와께서 시스라를 너의/당신의(남) 손에 주신(주셨던) [그] 날이다.

(9) הִנֵּה אָנֹכִי שֹׁלֵחַ מַלְאָךְ לְפָנֶיךָ (출 23:20) 보라, 내가 네(남) 앞에 사자를 보낸다.

(10) יְהוָה אֱלֹהֶיךָ הוּא הַהֹלֵךְ עִמָּךְ (신 31:6)

너의/당신의(남) 하나님 여호와 그 분은 너와/당신과(남) 함께 가시는 분이시다.

(11) הָלְכוּ אֶל־הָעִיר אֲשֶׁר־שָׁם אִישׁ הָאֱלֹהִים (삼상 9:10)

그들이 하나님의 사람이 있는 [그] 도시로 갔다.

(12) בְּרוּכִים אַתֶּם לַיהוָה עֹשֵׂה שָׁמַיִם וָאָרֶץ (시 115:15)

너희는/당신들은(남) 하늘과 땅을 만드신 여호와께 복을 받는다.

(13) שָׁמַע אֱלֹהִים אֶל־קוֹל הַנַּעַר בַּאֲשֶׁר הוּא־שָׁם (창 21:17)

하나님께서 거기에 있는 [그] 소년의 (목)소리를 들으셨다.

(14) שָׁמַעְתִּי אֵת אֲשֶׁר־שָׁלַחְתָּ אֵלָי (왕상 5:22) 나는 네가/당신이(남) 나에게 보냈던 것을 들었다.

(15) בָּנֶיךָ וּבְנֹתֶיךָ נְתֻנִים לְעַם אַחֵר (신 28:32)

너의/당신의(남) 아들들과 너의/당신의(남) 딸들은 다른 백성에게 주어진다.

〈제13과〉 칼 동사 연습

동사형태	유형, 상	인칭, 성, 수	기본형	번역
יִשְׁמֹר	칼 미완료	3인칭남성단수	שמר	그가 지킬 것이다
תִּמְשֹׁל	칼 미완료	2남단/3여단	משל	네가(남)/그녀가 다스릴 것이다
יִכְרְתוּ	칼 미완료	3남복	כרת	그들이 자를 것이다
תִּפְקֹד	칼 미완료	2남단/3여단	פקד	네가(남)/그녀가 방문할 것이다
רֹכְבִים	칼 분사	남성복수	רכב	타는 자들(남)
שָׁמְרוּ	칼 완료	3복	שמר	그들이/그녀들이 지켰다
אֶזְכֹּר	칼 미완료	1단	זכר	내가 기억할 것이다
זֹכְרוֹת	칼 분사	여성복수	זכר	기억하는 자들(여)
תִּרְכַּבְנָה	칼 미완료	2/3여복	רכב	너희가(여)/그녀들이 탈 것이다
תִּדְרֹשׁ	칼 미완료	2남단/3여단	דרש	네가(남)/그녀가 찾을 것이다
נִשְׁמֹר	칼 미완료	1복	שמר	우리가 지킬 것이다
פְּקַדְתֶּן	칼 완료	2여복	פקד	너희가(여) 방문했다
תִּשְׁבְּרוּ	칼 미완료	2남복	שבר	너희가(남) 깨뜨릴 것이다
יִפְקְדוּ	칼 미완료	3남복	פקד	그들이 방문할 것이다
נִמְכֹּר	칼 미완료	1복	מכר	우리가 팔 것이다
אֶמְשֹׁל	칼 미완료	1단	משל	내가 다스릴 것이다
יִרְכְּבוּ	칼 미완료	3남복	רכב	그들이 탈 것이다
תִּזְכְּרוּ	칼 미완료	2남복	זכר	너희가(남) 기억할 것이다
אֶתְפֹּשׂ	칼 미완료	1단	תפשׂ	내가 잡을 것이다
יִדְרֹשׁ	칼 미완료	3남단	דרש	그가 찾을 것이다
שֹׁבֵר	칼 분사	남성단수	שבר	깨뜨리는 자(남)
יִתְפְּשׂוּ	칼 미완료	3남복	תפשׂ	그들이 잡을 것이다
מָשַׁלְתִּי	칼 완료	1단	משל	내가 다스렸다
יִמְכֹּר	칼 미완료	3남단	מכר	그가 팔 것이다
אֶכְרֹת	칼 미완료	1단	כרת	내가 자를 것이다

❖ 다음 구와 문장들을 번역하라.

(1) אֶכְתֹּב עַל־הַלֻּחֹת אֶת־הַדְּבָרִים (신 10:2)

내가 그 말씀들을 그 판들 위에 쓸 것이다.

(2) יִשְׁפֹּט יְהוָה בֵּינִי וּבֵינֶיךָ (창 16:5)

여호와께서 나와 너/당신(남) 사이에 재판하실 것이다.

(3) יִשְׁמְרוּ בָנֶיךָ אֶת־דַּרְכָּם (왕상 2:4)

너의/당신의(남) 아들들은/자손들은 그들의 길을 지킬 것이다.

(4) בַּיּוֹם הַהוּא יִפְקֹד יְהוָה בְּחַרְבוֹ הַקָּשָׁה וְהַגְּדוֹלָה וְהַחֲזָקָה (사 27:1)

그 날에 여호와께서 그의 단단하고 크고 강한 칼로 방문할 것이다.

(5) לֻחֹת אֶבֶן כְּתֻבִים בְּאֶצְבַּע אֱלֹהִים (출 31:18)

돌판들은 하나님의 손가락으로 기록되어 있다.

(6) אֶשְׁפּוֹךְ אֶת־רוּחִי עַל־כָּל־בָּשָׂר (욜 3:1) 내가 나의 영을 모든 육체 위에 부을 것이다.

(7) מִימֵי הַשֹּׁפְטִים אֲשֶׁר שָׁפְטוּ אֶת־יִשְׂרָאֵל (왕하 23:22)

이스라엘을 다스렸던 [그] 재판관들의 날들로부터

(8) אֵת שֵׁם אַהֲרֹן תִּכְתֹּב עַל־מַטֵּה לֵוִי (민 17:18)

너는/당신은(남) 아론의 이름을 레위의 막대기 위에 기록하라. (13.1항의 ⑥번 참조)

(9) זֹאת בְּרִיתִי אֲשֶׁר תִּשְׁמְרוּ בֵּינִי וּבֵינֵיכֶם (창 17:10)

이것은 너희가/당신들이(남) 나와 너희/당신들(남) 사이에 지킬 나의 언약이다.

(10) אַתָּה אָמַרְתָּ אֲדֹנִיָּהוּ יִמְלֹךְ אַחֲרַי (왕상 1:24)

아도니야가 내 뒤에 왕이 될 것이라고 네가/당신이(남) 말했다.

(11) אֶת־בְּרִיתִי אֶזְכֹּר וְהָאָרֶץ אֶזְכֹּר (레 26:42)

내가 내 언약을 기억할 것이며 그 땅을 기억할 것이다.

(12) הָעֵצִים אֲשֶׁר־תִּכְתֹּב עֲלֵיהֶם בְּיָדְךָ (겔 37:20)

네가/당신이(남) 그들 위에 쓰게 될 [그] 나무들은 네/당신의(남) 손에 있다.

〈제14과〉 칼 부정사, 명령형 연습

동사형태	유형, 상	인칭, 성, 수	기본형	번 역
לִשְׁמֹר	칼 부정사	-	שׁמר	지키도록
שִׁמְרִי	칼 명령	여성단수	שׁמר	너는(여) 지키라
לִזְכֹּר	칼 부정사	-	זכר	기억하도록
כִּרְתוּ	칼 명령	남성복수	כרת	너희는(남) 자르라
זִכְרוּ	칼 명령	남성복수	זכר	너희는(남) 기억하라
תִּפְשׂוּ	칼 명령	남성복수	תפשׂ	너희는(남) 잡으라
לִדְרֹשׁ	칼 부정사	-	דרשׁ	찾도록
שְׁבֹר	칼 명령, 칼 부정사	남성단수	שׁבר	너는(남) 깨뜨리라/깨뜨리도록
לִמְשֹׁל	칼 부정사	-	משׁל	다스리도록
לִפְקֹד	칼 부정사	-	פקד	방문하도록

❖ 다음 구와 문장들을 번역하라.

(1) שְׁמֹר אֶת־הָאִישׁ הַזֶּה (왕상 20:39) 너는/당신은(남) 이 사람을 지켜라.

(2) זִכְרוּ תּוֹרַת מֹשֶׁה עַבְדִּי (말 3:22)

너희는/당신들은(남) 나의 종 모세의 율법을 기억하라.

(3) עֲבָדֶיךָ יוֹדְעִים לִכְרוֹת עֲצֵי לְבָנוֹן (대하 2:7)

너의/당신의(남) 종들은 레바논의 나무들을 자를 줄 안다.

(4) מִכְרִי אֶת־הַשֶּׁמֶן (왕하 4:7) 너는/당신은(여) 그 기름을 팔아라.

(5) זֹאת אוֹת־הַבְּרִית אֲשֶׁר־אֲנִי נֹתֵן בֵּינִי וּבֵינֵיכֶם וּבֵין כָּל־נֶפֶשׁ חַיָּה אֲשֶׁר אִתְּכֶם

(창 9:12) 이것은 나와 너희와/당신들과(남), 너희와/당신들과(남) 함께 있는 모든 살아있는 생명 사이에 내가 주는 [그] 언약의 기호이다.

(6) שִׁפְכוּ־לְפָנָיו לְבַבְכֶם (시 62:9) 너희는/당신들은(남) 그 앞에서 너희는/당신들의(남) 마음을 부어라.

(7) יָשַׁב מֹשֶׁה לִשְׁפֹּט אֶת־הָעָם (출 18:13) 모세가 그 백성을 재판하기 위해 앉았다.

(8) מַרְאֵה כְּבוֹד יְהוָה כְּאֵשׁ אֹכֶלֶת בְּרֹאשׁ הָהָר לְעֵינֵי בְּנֵי יִשְׂרָאֵל(출 24:17)
여호와의 영광의 광경은 이스라엘 자손들의 눈에 그 산 머리(정상)에서 먹는 불과 같다.

(9) שִׁפְטוּ־נָא בֵּינִי וּבֵין כַּרְמִי (사 5:3)
너희는/당신들은(남) 나와 나의 포도원 사이에서 제발 판단하라.

(10) זָכֹר תִּזְכֹּר אֵת אֲשֶׁר־עָשָׂה יְהוָה אֱלֹהֶיךָ לְפַרְעֹה וּלְכָל־מִצְרָיִם
(신 7:18) 너는/당신은(남) 너의/당신의(남) 하나님 여호와께서 바로와 모든 이집트인에게 행한 것을 정녕 기억하라.

(11) פָּקֹד יִפְקֹד אֱלֹהִים אֶתְכֶם (창 50:25) 정녕 하나님께서 너희를/당신들을(남) 권고하실 것이다.

(12) אָמַר יְהוָה אֶל־מֹשֶׁה [3]כְּתָב־לְךָ אֶת־הַדְּבָרִים הָאֵלֶּה(출 34:27)
여호와께서 모세에게 말씀하셨다. 너는/당신은(남) 이 말씀들을 기록하라.

(13) רָאָה מֹשֶׁה לִכְתֹּב אֶת־דִּבְרֵי הַתּוֹרָה־הַזֹּאת עַל־סֵפֶר (신 31:24)
모세가 이 율법의 말씀들을 책 위에 기록하는 것을 보았다.

(14) שִׁמְרוּ מִצְוֹתַי חֻקּוֹתַי כְּכָל־הַתּוֹרָה (왕하 17:13)
너희는/당신들은(남) 나의 계명들과 법령들을 그 모든 율법에 따라 지켜라.

(15) זָקֵן הָאִישׁ וְכָבֵד וְהוּא שָׁפַט אֶת־יִשְׂרָאֵל (삼상 4:18)
그 사람은 늙었고 무거웠으며 그는 이스라엘을 다스렸다.

(16) אָחִיו הַקָּטֹן יִגְדַּל מִמֶּנּוּ (창 48:19)
그의 어린 형제(동생)는 그보다 더 클(위대할) 것이다.

〈제15과〉 ❖ 다음 구와 문장들을 번역하라.

(1) אַל־תִּדְרְשׁוּ בֵּית־אֵל (암 5:5)
너희는/당신들은(남) 벧엘을 찾지 말기를 바란다/원한다.

---

3) 강세가 뒤로 이동함에 따라 כְּתֹב에서 כְּתָב로 바뀌었으며, '케토브'로 읽는다.

(2) אֶשְׁמְרָה תוֹרָתְךָ תָמִיד לְעוֹלָם (시 119:44)

나는 당신의(남) 율법을 항상 영원히 지키기를 원합니다/바랍니다.

(3) יִזְכָּר־נָא הַמֶּלֶךְ אֶת־יְהוָה אֱלֹהֶיךָ (삼하 14:11)

왕이시여, 당신의(남) 하나님 여호와를 제발 기억하시기를 원합니다/바랍니다.

(4) יִשְׁמַע־נָא אֲדֹנִי הַמֶּלֶךְ אֵת דִּבְרֵי עַבְדּוֹ (삼상 26:19)

부디 내 주 왕께서는 그의 종의 말들을 들으시기를 원합니다/바랍니다.

(5) אֱלֹהֵי אַבְרָהָם וֵאלֹהֵי נָחוֹר יִשְׁפְּטוּ בֵינֵינוּ אֱלֹהֵי אֲבִיהֶם (창 31:53)

아브라함의 하나님, 나홀의 하나님, 그들의 조상의 하나님은 우리 사이에서 판단하시기를 원합니다/바랍니다.

〈제16과〉 ❖ 다음 구와 문장들을 번역하라.

(1) וַיִּזְכֹּר יוֹסֵף אֵת הַחֲלֹמוֹת אֲשֶׁר חָלַם לָהֶם (창 42:9)

요셉은 그들에게 꾸었던 [그] 꿈들을 기억했다.

(2) וְשָׁפַט בֵּין עַמִּים רַבִּים (미 4:3)

그는 많은 백성들 사이에서 재판할 것이다.

(3) וְעָבְדוּ אֹתוֹ כָּל־הַגּוֹיִם וְאֶת־בְּנוֹ וְאֶת־בֶּן־בְּנוֹ (렘 27:7)

그 모든 민족들이 그와 그의 아들과 그의 아들의 아들을 섬길 것이다.

(4) יֹשְׁבֵי גִבְעוֹן שָׁמְעוּ אֵת אֲשֶׁר עָשָׂה יְהוֹשֻׁעַ לִירִיחוֹ וְלָעָי (수 9:3)

기브온 거민들은 여호수아가 여리고와 아이에게 행한 것을 들었다.

(5) וַיִּמְלֹךְ דָּוִד עַל־כָּל־יִשְׂרָאֵל (삼하 8:15) 다윗은 모든 이스라엘 위에 다스렸다/왕이 되었다.

(6) וַיִּשְׁפֹּט שְׁמוּאֵל אֶת־בְּנֵי יִשְׂרָאֵל בַּמִּצְפָּה (삼상 7:6)

사무엘은 이스라엘(의) 아들들을/자손들을 (그) 미스바에서 다스렸다.

(7) וַיִּכְתֹּב מֹשֶׁה אֵת כָּל־דִּבְרֵי יְהוָה (출 24:4)

모세는 여호와의 모든 말씀들을 기록했다.

(8) וַיִּפְקֹד דָּוִד אֶת־הָעָם אֲשֶׁר אִתּוֹ (삼하 18:1)

다윗은 그와 함께 한 [그] 백성을 방문했다.

(9) וָאֶשְׁפֹּךְ אֶת־נַפְשִׁי לִפְנֵי יְהוָה (삼상 1:15)

나는 나의 혼을 여호와 앞에서 부었다.

(10) אֶקְבְּצָה אֶל־אֲדֹנִי הַמֶּלֶךְ אֶת־כָּל־יִשְׂרָאֵל וְיִכְרְתוּ אִתְּךָ בְּרִית (삼하 3:21)

내가 내 주 왕께 모든 이스라엘을 모으기 원하며/바라며 그들이 당신과(남) 계약을 맺기를 원합니다/바랍니다.

〈제17과〉

❖ 다음 문장들을 번역하라 (바브연속법 미완료는 과거로, 바브연속법 완료는 미래, 혹은 명령으로 번역할 것).

(1) יִהְיֶה יְהוָה אֱלֹהֶיךָ עִמְּךָ כַּאֲשֶׁר הָיָה עִם־מֹשֶׁה (수 1:17)

너의/당신의(남) 하나님 여호와께서 모세와 함께 계셨던 것처럼 너와/당신과(남) 함께 계실 것이다.

(2) לֹא־יֹאמְרוּ עוֹד אֲרוֹן בְּרִית־יְהוָה (렘 3:16)

그들은 더이상 여호와의 언약궤를 말하지 않을 것이다.

(3) הוּא יִהְיֶה לְרֹאשׁ וְאַתָּה תִּהְיֶה לְזָנָב (신 28:44)

그는 머리가 될 것이며 너는/당신은(남) 꼬리가 될 것이다.

(4) מַה־נֹּאמַר אֱלֹהֵינוּ אַחֲרֵי־זֹאת (스 9:10)

우리 하나님, 이것 후에 우리가 무엇을 말하겠습니까?

(5) אָנֹכִי אֶהְיֶה עִמָּךְ (신 31:23) 나는 너와(남) 함께 있을 것이다.

(6) אַתֶּם תִּהְיוּ־לוֹ לַעֲבָדִים (삼상 8:17) 너희는/당신들은(남) 그에게 종들이 될 것이다.

(7) הֱיוּ לִפְנֵי יְהוָה אַתָּה וָהֵם וְאַהֲרֹן (민 16:16)

너와/당신과(남) 그들과 아론은 여호와 앞에 있으라.

(8) אִמְרוּ לָאִישׁ אֲשֶׁר־שָׁלַח אֶתְכֶם אֵלָי (왕하 22:15)

너희는/당신들은(남) 너희를/당신들을(남) 나에게 보낸 사람에게 말하라.

(9) וַיֹּאמֶר אֲלֵהֶם רְאוּבֵן אַל־תִּשְׁפְּכוּ־דָם (창37:22)

르우벤이 그들에게 말했다. 너희들은(남) 피를 흘리지 말기를 바란다.

(10) וַיְהִי דְבַר־שְׁמוּאֵל לְכָל־יִשְׂרָאֵל (삼상 4:1)

사무엘의 말이 모든 이스라엘에 있었다.

(11) וַתְּהִי רוּחַ יְהוָה רָעָה אֶל־שָׁאוּל (삼상 19:9)

여호와의 악한 영이 사울에게 있었다.

〈제18과〉 ❖ 다음 문장들을 번역하라.

(1) לְכָל־אֹיְבֵיכֶם אֲשֶׁר אַתֶּם נִלְחָמִים אוֹתָם (수 10:25)

너희가/당신들이(남) 싸우는 너희의/당신들의(남) 모든 원수들에게

(2) וַעֲמָשָׂא לֹא־נִשְׁמַר בַּחֶרֶב אֲשֶׁר בְּיַד־יוֹאָב (삼하 20:10)

아마사는 요압의 손에 있는 [그] 칼을 삼가지 않았다

(3) הֵמָּה נִמְלְטוּ אֶרֶץ אֲרָרָט וַיִּמְלֹךְ אֵסַר־חַדֹּן בְּנוֹ תַּחְתָּיו (왕하 19:37)

그들은 아라랏 땅으로 도망갔으며 그의 아들 에살핫돈이 그를 대신하여 왕이 되었다.

(4) וְנִכְרְתָה הַנֶּפֶשׁ הַהִוא מֵעַמֶּיהָ (레 7:20)

그 생명은 그의(여) 백성들로부터 끊어질 것이다.

(5) מִי בָכֶם הַנִּשְׁאָר אֲשֶׁר רָאָה אֶת־הַבַּיִת הַזֶּה (학 2:3)

이 집을 본 남은 자가 너희/당신들(남) 중에 누구냐?

(6) הַקֹּל נִשְׁמַע בֵּית פַּרְעֹה (창 45:16) 그 소리가 바로의 집에 들렸다.

(7) יְהוָה אֱלֹהֵיכֶם הוּא הַנִּלְחָם לָכֶם (수 23:3)

너희의/당신들의(남) 하나님 여호와 그 분이 너희를/당신들(남) 위해 싸우시는 분이시다.

(8) וַיִּקְבֹּץ אֶת־כָּל־אֹכֶל שֶׁבַע שָׁנִים אֲשֶׁר הָיוּ בְּאֶרֶץ מִצְרַיִם (창 41:48)

그는 이집트 땅에 있었던 7년의 모든 음식을 모았다.

〈제19과〉 니팔 동사 (칼 동사 포함) 연습

동사형태	유형, 상	인칭, 성, 수	기본형	번역
יִשָּׁמֵר	니팔 미완료	3인칭남성단수	שׁמר	그가 삼갈 것이다
נִכְרְתָה	니팔완료/칼 미완료	3여단/1복(권유형)	כרת	그것이(여) 잘려졌다. / 우리가 자르자
נִמְצָאֹת	니팔 분사	여성복수	מצא	발견된 자들(여)
יִלָּחֲמוּ	니팔 미완료	3남복	לחם	그들이 싸울 것이다
לְהִמָּלֵט	니팔 부정사	-	מלט	도망가도록
נִשְׁמֹר	칼 미완료	1복	שׁמר	우리가 지킬 것이다
נִשְׁאַרְתִּי	니팔 완료	1단	שׁאר	내가 남았다
נִכְרְתוּ	니팔 완료	3복	כרת	그것들이 잘려졌다
הִשָּׁמֵר	니팔명령/부정사	남성단수	שׁמר	너는(남) 삼가라/삼가도록
תִּמָּצֵא	니팔 미완료	2남단/3여단	מצא	네가(남)/그녀가 발견될 것이다
נִלְחַמְנוּ	니팔 완료	1복	לחם	우리가 싸웠다
יִכְתֹּב	칼 미완료	3남단	כתב	그가 쓸 것이다
הִמָּלְטִי	니팔 명령	여성단수	מלט	너는(여) 도망가라
יִנָּתְנוּ	니팔 미완료	3남복	נתן	그것들이 주어질 것이다
נִשְׁאָרִים	니팔 분사	남성복수	שׁאר	남은 자들(남)
יִכָּתְבוּ	니팔 미완료	3남복	כתב	그것들이 기록될 것이다
תִּפָּתַח	니팔 미완료	2남단/3여단	פתח	그것이(여) 열려질 것이다
תִּקָּבְצוּ	니팔 미완료	2남복	קבץ	너희가(남) 모여질 것이다
נִשְׁמַרְתֶּם	니팔 완료	2남복	שׁמר	너희가(남) 삼갔다
שָׁלַחְתָּ	칼 완료	2남단	שׁלח	네가(남) 보냈다

❖ 다음 문장들을 번역하라.

(1) לֹא־יִכָּרֵת מִכֶּם עֶבֶד (수 9:23) 너희로부터/당신들로부터(남) 종이 끊어지지 않을 것이다.

(2) וַיִּשְׁכַּב יְהוֹשָׁפָט עִם־אֲבֹתָיו וַיִּקָּבֵר עִם־אֲבֹתָיו בְּעִיר דָּוִיד (대하 21:1)
여호사밧이 그의 조상들/아버지들과 함께 누웠으며 그의 조상들과/아버지들과 함께 다윗성에 매장되었다.

(3) שָׁם תִּקָּבֵר אַתָּה וְכָל־אֹהֲבֶיךָ (렘 20:6)
그곳에 너와/당신과(남) 너를/당신을(남) 사랑하는 모든 이들이/자들이 매장될 것이다.

(4) הָלַךְ דָּוִד מִשָּׁם וַיִּמָּלֵט אֶל־מְעָרַת עֲדֻלָּם (삼상 22:1)

다윗이/다윗은 그곳에서부터 가서 아둘람 굴로 도망갔다.

(5) וַתִּשָּׁמַע שִׂמְחַת יְרוּשָׁלַםִ מֵרָחוֹק (느 12:43)

예루살렘의 기쁨이 멀리서부터 들렸다.

(6) יְהוָה אֱלֹהֵי יִשְׂרָאֵל נִלְחָם לְיִשְׂרָאֵל (수 10:42)

이스라엘의 하나님 여호와께서(는) 이스라엘을 위해 싸우신다/싸우시는 분이시다.

(7) לֹא תִנָּתֵן הָעִיר הַזֹּאת בְּיַד מֶלֶךְ אַשּׁוּר (사 36:15)

이 도시는 앗수르 왕의 손에 주어지지 않을 것이다.

(8) יְהוָה אֱלֹהֵיכֶם הַהֹלֵךְ לִפְנֵיכֶם הוּא יִלָּחֵם לָכֶם (신 1:30)

너희/당신들은(남) 앞에 가시는 너희의/당신들의(남) 하나님 여호와 그분께서 너희를/당신들을(남) 위해 싸우실 것이다.

〈제20과〉 피엘 완료, 분사 (칼, 니팔 포함) 연습

동사형태	유형, 상	인칭, 성, 수	기본형	번역
דִּבַּרְתֶּם	피엘 완료	2남복	דבר	너희가(남) 말했다
בִּקֵּשׁ	피엘 완료	3남단	בקשׁ	그가 찾았다
שִׁלַּמְתִּי	피엘 완료	1단	שׁלם	내가 갚았다
סִפְּרוּ	피엘 완료	3복	ספר	그들이 이야기했다
אָסַפְתָּ	칼 완료	2남단	אסף	네가(남) 모았다
הִלַּלְתֶּם	피엘 완료	2남복	הלל	너희가(남) 찬양했다
מְשַׁלֵּם	피엘 분사	남성단수	שׁלם	갚는 자(남)
קִדַּשְׁתֶּם	피엘 완료	2남복	קדשׁ	너희가(남) 거룩하게했다
חָטְאוּ	칼 완료	3복	חטא	그들이 죄를 지었다

❖ 다음 문장들을 번역하라.

(1) הָלַךְ אַבְרָם כַּאֲשֶׁר דִּבֶּר אֵלָיו יְהוָה (창 12:4)

아브람이 여호와께서 그에게 말한 대로/말한 것처럼 갔다.

(2) וְקִדַּשְׁתִּי אֶת־שְׁמִי הַגָּדוֹל (겔 36:23) 내가 나의 위대한 이름을 거룩하게 할 것이다.

(3) לָמָּה שִׁלַּמְתֶּם רָעָה תַּחַת טוֹבָה (창 44:4)

왜 너희는/당신들은(남) 악을 선을 대신하여 갚았느냐?

(4) אֶת־אֶלְעָזָר בְּנוֹ קִדְּשׁוּ לִשְׁמֹר אֶת־אֲרוֹן יְהוָה (삼상 7:1)

그들이 여호와의 궤를 지키도록 그의 아들 엘리아살을 거룩하게 했다.

(5) בִּקַּשְׁתֶּם מִשָּׁם אֶת־יְהוָה אֱלֹהֶיךָ (신 4:29)

너희는/당신들은(남) 거기서부터 너의/당신의(남) 하나님 여호와를 찾았다.

(6) הַאַתָּה הָאִישׁ אֲשֶׁר־דִּבַּרְתָּ אֶל־הָאִשָּׁה (삿 13:11)

너는/당신은(남) 그 여자에게 말했던 그 사람이냐?

(7) כֹּל מַלְכֵי הָאָרֶץ מְבַקְשִׁים אֶת־פְּנֵי שְׁלֹמֹה לִשְׁמֹעַ אֶת־חָכְמָתוֹ
אֲשֶׁר־נָתַן הָאֱלֹהִים בְּלִבּוֹ (대하 9:23) 그 땅의 모든 왕들이 하나님께서 그의 마음에 주신 그의 지혜를 듣기 위해 솔로몬의 얼굴을 찾는다.

〈제21과〉 피엘 동사 (칼, 니팔 포함) 연습

동사형태	유형, 상	인칭, 성, 수	기본형	번 역
וַיְדַבֵּר	피엘미완료,바브연속	3남단	דבר	그가 말했다
תְּבַקְשׁוּ	피엘미완료	2남복	בקשׁ	너희가(남) 찾을 것이다
וְקִדַּשְׁתָּ	피엘완료 바브연속	2남단	קדשׁ	네가(남) 거룩하게 할 것이다
נְסַפֵּר	피엘미완료	1복	ספר	우리가 이야기할 것이다
שִׁלַּמְתִּי	피엘완료	1단	שׁלם	내가 지불했다
אֶדְרֹשׁ	칼미완료	1단	דרשׁ	내가 구할 것이다
דִּבַּרְתָּ	피엘완료	2남단	דבר	네가(남) 말했다
וַיִּשָּׁאֵר	니팔미완료 바브연속	3남단	שׁאר	그가 남았다
בִּקַּשְׁתֶּם	피엘완료	2남복	בקשׁ	너희가(남) 찾았나
וַיְסַפְּרוּ	피엘미완료바브연속	3남복	ספר	그들이 이야기했다
נִקְדַּשְׁתִּי	니팔완료	1단	קדשׁ	내가 거룩하게 되었다.
וַיִּסְגֹּר	칼미완료바브연속	3남단	סגר	그가 닫았다
לְדַבֵּר	피엘부정사	—	דבר	말하도록
יְשַׁלֵּם	피엘미완료	3남단	שׁלם	그가 갚을 것이다
קִדְּשׁוּ	피엘완료	3복	קדשׁ	그들이 거룩하게 했다
דָּרַשְׁתָּ	칼완료	2남단	דרשׁ	네가(남) 구했다
מְדַבֵּר	피엘분사	남단	דבר	말하는 자(남)
מְבַקְשִׁים	피엘분사	남복	בקשׁ	찾는 자들(남)
מָכְרוּ	칼완료	3복	מכר	그들이 팔았다

❖ 다음 문장들을 번역하라.

(1) לְמַעַן בֵּית־יְהוָה אֱלֹהֵינוּ אֲבַקְשָׁה טוֹב לָךְ (시 122:9)

우리 하나님 여호와의 집을 위하여 내가 네게/당신에게(여) 선을 찾기 원한다.

(2) עָלֶיהָ לִבְנֵיכֶם סַפֵּרוּ(욜 1:3)

너희는/당신들은(남) 너희/당신들의(남) 아들들/자손들에게 그것에(여)/그녀에 대해서 이야기하라.

(3) דַּבֵּר אֶל־פַּרְעֹה מֶלֶךְ מִצְרָיִם (출 6:11)

너는/당신은(남) 이집트 왕 바로에게 말하라.

(4) הָלַךְ אָדָם לְבַקֵּשׁ טוֹבָה לִבְנֵי יִשְׂרָאֵל (느 2:10)

사람이 이스라엘 자손들에게 선을 찾기 위해 갔다.

(5) אֲשַׁלֵּם אֶת־נִדְרִי אֲשֶׁר־נָדַרְתִּי לַיהוָה בְּחֶבְרוֹן (삼하 15:7)

나는 내가 헤브론에서 여호와께 맹세한 나의 맹세를 갚을 것이다.

(6) וַיְדַבֵּר יְהוָה אֶל־מֹשֶׁה וְאֶל־אַהֲרֹן (민 14:26)

여호와께서 모세와 아론에게 말씀하셨다.

(7) קַדְּשׁוּ אֶת־בֵּית יְהוָה אֱלֹהֵי אֲבֹתֵיכֶם (대하 29:5)

너희는/당신들은(남) 너희/당신들의(남) 조상들의/아버지들의 하나님 여호와의 집을 거룩하게 하라.

(8) וַיְסַפֶּר־לוֹ אֶת־כָּל־הַמַּעֲשֶׂה אֲשֶׁר־עָשָׂה אִישׁ־הָאֱלֹהִים (왕상 13:11)

그는 하나님의 사람이 행한 [그] 모든 행동을 그에게 이야기했다.

(9) וַיְסַפֵּר הָעֶבֶד לְיִצְחָק אֵת כָּל־הַדְּבָרִים אֲשֶׁר עָשָׂה (창 24:66)

그 종이 그가 행한 [그] 모든 것들을 이삭에게 이야기했다.

(10) הוּא מִלֵּא בָתֵּיהֶם טוֹב(욥 22:18)

그는 그들의 집들에 좋은 것을 채웠다.

(11) וַיְשַׁלְּחוּ אֹתוֹ וְאֶת־אִשְׁתּוֹ וְאֶת־כָּל־אֲשֶׁר־לוֹ (창 12:20)

그들은 그와 그의 아내와 그에게 속한 모든 것을 보냈다.

(12) אֲנִי אֲחַזֵּק אֶת־לִבּוֹ וְלֹא יְשַׁלַּח אֶת־הָעָם (출 4:21)

나는 그의 마음을 강하게 할 것이고 그는 그 백성을 보내지 않을 것이다.

(13) וַיְמַלֵּא אֹתוֹ רוּחַ אֱלֹהִים (출 35:31) 그는 하나님의 영으로 그를 채웠다.

(14) הַלְלוּ אֶת־שֵׁם יְהוָה הַלְלוּ עַבְדֵי יְהוָה (시 135:1)

너희는/당신들은(남) 여호와의 이름을 찬양하라. 여호와의 종들아, 찬양하라.

〈제22과〉 푸알 동사 (다른 유형 포함) 연습

동사형태	유형, 상	인칭, 성, 수	기본형	번역
תְּבֻקְשִׁי	푸알미완료	2여단	בקשׁ	네가(여) 찾아질 것이다
יְהֻלַּל	푸알미완료	3남단	הלל	그가 찬양받을 것이다
סֻפַּר	푸알완료	3남단	ספר	그것이 이야기 되어졌다
מְסֻגֶּרֶת	푸알분사	여단	סגר	닫히는 것(여)
עֹמֵד	칼분사	남단	עמד	서는 자(남)
וַיְבֻקַּשׁ	푸알미완료바브연속	3남단	בקשׁ	그가 찾아졌다
שֻׁלַּחְתִּי	푸알완료	1단	שׁלח	내가 보내졌다
תְּכֻפַּר	푸알미완료	2남단/3여단	כפר	네가(남)/그녀가 속죄될 것이다
שָׁפַכְתָּ	칼완료	2남단	שׁפך	네가(남) 부었다
סֻגְּרוּ	푸알완료	3복	סגר	그것들이 닫혀졌다
מְבֻשָּׁל	푸알분사	남단	בשׁל	삶아지는 것
יְשַׁלְּחוּ	피엘미완료	3남복	שׁלח	그들이 보낼 것이다
תְּבַקְשִׁי	피엘미완료	2여단	בקשׁ	네가(여) 찾을 것이다
מְקֻדָּשִׁים	푸알분사	남복	קדשׁ	거룩하게 되는 자들
לְכַפֵּר	피엘부정사	-	כפר	속죄하도록

❖ 다음 문장들을 번역하라.

(1) עָרֵי הַנֶּגֶב סֻגְּרוּ וְאֵין פֹּתֵחַ (렘 13:19) 네게브의 도시들은 닫혔고 여는 이가 없다.

(2) יְסֻפַּר לַאדֹנָי לַדּוֹר (시 22:31) 그것이 그 세대를 위해 나의 주께 이야기될 것이다.

(3) גָּדוֹל יְהוָה וּמְהֻלָּל מְאֹד בְּעִיר אֱלֹהֵינוּ הַר־קָדְשׁוֹ (시 48:2)

여호와는 위대하시며 그의 거룩한 산/성산 우리 하나님의 도시에서 크게 찬양받는다.

(4) יְרִיחוֹ סֹגֶרֶת וּמְסֻגֶּרֶת מִפְּנֵי בְּנֵי יִשְׂרָאֵל (수 6:1)

이스라엘 자손들/아들들 때문에 여리고는 닫고 닫힌다.

(5) וַיְחַזֵּק יְהוָה אֶת־לֵב פַּרְעֹה וְלֹא שָׁמַע אֲלֵהֶם (출 9:12)

여호와께서 바로의 마음을 강하게 하셔서 그가 그들을 듣지 않았다.

(6) וַיְבֻקַּשׁ הַדָּבָר וַיִּמָּצֵא וַיִּכָּתֵב בְּסֵפֶר דִּבְרֵי הַיָּמִים לִפְנֵי הַמֶּלֶךְ (에 2:23)

그 것이 찾아졌고 발견되었으며 그 왕 앞에서 역대서(날들의 말들의 책)에 기록되었다.

(7) בְּחֶסֶד וֶאֱמֶת יְכֻפַּר עָוֹן (잠 16:6) 인자와 진리로 죄악이 덮여질 것이다.

(8) תְּבֻקְשִׁי וְלֹא־תִמָּצְאִי עוֹד לְעוֹלָם (겔 26:21)

너는/당신은(여) 찾아질 것이나 더이상 영원히 발견되지 않을 것이다.

(9) הַיְשֻׁלַּם תַּחַת־טוֹבָה רָעָה[1] (렘 18:20)

선 대신에 악이 지불될 것인가?

〈제23과〉 히트파엘 동사 (칼, 니팔, 피엘, 푸알 포함) 연습

동사형태	유형, 상	인칭, 성, 수	기본형	번역
וַיִּתְנַדְּבוּ	히트 미완료 바브연속	3남복	נדב	그들이 자원했다
הִתְהַלַּכְנוּ	히트파엘 완료	1복	הלך	우리가 거닐었다
יִתְפַּקֵּד	히트파엘 미완료	3남단	פקד	그가 소집될 것이다
לְהִתְפַּלֵּל	히트파엘 부정사	-	פלל	기도하도록
מִתְקַדְּשִׁים	히트파엘 분사	남복	קדשׁ	거룩한 자들
וְהִתְחַזַּקְתֶּם	히트 완료 바브연속	2남복	חזק	너희가(남) 스스로 강하게 할 것이다
תִּתְהַלְלִי	히트파엘 미완료	2여단	הלל	네가(여) 자랑할 것이다
הִתְחַתְּנוּ	히트파엘 완료	3복	חתן	그들이 결혼했다
חָזְקוּ	칼 완료	3복	חזק	그들이 강했다
מִתְנַדְּבִים	히트파엘 분사	남복	נדב	자원하는 자들

1) 주어인 '악' (여성)과 동사인 '지불되다' (3인칭 남성 단수)의 성이 일치하지 않으나 문장에서 동사가 선행할 때, 특히 주어가 동사와 인접하지 않을 때 성과 수가 일치하지 않는 경우가 있다.

אֶתְהַלֵּךְ	히트파엘 미완료	1단	הלך	내가 거닐 것이다
וְהִתְפַּלַּלְתֶּם	히트 완료 바브연속	2남복	פלל	너희가(남) 기도할 것이다
נִתְחַזְּקָה	히트파엘 미완료, 권유형	1복	חזק	우리가 강하기를!
הִתְהַלְּלוּ	히트파엘 완료/명령	3복/남복	הלל	그들이 자랑했다
לְהִתְחַתֵּן	히트파엘 부정사	-	חתן	결혼하도록
וַיִּתְקַבְּצוּ	히트파엘 미완료, 바브연속	3남복	קבץ	그들이 모였다
הִתְנַדַּבְתִּי	히트파엘 완료	1단	נדב	내가 자원했다

❖ 다음 문장들을 번역하라.

(1) עַבְדְּךָ מִתְפַּלֵּל לְפָנֶיךָ הַיּוֹם (왕상 8:28)

당신의(남) 종이 당신(남) 앞에서 오늘/그 날 기도합니다.

(2) בְּלֵב שָׁלֵם הִתְנַדְּבוּ לַיהוָה וְגַם דָּוִיד הַמֶּלֶךְ שָׂמַח שִׂמְחָה גְדוֹלָה (대상 29:9)

그들은 완전한 마음으로 여호와께 자원했으며 다윗 왕 역시 큰 기쁨으로 기뻐했다.

(3) וַיִּשְׁמְעוּ אֶת־קוֹל יְהוָה אֱלֹהִים מִתְהַלֵּךְ בַּגָּן (창 3:8)

그들은 그 정원에서 거니시는 하나님 여호와의 소리를 들었다.

(4) וְהִתְהַלַּכְתִּי בְּתוֹכְכֶם וְהָיִיתִי לָכֶם לֵאלֹהִים וְאַתֶּם תִּהְיוּ־לִי לְעָם

(레 26:12) 나는 너희(남) 가운데서 거닐 것이고 너희에게(남) 하나님이 될 것이며 너희는(남) 내게 백성이 될 것이다.

(5) אַתָּה אַל־תִּתְפַּלֵּל בְּעַד־הָעָם הַזֶּה (렘 7:16)

너는(남) 이 백성을 위하여 기도하지 말기를 바란다.

(6) וַיִּתְפָּקְדוּ בְנֵי בִנְיָמִן בַּיּוֹם הַהוּא מֵהֶעָרִים (삿 20:15)

베냐민 자손들이/아들들이 그 도시들로부터 그 날에 소집되었다.

(7) בֵּיתְךָ וּבֵית אָבִיךָ יִתְהַלְּכוּ לְפָנַי עַד־עוֹלָם (삼상 2:30)

너의(남) 집과 너의(남) 아버지의 집이 내 앞에서 영원까지(영원토록) 동행할 것이다.

(8) וַיִּתְפָּקֵד הָעָם וְהִנֵּה אֵין־שָׁם אִישׁ מִיּוֹשְׁבֵי יָבֵשׁ גִּלְעָד (삿 21:9)

그 백성이 소집되었다. 보라, 야베스 길르앗 거민들 중에 한 사람도 거기에 없다.

〈제24과〉 목적격 대명사 접미사 연습

번호	형태	분석	번역
보기	שְׁמָרֵךְ	칼완료 3남단+2여단	그가 너를(여) 지켰다
1	יְלָדַתְנִי	칼완료 3여단+1단	그녀가 나를 낳았다
2	וַיִּשְׁלָחֵהוּ	칼미완료바브연속 3남단+3남단	그가 그를 보냈다
3	תִּקְבְּרֵנִי	칼미완료 2남단/3여단+1단	네가(남)/그녀가 나를 매장할 것이다
4	יִזְכְּרוּנִי	칼미완료 3남복+1단	그들이 나를 기억할 것이다
5	שְׁפָכַתְהוּ	칼완료 3여단+3남단	그녀가 그것을 부었다
6	יִשְׁבְּרֵהוּ	칼미완료 3남단+3남단	그가 그것을 깨뜨릴 것이다
7	בְּחַרְתִּיכֶם	칼완료 1단/2여단+2남복	내가/네가(여) 너희를(남) 선택했다.
8	וַיִּקְבְּרֻהוּ	칼미완료바브연속 3남복+3남단	그들이 그를 매장했다
9	לְקַחְתִּיךָ	칼완료 1단/2여단+2남단	내가 너를(남) 취했다
10	אֶשְׁלָחֲךָ	칼미완료 1단+2남단	내가 너를(남) 보낼 것이다
11	קִדַּשְׁתָּם	피엘 완료 2남단+3남복	네가(남) 그들을 거룩하게 했다.
12	מְקַדְּשׁוֹ	피엘 분사 남단+3남단	그를 거룩하게 하는 자(남)

❖ 다음 문장들을 번역하라.

(1) וַיִּשְׁמְרֵנוּ בְּכָל־הַדֶּרֶךְ אֲשֶׁר הָלַכְנוּ בָהּ (수 24:17)
우리가 갔던 그 모든 길에서 그가 우리를 지켰다.

(2) הִנֵּה יָלְדָה מִלְכָּה גַם־הִוא בָּנִים לְנָחוֹר אָחִיךָ (창 22:20)
보라, 밀가도 역시 너의/당신의(남) 형제 나홀에게 아들들을 낳았다.

(3) וְיָדַעְתָּ כִּי־יְהוָה צְבָאוֹת שְׁלָחַנִי אֲלֵיכֶם (슥 4:9)
너는/당신은(남) 군대들의 여호와께서 너희에게/당신들에게(남) 나를 보냈음을 알 것이다.

(4) בַּיּוֹם הַהוּא כָּרַת יְהוָה אֶת־אַבְרָם בְּרִית (창 15:18)
그 날에 여호와께서 아브람과 언약을 맺으셨다.

(5) שְׁלָחַנִי אֱלֹהִים לִפְנֵיכֶם (창 45:5) 하나님께서 너희/당신들(남) 앞에 나를 보내셨다.

(6) יָדַע אֶלְקָנָה אֶת־חַנָּה אִשְׁתּוֹ וַיִּזְכְּרֶהָ יְהוָה (삼상 1:19)
엘가나가 그의 아내 한나와 동침했으며 여호와께서 그녀를 기억하셨다.

(7) וְלָקַחְתִּי אֶתְכֶם אֶל־אֶרֶץ כְּאַרְצְכֶם (사 36:17)
내가 너희를(남) 너희의(남) 땅과 같은 땅으로 취할 것이다.

(8) הָלַכְנוּ אֶל־הָאָרֶץ אֲשֶׁר שְׁלַחְתָּנוּ (민 13:27)
우리는 당신이(남) 우리를 보낸 그 땅으로 갔다.

(9) יָדְעוּ הָאֲנָשִׁים כִּי־מִלִּפְנֵי יְהוָה הוּא בֹרֵחַ (욘 1:10)
그 사람들이 여호와 앞에서 그가 도망하는 것을 알았다.

(10) וַיִּשְׁכַּב אֲבִיָּם עִם־אֲבֹתָיו וַיִּקְבְּרוּ אֹתוֹ בְּעִיר דָּוִד וַיִּמְלֹךְ אָסָא בְנוֹ תַּחְתָּיו (왕상 15:8)
아비얌이 그의 조상들과 함께 누웠으며 그들이 그를 다윗성에/다윗의 도시에 매장했으며 그의 아들 아사가 그를 대신하여 왕이 되었다.

(11) אַתָּה יַעֲקֹב אֲשֶׁר בְּחַרְתִּיךָ (사 41:8) 너는(남) 내가 선택한 야곱이다.

〈제25과〉 히필 완료 및 분사 연습

동사형태	유형, 상	인칭, 성, 수	기본형	번 역
הִשְׁמִידוּ	히필 완료	3복	שׁמד	그들이 파괴했다
הִקְרַבְתָּ	히필 완료	2남단	קרב	네가(남) 바쳤다
מַקְטִירוֹת	히필 분사	여복	קטר	제물을 태우는 사들(여)
הִקְשִׁיבוּ	히필 완료	3복	קשׁב	그들이 귀를 기울였다
מַקְרִיב	히필 분사	남단	קרב	바치는 자(남)
מַשְׁמִידָה	히필 분사	여단	שׁמד	파괴하는 자(여)
הִשְׁכַּמְתֶּם	히필 완료	2남복	שׁכם	너희가(남) 일찍 일어났다
הִקְשַׁבְנוּ	히필 완료	1복	קשׁב	우리가 귀를 기울였다
הִקְרִיבָה	히필 완료	3여단	קרב	그녀가 바쳤다
מַשְׁכִּימִים	히필 분사	남복	שׁכם	일찍 일어나는 자들(남)
הִגְדַּלְתִּי	히필 완료	1단	גדל	내가 크게 했다
הִקְטִירָם	히필 완료 + 접미	3남단+3남복	קטר	그가 그것들을 태웠다.
וְהִזְכַּרְתַּנִי	히필 완료 바브연속 + 접미	2남단+1단	זכר	네가(남) 나를 기억나게 할 것이다.
הִקְרִיבוֹ	히필 완료 + 접미	3남단+3남단	קרב	그가 그것을 바쳤다.

❖ 다음 문장들을 번역하라.

(1) יְהוָה הִשְׁלִיךְ עֲלֵיהֶם אֲבָנִים גְּדֹלוֹת מִן־הַשָּׁמַיִם עַד־עֲזֵקָה (수 10:11)

여호와께서 그들 위에 (그) 하늘로부터 아세가까지 큰 돌들을 던지셨다.

(2) וְלָקַחְתָּ אֹתָם מִיָּדָם וְהִקְטַרְתָּ הַמִּזְבֵּחָה עַל־הָעֹלָה (출 29:25)

너는(남) 그것들을 그들의 손에서 취할 것이다/취하라. 너는(남) 그 제단으로(가서) 그 번제 위에서 제물을 태울 것이다/태우라.

(3) אָנֹכִי הִשְׁמַדְתִּי אֶת־הָאֱמֹרִי מִפְּנֵיהֶם (암 2:9) 나는 아모리를 그들 앞에서 파괴했다.

(4) שָׁמַע אֱלֹהִים הִקְשִׁיב בְּקוֹל תְּפִלָּתִי (시 66:19)

하나님께서 들으셨다. 그가 나의 기도 소리에 귀를 기울이셨다.

(5) הִגְדַּלְתָּ עַל־כָּל־שִׁמְךָ אִמְרָתֶךָ (시 138:2)

당신이(남) 당신의(남) 모든 이름 위에 당신의(남) 말씀을 크게 하셨습니다.

(6) אֶת־חֲטָאַי אֲנִי מַזְכִּיר הַיּוֹם (창 41:9) 나는 오늘 나의 죄들을 기억나게 한다.

(7) וְהִקְרַבְתָּם לִפְנֵי יְהוָה וְהִשְׁלִיכוּ הַכֹּהֲנִים עֲלֵיהֶם מֶלַח (겔 43:24)

너는(남) 그것들을 여호와 앞에 가까이 오게 할 것이다/오게 하라. 그 제사장들은 그것들 위에 소금을 던질 것이다.

(8) וְהִקְרִיבוּ בְּנֵי אַהֲרֹן הַכֹּהֲנִים אֶת־הַדָּם וְזָרְקוּ אֶת־הַדָּם עַל־הַמִּזְבֵּחַ (레 1:5)

(그) 제사장들인 아론의 자손들이/아들들이 그 피를 가까이 오게 할 것이며 그 피를 그 제단 위에 뿌릴 것이다.

(9) אֲדֹנֵינוּ הַמֶּלֶךְ־דָּוִד הִמְלִיךְ אֶת־שְׁלֹמֹה (왕상 1:43)

우리 주 다윗 왕이 솔로몬을 왕이 되게 하셨다.

〈제26과〉 히필 동사 (다른 유형 포함) 연습

동사형태	유형, 상	인칭, 성, 수	기본형	번역
וַיַּשְׁלֵךְ	히필 미완료 바브연속	3남단	שׁלך	그가 던졌다
לְהַגְדִּיל	히필 부정사	-	גדל	크게 하도록
אַזְכִּיר	히필 미완료	1단	זכר	내가 기억나게 할 것이다
הַקְרֵב	히필 명령/부정사 절대형	남단	קרב	너는(남) 바쳐라
מְבַקֵּשׁ	피엘 분사	남단	בקשׁ	찾는 자(남)
תַּמְלִיכוּ	히필 미완료	2남복	מלך	너희가(남) 왕이되게 할 것이다
וַיִּזְרֹק	칼 미완료 바브연속	3남단	זרק	그가 뿌렸다
וַתַּגְדֵּל	히필 미완료 바브연속	2남단/3여단	גדל	네가(남)/그녀가 크게 했다
מַשְׁכִּים	히필 분사	남단	שׁכם	일찍 일어나는 자(남)
הַקְשִׁיבוּ	히필 명령	남복	קשׁב	너희는(남) 귀를 기울여라
וַיִּלָּחֶם	니팔 미완료 바브연속	3남단	לחם	그는 싸웠다
הִתְהַלַּכְתִּי	히트파엘 완료	1단	הלך	내가 거닐었다
וַיַּשְׁכִּימוּ	히필 미완료 바브연속	3남복	שׁכם	그들이 일찍 일어났다
תַּקְרִיבִי	히필 미완료	2여단	קרב	네가(여) 바칠 것이다
הִמְלַכְתַּנִי	히필 완료+접미	2남단+1단	מלך	네가(남) 나를 왕이 되게 했다.

❖ 다음 문장들을 번역하라.

(1) אָמַר יְהוָה לְהַשְׁמִיד אֶתְכֶם (신 9:25)

여호와께서 너희를/당신들을(남) 멸망시키라고 말씀하셨다.

(2) לָקְחוּ אֶת־אַבְשָׁלוֹם וַיַּשְׁלִיכוּ אֹתוֹ בַיַּעַר אֶל־הַפַּחַת הַגָּדוֹל (삼하 18:17)

그들이 압살롬을 취하여 그를 그 숲에서 그 큰 구덩이로 던졌다.

(3) יַכְרִית יְהוָה אֱלֹהֶיךָ אֶת־הַגּוֹיִם (신 12:29)

네/당신의(남) 하나님 여호와께서 그 민족들을 끊으실 것이다.

(4) וַיַּשְׁכֵּם אֲבִימֶלֶךְ בַּבֹּקֶר וַיִּקְרָא לְכָל־עֲבָדָיו (창 20:8)

아비멜렉이 (그) 아침에 일찍 일어나서 그의 모든 종들을 불렀다.

(5) וַיַּשְׁמֵד זִמְרִי אֵת כָּל־בֵּית בַּעְשָׁא כִּדְבַר יְהוָה אֲשֶׁר דִּבֶּר אֶל־בַּעְשָׁא (왕상 16:12)

시므리가 바아사에게 말씀하신 여호와의 말씀대로 바아사의 모든 집을 멸망시켰다.

(6) וַיַּכְרֵת יְהוֹשֻׁעַ אֶת־הָעֲנָקִים מִן־הָהָר (수 11:21)

여호수아가 아낙 사람들을 그 산에서부터 끊었다.

(7) וַיַּשְׁכֵּם יְהוֹשֻׁעַ בַּבֹּקֶר וַיַּקְרֵב אֶת־יִשְׂרָאֵל לִשְׁבָטָיו (수 7:16)

여호수아가 (그) 아침에 일찍 일어나서 이스라엘을 그의 지파들대로 가까이 오게 했다.

(8) וַיַּשְׁלֵךְ אַהֲרֹן אֶת־מַטֵּהוּ לִפְנֵי פַרְעֹה וְלִפְנֵי עֲבָדָיו (출 7:10)

아론이 그의 막대기를 바로와 그의 종들 앞에 던졌다.

(9) וַיְבַקֵּשׁ הָמָן לְהַשְׁמִיד אֶת־כָּל־הַיְּהוּדִים אֲשֶׁר בְּכָל־מַלְכוּת אֲחַשְׁוֵרוֹשׁ (에 3:6)

하만이 모든 아하수에로 왕국에 있는 그 모든 유대인들을 멸망시키려고 찾았다.

〈제27과〉 호팔 동사 (다른 유형 포함) 연습

동사형태	유형, 상	인칭, 성, 수	기본형	번역
הָשְׁלַכְתִּי	호팔 완료	1단	שׁלך	내가 던져졌다
מֻכְשָׁלִים	호팔 분사	남복	כשׁל	넘어진 자들(남)
וַיַּשְׁלִכוּ	히필 미완료 바브연속	3남복	שׁלך	그들이 던졌다
הָפְקַד	호팔 완료	3남단	פקד	그것이 맡겨졌다
תָּשְׁלְכִי	호팔 미완료	2여단	שׁלך	네가(여) 던져질 것이다
הָשְׁלְכוּ	호팔 완료	3복	שׁלך	그들이 던져졌다
הִתְקַדְּשׁוּ	히트파엘 완료/명령	3복/남복	קדשׁ	그들이 거룩했다
יָשְׁלְכוּ	호팔 미완료	3남복	שׁלך	그들이 던져질 것이다
מָפְקָדִים	호팔 분사	남복	פקד	맡겨진 것들
אֲשַׁלֵּם	피엘 미완료	1단	שׁלם	내가 갚을 것이다
הָשְׁכְּבָה	호팔 완료	3여단	שׁכב	그녀가 눕혀졌다
מֻשְׁלֶכֶת	호팔 분사	여단	שׁלך	던져진 것 (여)
קֹרֵא	칼 분사	남단	קרא	읽는 자(남)

❖ 다음 문장들을 번역하라.

(1) אַתָּה הָשְׁלַכְתָּ מִקִּבְרְךָ (사 14:19) 너는(남) 너의(남) 무덤으로부터 던져졌다.

(2) אַתָּה הַקְרֵב אֵלֶיךָ אֶת־אַהֲרֹן אָחִיךָ וְאֶת־בָּנָיו אִתּוֹ (출 28:1)

너는(남) 너의(남) 형제 아론과 그와 함께 있는 그의 아들들을 너에게(남) 가까이 오게 하라.

(3) רָאָה הָאִישׁ אֶת־הַנְּבֵלָה מֻשְׁלֶכֶת בַּדֶּרֶךְ וְאֶת־הָאַרְיֵה עֹמֵד אֵצֶל הַנְּבֵלָה (왕상 13:25)

그 사람이 그 길에 던져져 있는 그 시체와 그 시체 옆에 서있는 그 사자를 보았다.

(4) וַיַּכְרֵת יְהוָה מִיִּשְׂרָאֵל רֹאשׁ וְזָנָב (사 9:13)

여호와께서 이스라엘로부터 머리와 꼬리를 끊으셨다.

(5) הָשְׁלְכוּ עַל־הָאָרֶץ אֲשֶׁר לֹא־יָדָעוּ (렘 22:28)

그들이 그들이 알지 못했던 [그] 땅 위에 던져졌다.

(6) נָתְנוּ עַל־יַד הַמֻּפְקָדִים בְּבֵית יְהוָה (대하 34:10)

그들이 여호와의 집에 맡겨진 자들의 손에/손 위에 주었다.

(7) וַיַּקְרֵב שְׁמוּאֵל אֵת כָּל־שִׁבְטֵי יִשְׂרָאֵל וַיִּלָּכֵד שֵׁבֶט בִּנְיָמִן (삼상 10:20)

사무엘이 이스라엘의 모든 지파들을 가까이 오게 했으며 베냐민 지파가 취해졌다.

(8) הִנֵּה רֹאשׁוֹ מֻשְׁלָךְ אֵלֶיךָ בְּעַד הַחוֹמָה (삼하 20:21)

보라, 그의 머리가 그 성벽 밖으로 네게/당신에게(남) 던져진다.

〈제28과〉 동사총연습

동사형태	유형, 상	인칭, 성, 수	기본형	번역
שָׁמַרְתָּ	칼 완료	2남단	שׁמר	네가(남) 지켰다
עָמְדָה	칼 완료	3여단	עמד	그녀가 섰다
יִקְרְאוּ	칼 미완료	3남복	קרא	그들이 읽을 것이다
אָכַלְנוּ	칼 완료	1복	אכל	우리가 먹었다
יִתְהַלֵּךְ	히트파엘 미완료	3남단	הלך	그가 거닐었다
לִמְצֹא	칼 부정사	-	מצא	발견하도록
יִשְׁמְעוּ	칼 미완료	3남복	שׁמע	그들이 들을 것이다
מְשָׁרֵת	피엘 분사	남단	שׁרת	섬기는 자(남)
יֻלַּד	푸알 완료	3남단	ילד	그가 태어났다
שָׁמַעְתָּ	칼 완료	2남단	שׁמע	네가(남) 들었다
תֹּאמַר	칼 미완료	2남단/3여단	אמר	네가(남)/그녀가 말할 것이다
הִלֵּל	피엘 완료	3남단	הלל	그가 찬양했다
הִתְהַלְלוּ	히트파엘 완료/명령	3복/남복	הלל	그들이 자랑했다
נִשְׁמְרָה	칼미완료 권고형/니팔완료	1복/3여단	שׁמר	우리가 지키기를 원한다/그녀가 삼갔다
יַפְקִידוּ	히필 미완료	3남복	פקד	그들이 맡길 것이다
עִמְדוּ	칼 명령	남복	עמד	너희는(남) 서라
יְדַעְתֶּן	칼 완료	2여복	ידע	너희가(여) 알았다
יִמָּצֵא	니팔 미완료	3남단	מצא	그것이 발견될 것이다
יַשְׁמִיעוּ	히필 미완료	3남복	שׁמע	그들이 들려줄 것이다
אֹכֶלֶת	칼 분사	여단	אכל	먹는 자(여)
מְהֻלָּל	푸알 분사	남단	הלל	찬양받는 분(남)
שְׁמַעְתִּיךָ	칼 완료+접미	1단+2남단	שׁמע	내가 너를(남) 들었다
וְזָרַקְתָּ	칼 완료 바브연속	2남단	זרק	네가 뿌릴 것이다
לְהַשְׁמִידֵנוּ	히필부정사+접미	+1복	שׁמד	우리를 파괴하도록
וַיְבַקְשֻׁהוּ	피엘미완료 바브연속+접미	3남복+3남단	בקשׁ	그들이 그를 찾았다
יִשָּׁפֵךְ	니팔 미완료	3남단	שׁפך	그것이 부어질 것이다
וַיְקַדְּשֵׁהוּ	피엘미완료 바브연속+접미	3남단+3남단	קדשׁ	그가 그를 거룩하게 했다
הָרְגוּ	칼 완료	3복	הרג	그들이 죽였다

וְהִתְחַתַּנְתֶּם	히트파엘완료 바브연속	2남복	חתן	너희가(남) 결혼할 것이다
נַשְׁכִּימָה	히필 미완료, 권유형	1복	שׁכם	우리가 일찍 일어나기를!
נִמְכַּרְנוּ	니팔 완료	1복	מכר	우리가 팔렸다
וְהִקְרִיבָהּ	히필완료 바브연속+접미	3남단+3여단	קרב	그가 그녀를 가까이오게했다

❖. 다음 문장들을 번역하라.

(1) וַיְהִי יְהוָה אֶת־יְהוּדָה (삿 1:19) 여호와께서 유다와 함께 계셨다.

(2) וַיִּכְתְּבֵם עַל־שְׁנֵי לֻחוֹת אֲבָנִים (신 4:13) 그가 두개의 돌판들 위에 그것들을 썼다.

(3) בַּיּוֹם הַשְּׁמִינִי קָרָא מֹשֶׁה לְאַהֲרֹן וּלְבָנָיו וּלְזִקְנֵי יִשְׂרָאֵל (레 9:1)

여덟째 날에 모세는 아론과 그의 아들들과 이스라엘의 장로들을 불렀다.

(4) אָמַר לָהֶם יְשַׁעְיָהוּ כֹּה תֹאמְרוּן אֶל־אֲדֹנֵיכֶם (왕하 19:6)

이사야가 그들에게 말했다. 너희는/당신들은(남) 이렇게 너희의 당신들의(남) 주(인)(님)께 말하라.

(5) לֹא תִשְׁמְעוּ בְּקוֹל יְהוָה אֱלֹהֵיכֶם (신 8:20)

너희는/당신들은(남) 너희의/당신들의(남) 하나님 여호와의 소리를 듣지 않을 것이다.

(6) קְרָאתִיךָ יְהוָה בְּכָל־יוֹם (시 88:10) 여호와여, 내가 종일 /모든 날/날마다 당신을(남) 불렀습니다.

(7) וַיִּמְצָאָהּ מַלְאַךְ יְהוָה עַל־עֵין הַמַּיִם בַּמִּדְבָּר (창 16:7)

여호와의 사자가 광야 물 샘에서 그녀를 발견했다.

(8) נָתַן יְהוָה אֶת־לָכִישׁ בְּיַד יִשְׂרָאֵל וַיִּלְכְּדָהּ בַּיּוֹם הַשֵּׁנִי (수 10:32)

여호와께서 라기스를 이스라엘의 손에 주셨고 둘째 날에 그것을(여) 취했다.

(9) וַיִּשְׁמַע שְׁמוּאֵל אֵת כָּל־דִּבְרֵי הָעָם וַיְדַבְּרֵם בְּאָזְנֵי יְהוָה (삼상 8:21)

사무엘이 백성의 모든 말들을 듣고 그것들을 여호와의 귀에 말했다.

(10) לָקַח מֹשֶׁה אֶת־אִשְׁתּוֹ וְאֶת־בָּנָיו וַיַּרְכִּבֵם עַל־הַחֲמֹר (출 4:20)

모세가 그의 아내와 그의 아들들을 취하여 나귀 위에 그들을 태웠다.

〈제29과〉 ❖ 다음 문장들을 번역하라.

(1) לֹא־הֶאֱמִין סִיחוֹן אֶת־יִשְׂרָאֵל (삿 11:20) 시혼은 이스라엘을 믿지 않았다.

(2) לֹא תֹאכְלוּ מִכֹּל עֵץ הַגָּן (창 3:1) 너희는(남) 그 정원의 모든 나무로부터 먹지 말라.

(3) אָמְרוּ כָל־הָעָם אֶל־שְׁמוּאֵל הִתְפַּלֵּל בְּעַד־עֲבָדֶיךָ אֶל־יְהוָה אֱלֹהֶיךָ (삼상 12:19)

그 모든 백성이 사무엘에게 말했다. “당신의(남) 종들을 위해 당신의(남) 하나님 여호와께 기도하시오.”

(4) וַיַּעֲמֹד יוֹתָם בְּרֹאשׁ הַר־גְּרִזִים (삿 9:7) 요담이 그리심산 꼭대기에 섰다.

(5) וַיַּאֲמִינוּ אַנְשֵׁי נִינְוֵה בֵּאלֹהִים (욘 3:5) 니느웨 사람들이 하나님을 믿었다.

(6) וַיַּעֲבֹד יַעֲקֹב עִמּוֹ עוֹד שֶׁבַע־שָׁנִים אֲחֵרוֹת (창 29:30) 야곱이 그와 함께 7년을 더 일했다.

(7) לֹא תָעָבְדֵם כִּי אָנֹכִי יְהוָה אֱלֹהֶיךָ (신 5:9)

너는(남) 그것들을 섬기지 말라. 나는 너의(남) 하나님 여호와이기 때문이다.

(8) הַמָּקוֹם אֲשֶׁר אַתָּה עוֹמֵד עָלָיו אַדְמַת־קֹדֶשׁ הוּא (출 3:5)

네가(남) 그 위에 서 있는 [그] 장소는 (정녕) 거룩한 땅이다.

(9) וּבַדָּבָר הַזֶּה אֵינְכֶם מַאֲמִינִם בַּיהוָה אֱלֹהֵיכֶם (신 1:32)

이 일에 너희는/당신들은(남) 너희의/당신들의(남) 하나님 여호와를 믿지 않았다.

(10) וַיֶּחֱזַק הָרָעָב בָּעִיר וְלֹא־הָיָה לֶחֶם לְעַם הָאָרֶץ (렘 52:6)

그 도시에 기근이 강했으며 그 땅의 백성에게 빵이 없었다.

〈제30과〉 ❖ 다음 문장들을 번역하라.

(1) יְהוָה בֵּרַךְ אֶת־עַמּוֹ (대하 31:10) 여호와께서 그의 백성에게 복을 주셨다.

(2) וַיֹּאמֶר מֹשֶׁה אֶל־יְהוֹשֻׁעַ בְּחַר־לָנוּ אֲנָשִׁים (출 17:9)

모세는 여호수아에게 말했다. "우리를 위해 사람들을 선택하라."

(3) וַיִּשְׁאֲלוּ אַנְשֵׁי הַמָּקוֹם לְאִשְׁתּוֹ וַיֹּאמֶר אֲחֹתִי הִוא (창 26:7)

그곳 사람들이 그의 아내에게 물었다. 그는 '그녀가 나의 누이'라고 말했다.

(4) יְהוָה אֱלֹהֵי יִשְׂרָאֵל נִלְחָם לְיִשְׂרָאֵל (수 10:42)

이스라엘의 하나님 여호와께서(는) 이스라엘을 위해 싸우신다/싸우시는 분이시다.

(5) וְשֵׁרֵת בְּשֵׁם יְהוָה אֱלֹהָיו כְּכָל־אֶחָיו הַלְוִיִּם הָעֹמְדִים שָׁם לִפְנֵי יְהוָה (신 18:7)

그는 거기 여호와 앞에 서 있는 그의 모든 형제들인 레위인들과 같이 그의 하나님 여호와의 이름으로 섬길 것이다.

(6) תְּבֹרַךְ מִנָּשִׁים יָעֵל אֵשֶׁת חֶבֶר הַקֵּינִי (삿 5:24)

겐 사람 헤벨의 아내 야엘은 여인들 보다 더 복을 받을 것이다.

(7) וַיִּבְחַר אֶת־שֵׁבֶט יְהוּדָה אֶת־הַר צִיּוֹן (시 78:68)

그는 유다지파를, 시온산을 택하셨다.

(8) וַיֹּאמֶר הַמֶּלֶךְ שְׁאַל אַתָּה בֶּן־מִי־זֶה (삼상 17:56)

그 왕이 말했다. "너는/당신은(남) 이 사람이 누구의 아들인가 물어보라."

(9) וַיִּקְבֹּץ יִפְתָּח אֶת־כָּל־אַנְשֵׁי גִלְעָד וַיִּלָּחֶם אֶת־אֶפְרָיִם (삿 12:4)

입다가 길르앗의 모든 사람들을 모아 에브라임과 싸웠다.

(10) הַנַּעַר הָיָה מְשָׁרֵת אֶת־יְהוָה אֶת־פְּנֵי עֵלִי הַכֹּהֵן (삼상 2:11)

그 젊은이는 (그) 제사장 엘리 앞에서 여호와를 섬기고 있었다.

〈제31과〉 ❖ 다음 문장들을 번역하라.

(1) שְׁמַע יִשְׂרָאֵל יְהוָה אֱלֹהֵינוּ יְהוָה אֶחָד (신 6:4)

이스라엘아 들으라 우리 하나님 여호와는 한 여호와시다.

(2) וַיִּשְׁלַח יַעֲקֹב מַלְאָכִים לְפָנָיו אֶל־עֵשָׂו אָחִיו (창 32:4)

야곱이 그 앞에 그의 형제 에서에게 사신들을 보냈다.

(3) בָּרוּךְ הַגֶּבֶר אֲשֶׁר יִבְטַח בַּיהוָה (렘 17:7)

여호와를 의지하는 사람은 복되다.

(4) וַיִּשְׁמַע פַּרְעֹה אֶת־הַדָּבָר הַזֶּה וַיְבַקֵּשׁ לַהֲרֹג אֶת־מֹשֶׁה וַיִּבְרַח מֹשֶׁה מִפְּנֵי פַרְעֹה

(출2:15) 바로가 이 말을 듣고 모세를 죽이기 위해 찾았으며 모세는 바로 앞에서 도망갔다.

(5) הִנֵּה אָנֹכִי שֹׁלֵחַ לָכֶם אֵת אֵלִיָּה הַנָּבִיא (말 3:23)

보라, 내가 너희에게(남) 선지자 엘리야를 보낸다.

(6) אֲדֹנָי הִשְׁמִיעַ אֶת־מַחֲנֵה אֲרָם קוֹל רֶכֶב קוֹל סוּס (왕하 7:6)

나의 주께서 아람 진영에 병거 소리와 말의 소리를 들려주셨다.

(7) וַיָּקָם דָּוִד וַיִּבְרַח בַּיּוֹם־הַהוּא מִפְּנֵי שָׁאוּל (삼하 21:11)

다윗이 일어나서 그 날 사울 앞에서 도망갔다.

(8) בִּטְחוּ בַיהוָה עֲדֵי־עַד כִּי בְּיָהּ יְהוָה צוּר עוֹלָמִים (사 26:4)

너희는/당신들은(남) 영원 영원히 여호와를 의지하라 진정 여호와, 영원한 반석이신 여호와를.

(9) וַיִּשְׁלַח אַבְשָׁלוֹם אֶל־יוֹאָב לִשְׁלֹחַ אֹתוֹ אֶל־הַמֶּלֶךְ (삼하 14:29)

압살롬은 그를 왕에게 보내기 위해 요압에게 (사람을) 보냈다.

(10) וַיִּשְׁמַע הָעָם אֶת־הַדָּבָר הָרָע הַזֶּה (출33:4)

그 백성이 이 악한 말을 들었다.

〈제32과〉 ❖ 다음 문장들을 번역하라.

(1) וַיִּקְרָא קַיִן שֵׁם הָעִיר כְּשֵׁם בְּנוֹ חֲנוֹךְ (창 4:17)

가인이 그 도시의 이름을 그의 아들의 이름과 같이 에녹이라 불렀다.

(2) רָעָה לֹא־תִמָּצֵא בְךָ מִיָּמֶיךָ (삼상 25:28)

악이 네(남) 안에서 너의(남) 날들 동안 발견되지 않을 것이다.

(3) וַיֹּאמֶר פַּרְעֹה חָטָאתִי לַיהוָה אֱלֹהֵיכֶם וְלָכֶם (출 10:16)

바로가 말했다. “내가 너희(남) 하나님 여호와와 너희에게(남) 죄를 지었다.”

(4) אֲנִי יְהוָה קְדוֹשְׁכֶם בּוֹרֵא יִשְׂרָאֵל מַלְכְּכֶם (사 43:15)

나는 너희의(남) 거룩한 여호와, 이스라엘의 창조자, 너희의(남) 왕이다.

(5) הִנֵּה מָלֵא כְבוֹד־יְהוָה אֶת־בֵּית יְהוָה (겔 44:4)

보라, 여호와의 영광이 여호와의 집에 가득하다.

(6) וַיִּשְׁלַח הַמֶּלֶךְ לִקְרֹא אֶת־אֲחִימֶלֶךְ בֶּן־אֲחִיטוּב הַכֹּהֵן (삼상 22:11)

그 왕이 제사장 아히둡의 아들 아히멜렉을 부르기 위해 보냈다.

(7) וַיִּבְרָא אֱלֹהִים אֶת־הָאָדָם בְּצַלְמוֹ בְּצֶלֶם אֱלֹהִים בָּרָא אֹתוֹ (창 1:27)

하나님께서 사람을 그의 형상으로 창조하셨다. 하나님의 형상으로 그를 창조하셨다.

(8) לֹא תַחֲטִיא אֶת־הָאָרֶץ אֲשֶׁר יְהוָה אֱלֹהֶיךָ נֹתֵן לְךָ (신 24:4)

너는(남) 네(남) 하나님 여호와께서 네게(남) 주신 [그] 땅을 죄짓게 하지 말라.

(9) לֹא שְׁלֹמֹה מִלֵּא אַחֲרֵי יְהוָה כְּדָוִד אָבִיו(왕상 11:6)

솔로몬은 그의 아버지 다윗과 같이 여호와를 따르지 않았다.

〈제33과〉 ❖ 다음 문장들을 번역하라.

(1) הַיּוֹם אֵרָאֶה אֵלָיו (왕상 18:15) 오늘 내가 그에게 보여질 것이다.

(2) לֶחֶם לֹא אָכַלְתִּי וּמַיִם לֹא שָׁתִיתִי (신 9:9) 나는 빵을 먹지 않았으며 물을 마시지 않았다.

(3) עָנָה יְהוֹשֻׁעַ בִּן־נוּן מְשָׁרֵת מֹשֶׁה (민 11:28)

모세를 섬기는 자 눈의 아들 여호수아가 대답했다.

(4) רָאָה בִּלְעָם כִּי טוֹב בְּעֵינֵי יְהוָה לְבָרֵךְ אֶת־יִשְׂרָאֵל (민 24:1)

발람은 이스라엘을 축복하는 것이 여호와의 눈에 좋음을 보았다(깨달았다).

(5) וַיֹּאמֶר אֱלֹהִים נַעֲשֶׂה אָדָם בְּצַלְמֵנוּ כִּדְמוּתֵנוּ (창 1:26)

하나님께서 말씀하셨다. “우리가 우리의 형상과 우리의 모양대로 사람을 만들자.”

(6) לֹא־נִבְנָה בַיִת לְשֵׁם יְהוָה עַד הַיָּמִים הָהֵם (왕상 3:2)

그 날들까지 여호와의 이름을 위해 집이 지어지지 않았다.

(7) נִגְלָה יְהוָה אֶל־שְׁמוּאֵל בְּשִׁלוֹ בִּדְבַר יְהוָה (삼상 3:21)

여호와께서 실로에서 여호와의 말씀으로 사무엘에게 드러내셨다.

(8) וְעָלִינוּ אֶל־הַמָּקוֹם אֲשֶׁר־אָמַר יְהוָה כִּי חָטָאנוּ (민 14:40)

우리가 여호와께서 말씀하신 [그] 장소로 올라갈 것이다. 우리가 죄를 지었기 때문이다.

(9) רָאִיתִי צַדִּיק לְפָנַי בַּדּוֹר הַזֶּה (창 7:1)

나는 이 세대에 내 앞에서 의인을 보았다.

(10) אֶת־הָאֵשׁ הַגְּדֹלָה הַזֹּאת לֹא־אֶרְאֶה עוֹד (신 18:16)

나는 더 이상 이 큰 불을 보지 않을 것입니다.

〈제34과〉 ❖ 다음 문장들을 번역하라.

(1) וַיֵּצֵא מֹשֶׁה וַיְדַבֵּר אֶל־הָעָם אֵת דִּבְרֵי יְהוָה (민 11:24)

모세가 나가서 그 백성에게 여호와의 말씀들을 말했다.

(2) הָאָדָם יָדַע אֶת־חַוָּה אִשְׁתּוֹ וַתַּהַר וַתֵּלֶד אֶת־קַיִן (창 4:1)

그 사람이 그의 아내 하와와 동침하였으며 그녀는 임신하여 가인을 낳았다.

(3) אֲנַחְנוּ לֹא־נֵדַע מַה־נַּעֲבֹד אֶת־יְהוָה (출10:26)

우리는 무엇으로/어떻게 여호와를 섬겨야 할지 모릅니다.

(4) כֹּה אָמַר יְהוָה רֵד בֵּית־מֶלֶךְ יְהוּדָה וְדִבַּרְתָּ שָּׁם אֶת־הַדָּבָר הַזֶּה (렘 22:1)

여호와께서 이렇게 말씀하셨다. “너는(남) 유다 왕의 집에 내려가서 그곳에서 이 말을 하라.”

(5) אֲנִי וְהָאִשָּׁה הַזֹּאת יֹשְׁבֹת בְּבַיִת אֶחָד (왕상 3:17)

나와 이 여자는 한 집에 거주하고 있습니다.

(6) מִצִּיּוֹן תֵּצֵא תוֹרָה וּדְבַר־יְהוָה מִירוּשָׁלָםִ (사 2:3)

율법이 시온에서 나올 것이며 여호와의 말씀이 예루살렘에서 (나올 것이다).

(7) הוֹדוּ לַיהוָה כִּי־טוֹב כִּי לְעוֹלָם חַסְדּוֹ (시 136:1)

너희는(남) 여호와께 감사하라. 그는 좋으시며 그의 인자가 영원하기 때문이다.

(8) וַיִּוָּלְדוּ עוֹד לְדָוִד בָּנִים וּבָנוֹת (삼하 5:13)

다윗에게 아들들과 딸들이 더 태어났다.

(9) יָרְדוּ בְּנֵי יְהוּדָה לְהִלָּחֵם בַּכְּנַעֲנִי יוֹשֵׁב הָהָר וְהַנֶּגֶב וְהַשְּׁפֵלָה (삿 1:9)

유다 자손들이/유다의 아들들이 산과 네게브와 쉐펠라에 거주하는 가나안인과 싸우기 위해 내려갔다.

〈제35과〉 ❖ 다음 문장들을 번역하라.

(1) בַּמָּקוֹם הַזֶּה אֶתֵּן שָׁלוֹם (학 2:9) 이 곳에서 나는 평화를 줄 것이다.

(2) וַיַּגִּדוּ לְסִיסְרָא כִּי עָלָה בָּרָק בֶּן־אֲבִינֹעַם הַר־תָּבוֹר (삿 4:12)

그들이 시스라에게 아비노암의 아들 바락이 다볼산으로 올라갔음을/올라갔다고 말했다.

(3) בָּרוּךְ יְהוָה אֲשֶׁר הִצִּיל אֶתְכֶם מִיַּד מִצְרַיִם (출18:10)

이집트의 손에서부터 너희를/당신들을(남) 구원하신 여호와는 복되시다.

(4) אֵלֶּה מַלְכֵי הָאָרֶץ אֲשֶׁר הִכּוּ בְנֵי־יִשְׂרָאֵל (수 12:1)

이스라엘 자손들이 친(죽인) [그] 땅의 왕들은 이러하다.

(5) וַתִּשַּׁק לָהֶן וַתִּשֶּׂאנָה קוֹלָן וַתִּבְכֶּינָה (룻 1:9)

그녀가 그녀들에게 입맞추었고 그녀들은 그녀들의 (목)소리를 높여 울었다.

(6) בְּנֹתֵיכֶם תִּתְּנוּ־לָנוּ וְאֶת־בְּנֹתֵינוּ תִּקְחוּ לָכֶם (창 34:9)

너희는/당신들은(남) 너희의/당신들의(남) 딸들을 우리에게 주고 우리의 딸들을 너희에게/당신들에게(남) 취하라.

(7) וַיַּעֲשׂוּ בְנֵי־לֵוִי כִּדְבַר מֹשֶׁה וַיִּפֹּל מִן־הָעָם בַּיּוֹם הַהוּא כִּשְׁלֹשֶׁת אַלְפֵי אִישׁ (출32:28)

레위 자손들은 모세의 말대로 행했으며 그 날 그 백성으로부터 약 3천명이 떨어졌다(죽었다).

(8) וַיֻּגַּד לִשְׁלֹמֹה לֵאמֹר הִנֵּה אֲדֹנִיָּהוּ יָרֵא אֶת־הַמֶּלֶךְ שְׁלֹמֹה (왕상 1:51)

그것이 솔로몬에게 들렸다. "보십시오, 아도니야가 솔로몬 왕을 두려워합니다."

(9) וַיַּכּוּ אֶת־מַחֲנֵה פְלִשְׁתִּים מִגִּבְעוֹן וְעַד־גָּזְרָה (대상 14:16)

그들이 블레셋 진영을 기브온에서 게셀까지 쳤다.

(10) וַיֹּאמֶר יְהוָה יְהוּדָה יַעֲלֶה הִנֵּה נָתַתִּי אֶת־הָאָרֶץ בְּיָדוֹ (삿 1:2)

여호와께서 말씀하셨다. "유다가 올라갈 것이다. 보라, 내가 그 땅을 그의 손에 주었다."

〈제36과〉 ❖ 다음 문장들을 번역하라.

(1) הַאַתָּה אִישׁ־הָאֱלֹהִים אֲשֶׁר־בָּאתָ מִיהוּדָה (왕상 13:14)

너는/당신은(남) 유다에서 온 하나님의 사람인가?

(2) וַיָּמָת אַהֲרֹן שָׁם בְּרֹאשׁ הָהָר וַיֵּרֶד מֹשֶׁה וְאֶלְעָזָר מִן־הָהָר (민 20:28)

아론이 거기, 그 산 꼭대기에서 죽었으며 모세와 엘르아살은 그 산에서 내려갔다.

(3) יָשֻׁבוּ בְּנֵי יִשְׂרָאֵל וּבִקְשׁוּ אֶת־יְהוָה אֱלֹהֵיהֶם וְאֵת דָּוִד מַלְכָּם (호 3:5)

이스라엘 자손들이/아들들이 돌아와서 그들의 하나님 여호와와 그들의 왕 다윗을 찾았다.

(4) וַיֵּלֶךְ יְהוָה כַּאֲשֶׁר כִּלָּה לְדַבֵּר אֶל־אַבְרָהָם וְאַבְרָהָם שָׁב לִמְקֹמוֹ (창 18:33)

여호와께서 아브라함에게 말씀하시기를 끝냈을 때 가셨으며 아브라함은 그의 장소로 돌아갔다.

(5) וַיְהִי דְּבַר־יְהוָה אֶל־יוֹנָה בֶן־אֲמִתַּי לֵאמֹר קוּם לֵךְ אֶל־נִינְוֵה (욘 1:1-2)
הָעִיר הַגְּדוֹלָה

여호와의 말씀이 아밋대의 아들 요나에게 있었다. "너는(남) 일어나 그 큰 도시 니느웨로 가라."

(6) וַיָּבֹא אֱלֹהִים אֶל־בִּלְעָם וַיֹּאמֶר מִי הָאֲנָשִׁים הָאֵלֶּה עִמָּךְ (민 22:9)

하나님께서 발람에게 오셔서 말씀하셨다. "너와(남) 함께 있는 이 사람들은 누구냐?"

(7) מֹשֶׁה עַבְדִּי מֵת וְעַתָּה קוּם עֲבֹר אֶת־הַיַּרְדֵּן הַזֶּה אַתָּה וְכָל־הָעָם הַזֶּה אֶל־הָאָרֶץ (수 1:2)

나의 종 모세는 죽었다. 이제 너와(남) 이 모든 백성은 일어나 그 땅을 향해 이 요단을 건너라.

(8) וַיֻּגַּד לְשָׁאוּל כִּי־בָא דָוִד קְעִילָה (삼상 23:7)

다윗이 그일라로 왔음이 사울에게 들렸다.

(9) וַיָּקֻמוּ וַיֵּרְדוּ מִצְרַיִם וַיַּעַמְדוּ לִפְנֵי יוֹסֵף (창 43:15)

그들이 일어나 이집트로 내려가 요셉 앞에 섰다.

(10) וַתָּקָם הָאִשָּׁה וַתַּעַשׂ כִּדְבַר אִישׁ הָאֱלֹהִים (왕하 8:2)

그 여자가 일어나 하나님의 사람의 말대로 행했다.

(11) דַּע כִּי־מוֹת תָּמוּת אַתָּה וְכָל־אֲשֶׁר־לָךְ (창 20:7)

너와(남) 네게(남) 속한 모든 것이 정녕 죽을 것임을 너는(남) 알아라.

〈제37과〉 ❖ 다음 문장들을 번역하라.

(1) שֵׁם הָאֶחָד פִּישׁוֹן הוּא הַסֹּבֵב אֵת כָּל־אֶרֶץ הַחֲוִילָה אֲשֶׁר־שָׁם הַזָּהָב (창 2:11)

하나의(첫째의) 이름은 비손이다. 그것은 금이 있는 하윌라 모든 땅을 돈다.

(2) וּבֵרַךְ עֵלִי אֶת־אֶלְקָנָה וְאֶת־אִשְׁתּוֹ וְאָמַר יָשֵׂם יְהוָה לְךָ זֶרַע (삼상 2:20)
מִן־הָאִשָּׁה הַזֹּאת

엘리가 엘가나와 그의 아내를 축복하고 말했다. “여호와께서 네게(남) 이 여자로부터 씨를 두시기를 원한다.”

(3) וְכָל־יִשְׂרָאֵל עֹבְרִים בֶּחָרָבָה עַד אֲשֶׁר־תַּמּוּ כָּל־הַגּוֹי לַעֲבֹר אֶת־הַיַּרְדֵּן (수 3:17)

모든 민족이 요단을 건너기를 끝낼 때까지 모든 이스라엘이 마른땅을 건너가고 있었다.

(4) וְסַבֹּתֶם אֶת־הָעִיר כֹּל אַנְשֵׁי הַמִּלְחָמָה (수 6:3)

너희(남) 모든 군사들은 그 도시를 돌아라.

(5) יְהוָה אֱלֹהֵיכֶם הַהֹלֵךְ לִפְנֵיכֶם הוּא יִלָּחֵם לָכֶם כְּכֹל אֲשֶׁר עָשָׂה (신 1:30)
אִתְּכֶם בְּמִצְרַיִם לְעֵינֵיכֶם

너희(남) 앞에 가시는 너희(남) 하나님 여호와, 그 분께서 이집트에서 너희의(남) 눈에 너희와(남) 함께 행하신 모든 것과 같이 너희를(남) 위해 싸우실 것이다.

(6) סָבַב בֵּית־אֵל וְהַגִּלְגָּל וְהַמִּצְפָּה וְשָׁפַט אֶת־יִשְׂרָאֵל אֵת כָּל־הַמְּקוֹמוֹת הָאֵלֶּה (삼상 7:16)

그는 벧엘과 길갈과 미스바를 돌았으며 이 모든 곳에서 이스라엘을 다스렸다.

(7) וַיֵּלֶךְ אִישׁ מִבֵּית לֶחֶם יְהוּדָה לָגוּר בִּשְׂדֵי מוֹאָב (룻 1:1)

유다 베들레헴 출신의 한 사람이 모압 들판(들)에서 살기위해 갔다.

(8) הַכֹּהֲנִים נֹשְׂאֵי הָאָרוֹן עֹמְדִים בְּתוֹךְ הַיַּרְדֵּן עַד תֹּם כָּל־הַדָּבָר (수 4:10)
אֲשֶׁר־צִוָּה יְהוָה אֶל־הָעָם אֶת־יְהוֹשֻׁעַ לְדַבֵּר

궤를 들고 가던 제사장들은 여호와께서 그 백성에게 말하라고 여호수아에게 명령하신 모든 것이 완성될 때까지 요단 가운데 서 있었다.

(9) סֹבּוּ וְהָמִיתוּ כֹּהֲנֵי יְהוָה כִּי גַם־יָדָם עִם־דָּוִד (삼상 22:17)

너희는(남) 돌아가서 여호와의 제사장들을 죽이라. 그들의 손도 다윗과 함께 하였기 때문이다.

(10) וְלָקַחְתָּ כֶסֶף־וְזָהָב וְעָשִׂיתָ עֲטָרוֹת וְשַׂמְתָּ בְּרֹאשׁ יְהוֹשֻׁעַ בֶּן־יְהוֹצָדָק (슥 6:11)
הַכֹּהֵן הַגָּדוֹל

너는(남) 은과 금을 취하여 왕관들을 만들어 대제사장 여호사닥의 아들 여호수아의 머리에 두라.

부록3 단어정리

히브리어-한글

א

אָב	아버지	3과
אָב	선조	3과
אֶבֶן	돌	13과
אַבְשָׁלוֹם	압살롬	26과
אָדוֹן	주	8과
אָדוֹן	주인	8과
אָדוֹן	주님	8과
אָדָם	아담	5과
אָדָם	사람	5과
אָהַב	사랑하나	16과
אַהֲרֹן	아론	13과
אוֹר	빛	17과
אוֹת	기호	14과
אוֹת	표시	14과
אֹזֶן	귀	28과
אָח	형제	3과
אֶחָד	하나(one)	12과
אָחוֹת	누이	22과
אַחֵר	다른	12과
אַחֲרֵי ,אַחַר	후에	9과
אַחֲרֵי ,אַחַר	뒤에	9과
אֹיֵב	원수	7과
אֹיֵב	적	7과
אִיּוֹב	욥	6과
אֵיךְ	어떻게	11과
אַיִן	없다	9과
אַיִן	아니다	9과
אִישׁ	사람	3과
אִישׁ	남사	3과
אָכַל	먹다	14과
אֶל	로(into, to)	4과
אֱלֹהִים	하나님	3과
אֵלִיָּה	엘리야	31과
אֶלֶף	천(thousand)	35과
אֵם	어머니	9과
אָמַן	믿다(hi.)	29과
אָמַר	말하다	10과
אִמְרָה	말(speech)	25과
אֱמֶת	진리	15과
אָסַף	모으다	20과
אֶצְבַּע	손가락	13과
אֵצֶל	옆에	9과
אֲרוֹן	(법)궤	10과

אֲרוֹן	상자	10과
אַרְיֵה	사자 (lion)	27과
אֶרֶץ	땅	3과
אֵשׁ	불	14과
אִשָּׁה	여자	3과
אִשָּׁה	아내	3과
אֲשֶׁר	관계대명사	12과
אֵת/אֶת	함께(with)	4과

ב

בְּ	(안)에(in, at)	4과
בְּ	로(in, at)	4과
בּוֹא	오다	36과
בּוֹר	구덩이	26과
בָּחַר	선택하다	17과
בָּטַח	신뢰하다	31과
בֵּין	사이에(between)	4과
בַּיִת	집	3과
בָּכָה	울다	35과
בִּלְעֲדֵי	없이	9과
בֵּן	아들	3과
בָּנָה	집을 짓다	33과
בַּעַד	위하여	9과
בַּעַד	밖으로	9과
בַּעְשָׁא	바아사	26과
בֹּקֶר	아침	26과
בקשׁ	찾다(pi.)	20과
בקשׁ	요구하다(pi.)	20과
בָּרָא	창조하다	32과
בָּרַח	도망가다	24과
בְּרִית	계약	11과
בְּרִית	언약	11과
בָּרַךְ	복을 주다	12과
בֵּרַךְ	축복하다(pi.)	33과
בְּרָכָה	복	17과
בָּשַׁל	삶다	22과
בָּשַׁל	요리하다	22과
בָּשָׂר	육체	13과
בַּת	딸	3과

ג

גֶּבֶר	남자	31과
גֶּבֶר	사람	31과
גָּדוֹל	큰	6과
גָּדוֹל	위대한	6과
גָּדַל	크게 하다(hi.)	25과
גּוֹי	민족	16과
גּוֹי	이방민족	16과
גּוּר	살다	37과
גָּלָה	드러내다	33과
גִּלְעָד	길르앗	30과
גַּם	또한	23과
גַּן	정원	23과
גָּנַב	훔치다	22과

גְּרִזִים	그리심	29과

ד

דָּבָר	말(씀)	3과
דָּבָר	것	3과
דָּוִד	다윗	3과
דָּוִיד	다윗	3과
דּוֹר	세대	22과
דָּם	피	17과
דְּמוּת	모양	33과
דֶּרֶךְ	길	5과
דָּרַשׁ	찾다	13과
דָּרַשׁ	구하다	13과

ה

הָיָה	이다	15과
הָיָה	있다	15과
הָיָה	되다	15과
הָלַךְ	가다	11과
הָלַךְ	거닐다(hit.)	23과
הָלַךְ	동행하다(hit.)	23과
הָלַל	찬양하다(pi.)	20과
הָלַל	자랑하다(hit.)	23과
הִנֵּה	보라(behold)	12과
הַר	산	3과
הָרַג	죽이다	28과
הָרָה	임신하다	34과

ז

זָהָב	금	37과
זָכַר	기억하다	10과
זָכַר	기억나게 하다(hi.)	25과
זִמְרִי	시므리	24과
זָנָב	꼬리	17과
זָקֵן	늙은	28과
זָקֵן	장로	28과
זֶרַע	씨	10과
זֶרַע	후손	10과
זָרַק	뿌리다	25과

ח

חוֹמָה	성벽	27과
חָזַק	강하게 하다(pi.)	21과
חָזַק	스스로 강하게 하다(hit.)	23과
חָזָק	강한	6과
חֵטְא	죄	24과
חָטָא	죄를 짓다	20과
חַי	살아있는	12과
חָכָם	지혜로운	6과
חָכְמָה	지혜	20과
חֲלוֹם	꿈	16과
חָלַם	꿈꾸다	16과
חֲמוֹר	나귀	28과
חֵן	호의	19과
חֵן	은총	19과

חֶסֶד	인자	8과
חֶסֶד	자비	8과
חֹק	법령	14과
חֹק	법도	14과
חֶרֶב	칼	7과
חָרָבָה	마른 땅	37과
חָתַן	결혼하다(hit.)	23과

ט

טוֹב	좋은	4과
טוֹבָה	선(goodness)	20과

י

יָד	손	3과
יָדָה	감사하다	34과
יָדַע	알다	4과
יָדַע	동침하다	4과
יְהוֹדִי	유대인	26과
יְהוָה	여호와	4과
יוֹם	날	3과
יוֹתָם	요담	29과
יַיִן	포도주	9과
יֶלֶד	아이	9과
יָלַד	낳다	24과
יָם	바다	22과
יַעַר	숲	26과
יָפֶה	아름다운	6과
יִפְתָּה	입다	30과
יָצָא	나가다	34과
יִצְחָק	이삭	17과
יָרֵא	두려워하다	28과
יָרַד	내려가다	12과
יַרְדֵּן	요단	5과
יְרִיחוֹ	여리고	16과
יֵשׁ	있다	9과
יָשַׁב	앉다	12과
יָשַׁב	거주하다	12과

כ

כְּ	처럼(as, like)	4과
כְּ	같이(as, like)	4과
כַּאֲשֶׁר	할 때	12과
כָּבוֹד	영광	14과
כֹּה	이렇게	28과
כֹּהֵן	제사장	5과
כִּי	때문에	24과
כִּי	관계대명사(that)	24과
כֹּל	모든	5과
כֶּלֶב	개	5과
כָּלָה	끝나다	36과
כֵּן	그렇게	17과
כְּנַעַן	가나안	5과
כֶּסֶף	돈	7과
כֶּסֶף	은	7과
כָּפַר	덮다(pi.)	22과

כִּפֶּר	속죄하다(pi.)	22과
כֶּרֶם	포도원	14과
כָּרַת	자르다	13과
כָּרַת	계약을 맺다	13과
כָּרַת	끊다(hi.)	26과
כָּשַׁל	넘어지다	27과
כָּתַב	쓰다	10과

ל

לְ	에게(to)	4과
לְ	위하여(for)	4과
לֹא	않다(no, not)	4과
לֵבָב, לֵב	마음	7과
לוּחַ	판	13과
לֵוִי	레위	13과
לֶחֶם	빵	9과
לָחַם	싸우다(ni.)	18과
לַיְלָה	밤	7과
לָכַד	사로잡다	27과
לָכַד	취하다	27과
לָכִישׁ	라기스	28과
לָמָּה	왜	4과
לְמַעַן	위하여	21과
לִפְנֵי	전에	9과
לִפְנֵי	앞에	9과
לָקַח	취하다	10과

מ

מְאֹד	매우	6과
מִדְבָּר	광야	28과
מָה	무엇	4과
מוּת	죽다	36과
מִזְבֵּחַ	제단	24과
מַחֲנֶה	진영	9과
מַטֶּה	막대기	13과
מַטֶּה	지파	13과
מִי	누구	4과
מַיִם	물	5과
מִין	종류	7과
מָכַר	팔다	13과
מָלֵא	채우다(pi.)	21과
מַלְאָךְ	사자	12과
מַלְאָךְ	사신	12과
מֶלַח	소금	24과
מִלְחָמָה	전쟁	37과
מלט	도망가다(ni.)	18과
מֶלֶךְ	왕	3과
מָלַךְ	왕이 되다	10과
מָלַךְ	다스리다	10과
מָלַךְ	왕으로 삼다(hi.)	25과
מַלְכוּת	왕위	26과
מַלְכוּת	왕국	26과
מִן	로부터(from)	4과

מְעָרָה 동굴 19과
מַעֲשֶׂה 행동 21과
מַעֲשֶׂה 일 21과
מִפְּנֵי 때문에 22과
מִפְּנֵי 앞에서 22과
מָצָא 발견하다 19과
מִצְוָה 계명 8과
מִצְפָּה 미스바 16과
מִצְרַיִם 이집트 4과
מָקוֹם 장소 7과
מַרְאֶה 광경 14과
מַרְאֶה 모양 14과
מֹשֶׁה 모세 13과
מָשַׁל 다스리다 13과
מִשְׁפָּט 재판 8과
מִשְׁפָּט 법 8과

נ

נָא 청컨대 14과
נָא 제발 14과
נָבִיא 선지자 8과
נְבֵלָה 시체 27과
נֶגֶב 네게브 22과
נֶגֶב 남방 22과
נֶגֶד 맞서서 9과
נֶגֶד 맞은편에 9과
נָגַד 말하다(hi.) 35과
נָדַב 자원하다(hit.) 23과
נֶדֶר 맹세 7과
נָדַר 맹세하다 21과
נִינְוֵה 니느웨 6과
נָכָה 때리다(hi.) 35과
נָכָה 죽이다(hi.) 35과
נַעַר 소년 7과
נָפַל 떨어지다 35과
נֶפֶשׁ 생명 5과
נֶפֶשׁ 혼 5과
נָצַל 구원하다(hi.) 35과
נָשָׂא 들어올리다 35과
נָשָׂא 들고 가다 35과
נָשַׁק 입맞추다 35과
נָתַן 주다 12과

ס

סָבַב 돌다 34과
סָגַר 닫다 21과
סוּס 수말 3과
סוּסָה 암말 3과
סִיחוֹן 시혼 29과
סֵפֶר 책 14과
סֵפֶר 문서 14과
סִפֵּר 이야기하다(pi.) 20과

ע

עֶבֶד 종 4과
עָבַד 일하다 16과
עָבַד 섬기다 16과
עָבַר 지나가다 12과

עָבַר	건너다	12과
עַד	까지(until)	4과
עַד	영원	31과
עוֹד	더 이상	17과
עוֹד	아직	17과
עוֹד	한번 더	17과
עוֹלָה	번제	24과
עוֹלָם	영원	15과
עָוֹן	불법	22과
עָוֹן	죄악	22과
עֲזֵקָה	아세가(지명)	24과
עֲטָרָה	왕관	37과
עַיִן	눈(eye)	6과
עַיִן	샘(spring)	6과
עִיר	도시	3과
עַל	위에(on)	4과
עַל	대하여(about)	4과
עָלָה	올라가다	15과
עִם	함께(with)	4과
עַם	백성	3과
עָמַד	서다	12과
עָנָה	대답하다	33과
עֲנָקִי	아낙 사람	26과
עֵץ	나무	13과
עָשָׂה	행하다	4과
עָשָׂה	만들다	4과
עַתָּה	이제	15과

פ		
פֶּה	입	5과
פָּלַל	기도하다(hit.)	23과
פְּלִשְׁתִּי	블레셋 사람	11과
פָּנֶה	얼굴	19과
פָּנֶה	앞	19과
פָּקַד	방문하다	10과
פָּקַד	권고하다	10과
פָּקַד	계수하다	10과
פָּקַד	소집되다(hit.)	23과
פָּקַד	맡기다(hi.)	27과
פַּרְעֹה	바로(Pharaoh)	5과
פַּחַת	구덩이	26과
פָּתַח	열다	19과
צ		
צָבָא	군대	7과
צַדִּיק	의로운	6과
צָוָה	명령하다(pi.)	37과
צוּר	반석	31과
צִיּוֹן	시온	30과
צֶלֶם	형상	32과
ק		
קָבַץ	모으다	16과
קָבַץ	모이다(hit.)	23과
קֶבֶר	무덤	27과

קָבַר	매장하다	19과
קָדוֹשׁ	거룩한	8과
קָדַשׁ	거룩하게 하다(pi.)	20과
קָדַשׁ	스스로 거룩하게 하다(hit.)	23과
קָדַשׁ	거룩하다(hit.)	23과
קֹדֶשׁ	거룩	7과
קוֹל, קֹל	소리	5과
קוּם	일어나다	15과
קָטַר	제물을 태우다(hi.)	25과
קַיִן	가인	32과
קֵינִי	겐 사람	30과
קָרָא	부르다	26과
קָרָא	읽다	26과
קָרַב	가까이 오게 하다(hi.)	25과
קָרַב	바치다(hi.)	25과
קָשַׁב	귀를 기울이다(hi.)	25과
קָשֶׁה	어려운	6과
קָשֶׁה	완고한	6과

ר

רָאָה	보다	14과
רֹאשׁ	머리	4과
רֹאשׁ	정상	4과
רַב	많은	6과
רַב	위대한	6과
רוּחַ	영	17과
רוּחַ	바람	17과
רָחוֹק	먼	19과
רֶכֶב	병거	31과
רָכַב	타다	13과
רַע	악한	6과
רַע	나쁜	6과
רָעָב	기근	29과
רָעָה	악	17과
רָעָה	재난	17과

ש

שָׁאוּל	사울	17과
שָׁאַל	묻다	30과
שָׁאַר	남다(ni.)	18과
שֵׁבֶט	막대기	26과
שֵׁבֶט	지파	26과
שֶׁבַע	일곱	18과
שָׁבַר	깨뜨리다	13과
שָׂדֶה	들판	12과
שׁוּב	돌아오다	36과
שִׂים	놓다	15과
שִׂים	두다	15과
שָׁכַב	눕다	19과
שָׁכַם	일찍 일어나다(hi.)	25과
שָׁלוֹם	평화	35과
שָׁלַח	보내다	12과
שָׁלַח	보내다(pi.)	21과
שְׁלִישִׁי	셋째의	35과
שָׁלַךְ	던지다(hi.)	25과
שָׁלֵם	완전한	23과

שָׁלַם	갚다(pi.)	20과
שָׁלַם	지불하다(pi.)	20과
שֵׁם	이름	3과
שָׁם	거기	4과
שָׁמַד	파괴하다(hi.)	25과
שָׁמַד	멸망시키다(hi.)	25과
שְׁמוּאֵל	사무엘	17과
שִׂמְחָה	기쁨	19과
שָׂמַח	기뻐하다	23과
שָׁמַיִם	하늘	8과
שֶׁמֶן	기름	14과
שָׁמַע	듣다	11과
שָׁמַר	지키다	10과
שָׁמַר	삼가다(ni.)	18과
שֶׁמֶשׁ	태양	19과
שָׁנָה	해(year)	3과
שֵׁנִי	둘째의	28과
שְׁנַיִם	둘(two)	28과
שָׁפַט	다스리다	10과
שָׁפַט	재판하다	10과
שָׁפַךְ	붓다	13과
שָׁפַךְ	흘리다	13과
שְׁפֵלָה	쉐펠라(지명)	34과
שָׁרַת	섬기다(pi.)	28과
שָׁרַת	봉사하다(pi.)	28과
שָׁתָה	마시다	33과

ת

תָּוֶךְ	중앙	23과
תּוֹרָה	율법	8과
תַּחַת	아래	9과
תַּחַת	대신에	9과
תָּמִיד	항상	15과
תָּמַם	완성하다	37과
תָּמַם	마치다	37과
תְּפִלָּה	기도	25과
תָּפַשׂ	잡다	13과

한글-히브리어

가

가까이 오게 하다(hi.)	קָרַב	25과
가나안	כְּנַעַן	5과
가다	הָלַךְ	11과
가인	קַיִן	32과
감사하다	יָדָה	34과
강하게 하다(pi.)	חָזַק	21과
강한	חָזָק	6과
같이(as, like)	כְּ	4과
갚다(pi.)	שָׁלַם	20과
개	כֶּלֶב	5과
거기	שָׁם	4과
거닐다(hit.)	הָלַךְ	23과
거룩	קֹדֶשׁ	7과
거룩하게 하다(pi.)	קָדַשׁ	20과
거룩하다(hit.)	קָדַשׁ	23과
거룩한	קָדוֹשׁ	8과
거주하다	יָשַׁב	12과
건너다	עָבַר	12과
것	דָּבָר	3과
겐 사람	קֵינִי	30과
결혼하다(hit.)	חָתַן	23과
계명	מִצְוָה	8과
계수하다	פָּקַד	10과
계약	בְּרִית	11과
계약을 맺다	כָּרַת	13과
관계대명사	אֲשֶׁר	12과
관계대명사(that)	כִּי	24과
광경	מַרְאֶה	14과
광야	מִדְבָּר	28과
구덩이	בּוֹר	26과
구덩이	פַּחַת	26과
구원하다(hi.)	נָצַל	35과
구하다	דָּרַשׁ	13과
군대	צָבָא	7과
권고하다	פָּקַד	10과
귀	אֹזֶן	28과
귀를 기울이다(hi.)	קָשַׁב	25과
그렇게	כֵּן	17과
그리심	גְּרִזִים	29과
금	זָהָב	37과
기근	רָעָב	29과
기도	תְּפִלָּה	25과
기도하다(hit.)	פָּלַל	23과
기름	שֶׁמֶן	14과
기뻐하다	שָׂמַח	23과
기쁨	שִׂמְחָה	19과
기억나게 하다(hi.)	זָכַר	25과
기억하다	זָכַר	10과
기호	אוֹת	14과
길	דֶּרֶךְ	5과
길르앗	גִּלְעָד	30과

까지(until)	עַד	4과
깨뜨리다	שָׁבַר	13과
꼬리	זָנָב	17과
꿈	חֲלוֹם	16과
꿈꾸다	חָלַם	16과
끊다(hi.)	כָּרַת	26과
끝나다	כָּלָה	36과

나

나가다	יָצָא	34과
나귀	חֲמוֹר	28과
나무	עֵץ	13과
나쁜	רַע	6과
날	יוֹם	3과
남다(ni.)	שָׁאַר	18과
남방	נֶגֶב	22과
남자	אִישׁ	3과
남자	גֶּבֶר	31과
낳다	יָלַד	24과
내려가다	יָרַד	12과
넘어지다	כָּשַׁל	27과
네게브	נֶגֶב	22과
놓다	שִׂים	15과
누구	מִי	4과
누이	אָחוֹת	22과
눈(eye)	עַיִן	6과
눕다	שָׁכַב	19과
늙은	זָקֵן	28과
니느웨	נִינְוֵה	6과

다

다른	אַחֵר	12과
다스리다	מָלַךְ	10과
다스리다	מָשַׁל	13과
다스리다	שָׁפַט	10과
다윗	דָּוִד	3과
다윗	דָּוִיד	3과
닫다	סָגַר	21과
대답하다	עָנָה	33과
대신에	תַּחַת	9과
대하여(about)	עַל	4과
더 이상	עוֹד	17과
던지다(hi.)	שָׁלַךְ	25과
덮다(pi.)	כָּפַר	22과
도망가다	בָּרַח	24과
도망가다(ni.)	מלט	18과
도시	עִיר	3과
돈	כֶּסֶף	7과
돌	אֶבֶן	13과
돌다	סָבַב	34과
돌아오다	שׁוּב	36과
동굴	מְעָרָה	19과
동침하다	יָדַע	4과
동행하다(hit.)	הָלַךְ	23과
되다	הָיָה	15과
두다	שִׂים	15과

두려워하다	יָרֵא	28과
둘(two)	שְׁנַיִם	28과
둘째의	שֵׁנִי	28과
뒤에	אַחֲרֵי, אַחַר	9과
드러내다	גָּלָה	33과
듣다	שָׁמַע	11과
들고 가다	נָשָׂא	35과
들어올리다	נָשָׂא	35과
들판	שָׂדֶה	12과
딸	בַּת	3과
땅	אֶרֶץ	3과
때리다(hi.)	נָכָה	35과
때문에	כִּי	24과
때문에	מִפְּנֵי	22과
떨어지다	נָפַל	35과
또한	גַּם	23과

라

라기스	לָכִישׁ	28과
레위	לֵוִי	13과
로(in, at)	בְּ	4과
로(into, to)	אֶל	4과
로부터(from)	מִן	4과

마

마른 땅	חָרָבָה	37과
마시다	שָׁתָה	33과
마음	לֵבָב, לֵב	7과
마치다	תָּמַם	37과
막대기	מַטֶּה	13과
막대기	שֵׁבֶט	26과
만들다	עָשָׂה	4과
많은	רַב	6과
말(speech)	אִמְרָה	25과
말(씀)	דָּבָר	3과
말하다	אָמַר	10과
말하다(hi.)	נָגַד	35과
맞서서	נֶגֶד	9과
맞은편에	נֶגֶד	9과
맡기다(hi.)	פָּקַד	27과
매우	מְאֹד	6과
매장하다	קָבַר	19과
맹세	נֶדֶר	7과
맹세하다	נָדַר	21과
머리	רֹאשׁ	4과
먹다	אָכַל	14과
먼	רָחוֹק	19과
멸망시키다(hi.)	שָׁמַד	25과
명령하다(pi.)	צָוָה	37과
모든	כֹּל	5과
모세	מֹשֶׁה	13과
모양	דְּמוּת	33과
모양	מַרְאֶה	14과
모으다	אָסַף	20과
모으다	קָבַץ	16과
모이다(hit.)	קָבַץ	23과

무덤	קֶבֶר	27과
무엇	מָה	4과
문서	סֵפֶר	14과
묻다	שָׁאַל	30과
물	מַיִם	5과
미스바	מִצְפָּה	16과
민족	גּוֹי	16과
믿다(hi.)	אָמַן	29과

바

바다	יָם	22과
바람	רוּחַ	17과
바로(Pharaoh)	פַּרְעֹה	5과
바아사	בַּעְשָׁא	26과
바치다(hi.)	קָרַב	25과
밖으로	בַּעַד	9과
반석	צוּר	31과
발견하다	מָצָא	19과
밤	לַיְלָה	7과
방문하다	פָּקַד	10과
백성	עַם	3과
번제	עוֹלָה	24과
법	מִשְׁפָּט	8과
(법)궤	אֲרוֹן	10과
법도	חֹק	14과
법령	חֹק	14과
병거	רֶכֶב	31과
보내다	שָׁלַח	12과
보내다(pi.)	שִׁלַּח	21과
보다	רָאָה	14과
보라(behold)	הִנֵּה	12과
복	בְּרָכָה	17과
복을 주다	בֵּרַךְ	12과
봉사하다(pi.)	שֵׁרַת	28과
부르다	קָרָא	26과
불	אֵשׁ	14과
불법	עָוֹן	22과
붓다	שָׁפַךְ	13과
블레셋 사람	פְּלִשְׁתִּי	11과
빛	אוֹר	17과
빵	לֶחֶם	9과
뿌리다	זָרַק	25과
사람	אָדָם	5과

사

사람	אִישׁ	3과
사람	גֶּבֶר	31과
사랑하다	אָהַב	16과
사로잡다	לָכַד	27과
사무엘	שְׁמוּאֵל	17과
사신	מַלְאָךְ	12과
사울	שָׁאוּל	17과
사이에(between)	בֵּין	4과
사자 (lion)	אַרְיֵה	27과
사자	מַלְאָךְ	12과
산	הַר	3과

살다	גּוּר	37과
살아있는	חַי	12과
삶다	בָּשַׁל	22과
삼가다(ni.)	שָׁמַר	18과
상자	אֲרוֹן	10과
샘(spring)	עַיִן	6과
생명	נֶפֶשׁ	5과
서다	עָמַד	12과
선(goodness)	טוֹבָה	20과
선조	אָב	3과
선지자	נָבִיא	8과
선택하다	בָּחַר	17과
섬기다	עָבַד	16과
섬기다(pi.)	שָׁרַת	28과
성벽	חוֹמָה	27과
세대	דּוֹר	22과
셋째의	שְׁלִישִׁי	35과
소금	מֶלַח	24과
소년	נַעַר	7과
소리	קוֹל, קֹל	5과
소집되다(hit.)	פָּקַד	23과
속죄하다(pi.)	כָּפַר	22과
손	יָד	3과
손가락	אֶצְבַּע	13과
수말	סוּס	3과
숲	יַעַר	26과
쉐펠라(지명)	שְׁפֵלָה	34과
스스로 강하게 하다(hit.)	חָזַק	23과
스스로 거룩하게 하다(hit.)	קָדַשׁ	23과
시므리	זִמְרִי	24과
시온	צִיּוֹן	30과
시체	נְבֵלָה	27과
시혼	סִיחוֹן	29과
신뢰하다	בָּטַח	31과
싸우다(ni.)	לָחַם	18과
쓰다	כָּתַב	10과
씨	זֶרַע	10과

아

아낙 사람	עֲנָקִי	26과
아내	אִשָּׁה	3과
아니다	אַיִן	9과
아담	אָדָם	5과
아들	בֵּן	3과
아래	תַּחַת	9과
아론	אַהֲרֹן	13과
아름다운	יָפֶה	6과
아버지	אָב	3과
아세가(지명)	עֲזֵקָה	24과
아이	יֶלֶד	9과
아직	עוֹד	17과
아침	בֹּקֶר	26과
악	רָעָה	17과
악한	רַע	6과
(안)에(in, at)	בְּ	4과
앉다	יָשַׁב	12과

않다(no, not)	לֹא	4과
알다	יָדַע	4과
암말	סוּסָה	3과
압살롬	אַבְשָׁלוֹם	26과
앞	פָּנֶה	19과
앞에	לִפְנֵי	9과
앞에서	מִפְּנֵי	22과
어떻게	אֵיךְ	11과
어려운	קָשֶׁה	6과
어머니	אֵם	9과
언약	בְּרִית	11과
얼굴	פָּנֶה	19과
없다	אַיִן	9과
없이	בִּלְעֲדֵי	9과
에게(to)	לְ	4과
엘리야	אֵלִיָּה	31과
여리고	יְרִיחוֹ	16과
여자	אִשָּׁה	3과
여호와	יְהוָה	4과
열다	פָּתַח	19과
영	רוּחַ	17과
영광	כָּבוֹד	14과
영원	עַד	31과
영원	עוֹלָם	15과
옆에	אֵצֶל	9과
오다	בּוֹא	36과
올라가다	עָלָה	15과
완고한	קָשֶׁה	6과
완성하다	תָּמַם	37과
완전한	שָׁלֵם	23과
왕	מֶלֶךְ	3과
왕관	עֲטָרָה	37과
왕국	מַלְכוּת	26과
왕위	מַלְכוּת	26과
왕으로 삼다(hi.)	מָלַךְ	25과
왕이 되다	מָלַךְ	10과
왜	לָמָּה	4과
요구하다(pi.)	בקשׁ	20과
요단	יַרְדֵּן	5과
요담	יוֹתָם	29과
요리하다	בָּשַׁל	22과
욥	אִיּוֹב	6과
울다	בָּכָה	35과
원수	אֹיֵב	7과
위대한	גָּדוֹל	6과
위대한	רַב	6과
위에(on)	עַל	4과
위하여	בַּעַד	9과
위하여	לְמַעַן	21과
위하여(for)	לְ	4과
유대인	יְהוּדִי	26과
육체	בָּשָׂר	13과
율법	תּוֹרָה	8과
은	כֶּסֶף	7과
은총	חֵן	19과
의로운	צַדִּיק	6과
이다	הָיָה	15과

이렇게	כֹּה	28과
이름	שֵׁם	3과
이방민족	גּוֹי	16과
이삭	יִצְחָק	17과
이야기하다(pi.)	סָפַר	20과
이제	עַתָּה	15과
이집트	מִצְרַיִם	4과
인자	חֶסֶד	8과
일	מַעֲשֶׂה	21과
일곱	שֶׁבַע	18과
일어나다	קוּם	15과
일찍 일어나다(hi.)	שָׁכַם	25과
일하다	עָבַד	16과
읽다	קָרָא	26과
임신하다	הָרָה	34과
입	פֶּה	5과
입다	יִפְתָּה	30과
입맞추다	נָשַׁק	35과
있다	הָיָה	15과
있다	יֵשׁ	9과

자

자랑하다(hit.)	הָלַל	23과
자르다	כָּרַת	13과
자비	חֶסֶד	8과
자원하다(hit.)	נָדַב	23과
잡다	תָּפַשׂ	13과
장로	זָקֵן	28과
장소	מָקוֹם	7과
재난	רָעָה	17과
재판	מִשְׁפָּט	8과
재판하다	שָׁפַט	10과
적	אֹיֵב	7과
전에	לִפְנֵי	9과
전쟁	מִלְחָמָה	37과
정상	רֹאשׁ	4과
정원	גַּן	23과
제단	מִזְבֵּחַ	24과
제물을 태우다(hi.)	קָטַר	25과
제발	נָא	14과
제사장	כֹּהֵן	5과
종	עֶבֶד	4과
종류	מִין	7과
좋은	טוֹב	4과
죄	חֵטְא	24과
죄를 짓다	חָטָא	20과
죄악	עָוֹן	22과
주	אָדוֹן	8과
주님	אָדוֹן	8과
주다	נָתַן	12과
주인	אָדוֹן	8과
죽다	מוּת	36과
죽이다	הָרַג	28과
죽이다(hi.)	נָכָה	35과
중앙	תָּוֶךְ	23과
지나가다	עָבַר	12과

지불하다(pi.)	שִׁלֵּם	20과
지키다	שָׁמַר	10과
지파	מַטֶּה	13과
지파	שֵׁבֶט	26과
지혜	חָכְמָה	20과
지혜로운	חָכָם	6과
진리	אֱמֶת	15과
진영	מַחֲנֶה	9과
집	בַּיִת	3과
집을 짓다	בָּנָה	33과

차

찬양하다(pi.)	הִלֵּל	20과
창조하다	בָּרָא	32과
찾다	דָּרַשׁ	13과
찾다(pi.)	בִּקֵּשׁ	20과
채우다(pi.)	מִלֵּא	21과
책	סֵפֶר	14과
처럼(as, like)	כְּ	4과
천(thousand)	אֶלֶף	35과
청컨대	נָא	14과
축복하다(pi.)	בֵּרַךְ	33과
취하다	לָכַד	27과
취하다	לָקַח	10과

카

칼	חֶרֶב	7과
크게 하다(hi.)	גִּדֵּל	25과
큰	גָּדוֹל	6과

타

타다	רָכַב	13과
태양	שֶׁמֶשׁ	19과

파

파괴하다(hi.)	שָׁמַד	25과
판	לוּחַ	13과
팔다	מָכַר	13과
평화	שָׁלוֹם	35과
포도원	כֶּרֶם	14과
포도주	יַיִן	9과
표시	אוֹת	14과
피	דָּם	17과

하

하나(one)	אֶחָד	12과
하나님	אֱלֹהִים	3과
하늘	שָׁמַיִם	8과
한번 더	עוֹד	17과
할 때	כַּאֲשֶׁר	12과
함께(with)	אֶת/אֵת	4과
함께(with)	עִם	4과
항상	תָּמִיד	15과
해(year)	שָׁנָה	3과
행동	מַעֲשֶׂה	21과
행하다	עָשָׂה	4과

형상	צֶלֶם	32과
형제	אָח	3과
호의	חֵן	19과
혼	נֶפֶשׁ	5과
후손	זֶרַע	10과
후에	אַחֲרֵי ,אַחַר	9과
훔치다	גָּנַב	22과
흘리다	שָׁפַךְ	13과

부록4 동사변화표

1. 규칙동사(강동사)

인칭, 성, 수		칼	니팔	피엘	푸알	히트파엘	히필	호팔
완료	3남단	קָטַל	נִקְטַל	קִטֵּל	קֻטַּל	הִתְקַטֵּל	הִקְטִיל	הָקְטַל
	3여단	קָֽטְלָה	נִקְטְלָה	קִטְּלָה	קֻטְּלָה	הִתְקַטְּלָה	הִקְטִילָה	הָקְטְלָה
	2남단	קָטַלְתָּ	נִקְטַלְתָּ	קִטַּלְתָּ	קֻטַּלְתָּ	הִתְקַטַּלְתָּ	הִקְטַלְתָּ	הָקְטַלְתָּ
	2여단	קָטַלְתְּ	נִקְטַלְתְּ	קִטַּלְתְּ	קֻטַּלְתְּ	הִתְקַטַּלְתְּ	הִקְטַלְתְּ	הָקְטַלְתְּ
	1단	קָטַלְתִּי	נִקְטַלְתִּי	קִטַּלְתִּי	קֻטַּלְתִּי	הִתְקַטַּלְתִּי	הִקְטַלְתִּי	הָקְטַלְתִּי
	3남복	קָֽטְלוּ	נִקְטְלוּ	קִטְּלוּ	קֻטְּלוּ	הִתְקַטְּלוּ	הִקְטִילוּ	הָקְטְלוּ
	3여복							
	2남복	קְטַלְתֶּם	נִקְטַלְתֶּם	קִטַּלְתֶּם	קֻטַּלְתֶּם	הִתְקַטַּלְתֶּם	הִקְטַלְתֶּם	הָקְטַלְתֶּם
	2여복	קְטַלְתֶּן	נִקְטַלְתֶּן	קִטַּלְתֶּן	קֻטַּלְתֶּן	הִתְקַטַּלְתֶּן	הִקְטַלְתֶּן	הָקְטַלְתֶּן
	1복	קָטַלְנוּ	נִקְטַלְנוּ	קִטַּלְנוּ	קֻטַּלְנוּ	הִתְקַטַּלְנוּ	הִקְטַלְנוּ	הָקְטַלְנוּ
미완료	3남단	יִקְטֹל	יִקָּטֵל	יְקַטֵּל	יְקֻטַּל	יִתְקַטֵּל	יַקְטִיל	יָקְטַל
	3여단	תִּקְטֹל	תִּקָּטֵל	תְּקַטֵּל	תְּקֻטַּל	תִּתְקַטֵּל	תַּקְטִיל	תָּקְטַל
	2남단	תִּקְטֹל	תִּקָּטֵל	תְּקַטֵּל	תְּקֻטַּל	תִּתְקַטֵּל	תַּקְטִיל	תָּקְטַל
	2여단	תִּקְטְלִי	תִּקָּטְלִי	תְּקַטְּלִי	תְּקֻטְּלִי	תִּתְקַטְּלִי	תַּקְטִילִי	תָּקְטְלִי
	1단	אֶקְטֹל	אֶקָּטֵל	אֲקַטֵּל	אֲקֻטַּל	אֶתְקַטֵּל	אַקְטִיל	אָקְטַל
	3남복	יִקְטְלוּ	יִקָּטְלוּ	יְקַטְּלוּ	יְקֻטְּלוּ	יִתְקַטְּלוּ	יַקְטִילוּ	יָקְטְלוּ
	3여복	תִּקְטֹלְנָה	תִּקָּטַלְנָה	תְּקַטֵּלְנָה	תְּקֻטַּלְנָה	תִּתְקַטֵּלְנָה	תַּקְטֵלְנָה	תָּקְטַלְנָה
	2남복	תִּקְטְלוּ	תִּקָּטְלוּ	תְּקַטְּלוּ	תְּקֻטְּלוּ	תִּתְקַטְּלוּ	תַּקְטִילוּ	תָּקְטְלוּ
	2여복	תִּקְטֹלְנָה	תִּקָּטַלְנָה	תְּקַטֵּלְנָה	תְּקֻטַּלְנָה	תִּתְקַטֵּלְנָה	תַּקְטֵלְנָה	תָּקְטַלְנָה
	1복	נִקְטֹל	נִקָּטֵל	נְקַטֵּל	נְקֻטַּל	נִתְקַטֵּל	נַקְטִיל	נָקְטַל
명령	남단	קְטֹל	הִקָּטֵל	קַטֵּל		הִתְקַטֵּל	הַקְטֵל	
	여단	קִטְלִי	הִקָּטְלִי	קַטְּלִי		הִתְקַטְּלִי	הַקְטִילִי	
	남복	קִטְלוּ	הִקָּטְלוּ	קַטְּלוּ		הִתְקַטְּלוּ	הַקְטִילוּ	
	여복	קְטֹלְנָה	הִקָּטַלְנָה	קַטֵּלְנָה		הִתְקַטֵּלְנָה	הַקְטֵלְנָה	
분사	능동	קֹטֵל	נִקְטָל	מְקַטֵּל		מִתְקַטֵּל	מַקְטִיל	
	수동	קָטוּל			מְקֻטָּל			מָקְטָל
부정사	연계형	קְטֹל	הִקָּטֵל	קַטֵּל		הִתְקַטֵּל	הַקְטִיל	הָקְטַל
	절대형	קָטוֹל	הִקָּטֹל	קַטֹּל	קֻטֹּל	הִתְקַטֵּל	הַקְטֵל	הָקְטֵל
바브연속	미완료	וַיִּקְטֹל	וַיִּקָּטֵל	וַיְקַטֵּל	וַיְקֻטַּל	וַיִּתְקַטֵּל	וַיַּקְטֵל	וַיָּקְטַל

2. 불규칙동사(약동사)

2.1 페-후음 동사

인칭, 성, 수			칼		니팔	히필	호팔
완료	3남단	עָמַד	חָזַק	אָמַר	נֶעֱבַד	הֶעֱמִיד	הָעֳמַד
	3여단	עָמְדָה	חָזְקָה	אָמְרָה	נֶעֶבְדָה	הֶעֱמִידָה	הָעָמְדָה
	2남단	עָמַדְתָּ	חָזַקְתָּ	אָמַרְתָּ	נֶעֱבַדְתָּ	הֶעֱמַדְתָּ	הָעֳמַדְתָּ
	2여단	עָמַדְתְּ	חָזַקְתְּ	אָמַרְתְּ	נֶעֱבַדְתְּ	הֶעֱמַדְתְּ	הָעֳמַדְתְּ
	1단	עָמַדְתִּי	חָזַקְתִּי	אָמַרְתִּי	נֶעֱבַדְתִּי	הֶעֱמַדְתִּי	הָעֳמַדְתִּי
	3남복 / 3여복	עָמְדוּ	חָזְקוּ	אָמְרוּ	נֶעֶבְדוּ	הֶעֱמִידוּ	הָעָמְדוּ
	2남복	עֲמַדְתֶּם	חֲזַקְתֶּם	אֲמַרְתֶּם	נֶעֱבַדְתֶּם	הֶעֱמַדְתֶּם	הָעֳמַדְתֶּם
	2여복	עֲמַדְתֶּן	חֲזַקְתֶּן	אֲמַרְתֶּן	נֶעֱבַדְתֶּן	הֶעֱמַדְתֶּן	הָעֳמַדְתֶּן
	1복	עָמַדְנוּ	חָזַקְנוּ	אָמַדְנוּ	נֶעֱבַדְנוּ	הֶעֱמַדְנוּ	הָעֳמַדְנוּ
미완료	3남단	יַעֲמֹד	יֶחֱזַק	יֹאמַר	יֵעָבֵד	יַעֲמִיד	יָעֳמַד
	3여단	תַּעֲמֹד	תֶּחֱזַק	תֹּאמַר	תֵּעָבֵד	תַּעֲמִיד	תָּעֳמַד
	2남단	תַּעֲמֹד	תֶּחֱזַק	תֹּאמַר	תֵּעָבֵד	תַּעֲמִיד	תָּעֳמַד
	2여단	תַּעַמְדִי	תֶּחֶזְקִי	תֹּאמְרִי	תֵּעָבְדִי	תַּעֲמִידִי	תָּעָמְדִי
	1단	אֶעֱמֹד	אֶחֱזַק	אֹמַר	אֵעָבֵד	אַעֲמִיד	אָעֳמַד
	3남복	יַעַמְדוּ	יֶחֶזְקוּ	יֹאמְרוּ	יֵעָבְדוּ	יַעֲמִידוּ	יָעָמְדוּ
	3여복	תַּעֲמֹדְנָה	תֶּחֱזַקְנָה	תֹּאמַרְנָה	תֵּעָבַדְנָה	תַּעֲמֵדְנָה	תָּעֳמַדְנָה
	2남복	תַּעַמְדוּ	תֶּחֶזְקוּ	תֹּאמְרוּ	תֵּעָבְדוּ	תַּעֲמִידוּ	תָּעָמְדוּ
	2여복	תַּעֲמֹדְנָה	תֶּחֱזַקְנָה	תֹּאמַרְנָה	תֵּעָבַדְנָה	תַּעֲמֵדְנָה	תָּעֳמַדְנָה
	1복	נַעֲמֹד	נֶחֱזַק	נֹאמַר	נֵעָבֵד	נַעֲמִיד	נָעֳמַד
명령	남단	עֲמֹד	חֲזַק	אֱמֹר	הֵעָבֵד	הַעֲמֵד	
	여단	עִמְדִי	חִזְקִי	אִמְרִי	הֵעָבְדִי	הַעֲמִידִי	
	남복	עִמְדוּ	חִזְקוּ	אִמְרוּ	הֵעָבְדוּ	הַעֲמִידוּ	
	여복	עֲמֹדְנָה	חֲזַקְנָה	אֱמֹרְנָה	הֵעָבַדְנָה	הַעֲמֵדְנָה	
분사	능동	עֹמֵד	חָזֵק	אֹמֵר	נֶעֱבָד	מַעֲמִיד	
	수동	עָמוּד		אָמוּר			מָעֳמָד
부정사	연계형	עֲמֹד	חֲזֹק	אֱמֹר	הֵעָבֵד	הַעֲמִיד	
	절대형	עָמוֹד	חָזוֹק	אָמוֹר	נַעֲבֹד	הַעֲמֵד	
바브연속	미완료	וַיַּעֲמֹד	וַיֶּחֱזַק	וַיֹּאמֶר	וַיֵּעָבֵד	וַיַּעֲמֵד	וַיָּעֳמַד

2.2 아인-후음 동사

인칭, 성, 수		칼	니팔	피엘	푸알	히트파엘
완료	3남단	בָּחַר	נִבְחַר	בֵּרַךְ	בֹּרַךְ	הִתְבָּרֵךְ
	3여단	בָּחֲרָה	נִבְחֲרָה	בֵּרֲכָה	בֹּרְכָה	הִתְבָּרֲכָה
	2남단	בָּחַרְתָּ	נִבְחַרְתָּ	בֵּרַכְתָּ	בֹּרַכְתָּ	הִתְבָּרַכְתָּ
	2여단	בָּחַרְתְּ	נִבְחַרְתְּ	בֵּרַכְתְּ	בֹּרַכְתְּ	הִתְבָּרַכְתְּ
	1단	בָּחַרְתִּי	נִבְחַרְתִּי	בֵּרַכְתִּי	בֹּרַכְתִּי	הִתְבָּרַכְתִּי
	3남복 / 3여복	בָּחֲרוּ	נִבְחֲרוּ	בֵּרֲכוּ	בֹּרְכוּ	הִתְבָּרֲכוּ
	2남복	בָּחַרְתֶּם	נִבְחַרְתֶּם	בֵּרַכְתֶּם	בֹּרַכְתֶּם	הִתְבָּרַכְתֶּם
	2여복	בָּחַרְתֶּן	נִבְחַרְתֶּן	בֵּרַכְתֶּן	בֹּרַכְתֶּן	הִתְבָּרַכְתֶּן
	1복	בָּחַרְנוּ	נִבְחַרְנוּ	בֵּרַכְנוּ	בֹּרַכְנוּ	הִתְבָּרַכְנוּ
미완료	3남단	יִבְחַר	יִבָּחֵר	יְבָרֵךְ	יְבֹרַךְ	יִתְבָּרֵךְ
	3여단	תִּבְחַר	תִּבָּחֵר	תְּבָרֵךְ	תְּבֹרַךְ	תִּתְבָּרֵךְ
	2남단	תִּבְחַר	תִּבָּחֵר	תְּבָרֵךְ	תְּבֹרַךְ	תִּתְבָּרֵךְ
	2여단	תִּבְחֲרִי	תִּבָּחֲרִי	תְּבָרֲכִי	תְּבֹרְכִי	תִּתְבָּרֲכִי
	1단	אֶבְחַר	אֶבָּחֵר	אֲבָרֵךְ	אֲבֹרַךְ	אֶתְבָּרֵךְ
	3남복	יִבְחֲרוּ	יִבָּחֲרוּ	יְבָרֲכוּ	יְבֹרְכוּ	יִתְבָּרֲכוּ
	3여복	תִּבְחַרְנָה	תִּבָּחַרְנָה	תְּבָרַכְנָה	תְּבֹרַכְנָה	תִּתְבָּרַכְנָה
	2남복	תִּבְחֲרוּ	תִּבָּחֲרוּ	תְּבָרֲכוּ	תְּבֹרְכוּ	תִּתְבָּרֲכוּ
	2여복	תִּבְחַרְנָה	תִּבָּחַרְנָה	תְּבָרַכְנָה	תְּבֹרַכְנָה	תִּתְבָּרַכְנָה
	1복	נִבְחַר	נִבָּחֵר	נְבָרֵךְ	נְבֹרַךְ	נִתְבָּרֵךְ
명령	남단	בְּחַר	הִבָּחֵר	בָּרֵךְ		הִתְבָּרֵךְ
	여단	בַּחֲרִי	הִבָּחֲרִי	בָּרֲכִי		הִתְבָּרֲכִי
	남복	בַּחֲרוּ	הִבָּחֲרוּ	בָּרֲכוּ		הִתְבָּרֲכוּ
	여복	בְּחַרְנָה	הִבָּחַרְנָה	בָּרֵכְנָה		הִתְבָּרַכְנָה
분사	능동	בֹּחֵר	נִבְחָר	מְבָרֵךְ		מִתְבָּרֵךְ
	수동	בָּחוּר			מְבֹרַךְ	
부정사	연계형	בְּחֹר	הִבָּחֵר	בָּרֵךְ		הִתְבָּרֵךְ
	절대형	בָּחוֹר	נִבְחוֹר	בָּרֵךְ		הִתְבָּרֵךְ
바브연속	미완료	וַיִּבְחַר	וַיִּבָּחֵר	וַיְבָרֵךְ	וַיְבֹרַךְ	וַיִּתְבָּרֵךְ

2.3 라메드-후음(ה, ח, ע) 동사

인칭, 성, 수		칼	니팔	피엘	푸알	히트파엘	히필	호팔
완료	3남단	שָׁלַח	נִשְׁלַח	שִׁלַּח	שֻׁלַּח	הִשְׁתַּלַּח	הִשְׁלִיחַ	הָשְׁלַח
	3여단	שָֽׁלְחָה	נִשְׁלְחָה	שִׁלְּחָה	שֻׁלְּחָה	הִשְׁתַּלְּחָה	הִשְׁלִיחָה	הָשְׁלְחָה
	2남단	שָׁלַחְתָּ	נִשְׁלַחְתָּ	שִׁלַּחְתָּ	שֻׁלַּחְתָּ	הִשְׁתַּלַּחְתָּ	הִשְׁלַחְתָּ	הָשְׁלַחְתָּ
	2여단	שָׁלַחְתְּ	נִשְׁלַחְתְּ	שִׁלַּחְתְּ	שֻׁלַּחְתְּ	הִשְׁתַּלַּחְתְּ	הִשְׁלַחְתְּ	הָשְׁלַחְתְּ
	1단	שָׁלַחְתִּי	נִשְׁלַחְתִּי	שִׁלַּחְתִּי	שֻׁלַּחְתִּי	הִשְׁתַּלַּחְתִּי	הִשְׁלַחְתִּי	הָשְׁלַחְתִּי
	3남복 3여복	שָֽׁלְחוּ	נִשְׁלְחוּ	שִׁלְּחוּ	שֻׁלְּחוּ	הִשְׁתַּלְּחוּ	הִשְׁלִיחוּ	הָשְׁלְחוּ
	2남복	שְׁלַחְתֶּם	נִשְׁלַחְתֶּם	שִׁלַּחְתֶּם	שֻׁלַּחְתֶּם	הִשְׁתַּלַּחְתֶּם	הִשְׁלַחְתֶּם	הָשְׁלַחְתֶּם
	2여복	שְׁלַחְתֶּן	נִשְׁלַחְתֶּן	שִׁלַּחְתֶּן	שֻׁלַּחְתֶּן	הִשְׁתַּלַּחְתֶּן	הִשְׁלַחְתֶּן	הָשְׁלַחְתֶּן
	1복	שָׁלַחְנוּ	נִשְׁלַחְנוּ	שִׁלַּחְנוּ	שֻׁלַּחְנוּ	הִשְׁתַּלַּחְנוּ	הִשְׁלַחְנוּ	הָשְׁלַחְנוּ
미완료	3남단	יִשְׁלַח	יִשָּׁלַח	יְשַׁלַּח	יְשֻׁלַּח	יִשְׁתַּלַּח	יַשְׁלִיחַ	יָשְׁלַח
	3여단	תִּשְׁלַח	תִּשָּׁלַח	תְּשַׁלַּח	תְּשֻׁלַּח	תִּשְׁתַּלַּח	תַּשְׁלִיחַ	תָּשְׁלַח
	2남단	תִּשְׁלַח	תִּשָּׁלַח	תְּשַׁלַּח	תְּשֻׁלַּח	תִּשְׁתַּלַּח	תַּשְׁלִיחַ	תָּשְׁלַח
	2여단	תִּשְׁלְחִי	תִּשָּֽׁלְחִי	תְּשַׁלְּחִי	תְּשֻׁלְּחִי	תִּשְׁתַּלְּחִי	תַּשְׁלִיחִי	תָּשְׁלְחִי
	1단	אֶשְׁלַח	אֶשָּׁלַח	אֲשַׁלַּח	אֲשֻׁלַּח	אֶשְׁתַּלַּח	אַשְׁלִיחַ	אָשְׁלַח
	3남복	יִשְׁלְחוּ	יִשָּֽׁלְחוּ	יְשַׁלְּחוּ	יְשֻׁלְּחוּ	יִשְׁתַּלְּחוּ	יַשְׁלִיחוּ	יָשְׁלְחוּ
	3여복	תִּשְׁלַחְנָה	תִּשָּׁלַחְנָה	תְּשַׁלַּחְנָה	תְּשֻׁלַּחְנָה	תִּשְׁתַּלַּחְנָה	תַּשְׁלֵחְנָה	תָּשְׁלַחְנָה
	2남복	תִּשְׁלְחוּ	תִּשָּֽׁלְחוּ	תְּשַׁלְּחוּ	תְּשֻׁלְּחוּ	תִּשְׁתַּלְּחוּ	תַּשְׁלִיחוּ	תָּשְׁלְחוּ
	2여복	תִּשְׁלַחְנָה	תִּשָּׁלַחְנָה	תְּשַׁלַּחְנָה	תְּשֻׁלַּחְנָה	תִּשְׁתַּלַּחְנָה	תַּשְׁלַחְנָה	תָּשְׁלַחְנָה
	1복	נִשְׁלַח	נִשָּׁלַח	נְשַׁלַּח	נְשֻׁלַּח	נִשְׁתַּלַּח	נַשְׁלִיחַ	נָשְׁלַח
명령	남단	שְׁלַח	הִשָּׁלַח	שַׁלַּח		הִשְׁתַּלַּח	הַשְׁלַח	
	여단	שִׁלְחִי	הִשָּֽׁלְחִי	שַׁלְּחִי		הִשְׁתַּלְּחִי	הַשְׁלִיחִי	
	남복	שִׁלְחוּ	הִשָּֽׁלְחוּ	שַׁלְּחוּ		הִשְׁתַּלְּחוּ	הַשְׁלִיחוּ	
	여복	שְׁלַחְנָה	הִשָּׁלַחְנָה	שַׁלַּחְנָה		הִשְׁתַּלַּחְנָה	הַשְׁלַחְנָה	
분사	능동	שֹׁלֵחַ	נִשְׁלָח	מְשַׁלֵּחַ		מִשְׁתַּלֵּחַ	מַשְׁלִיחַ	
	수동	שָׁלוּחַ			מְשֻׁלָּח			מָשְׁלָח
부정사	연계형	שְׁלֹחַ	הִשָּׁלַח	שַׁלַּח		הִשְׁתַּלַּח	הַשְׁלִיחַ	
	절대형	שָׁלוֹחַ	נִשְׁלֹחַ	שַׁלֵּחַ		הִשְׁתַּלֵּחַ	הַשְׁלֵחַ	
바브연속	미완료	וַיִּשְׁלַח	וַיִּשָּׁלַח	וַיְשַׁלַּח	וַיְשֻׁלַּח	וַיִּשְׁתַּלַּח	וַיַּשְׁלַח	וַיָּשְׁלַח

2.4 라메드-알레프 동사

인칭, 성, 수		칼	니팔	피엘	푸알	히트파엘	히필	호팔
완료	3남단	מָצָא	נִמְצָא	מִלֵּא	מֻלָּא	הִתְמַלֵּא	הִמְצִיא	הָמְצָא
	3여단	מָצְאָה	נִמְצְאָה	מִלְּאָה	מֻלְּאָה	הִתְמַלְּאָה	הִמְצִיאָה	הָמְצְאָה
	2남단	מָצָאתָ	נִמְצֵאתָ	מִלֵּאתָ	מֻלֵּאתָ	הִתְמַלֵּאתָ	הִמְצֵאתָ	הָמְצֵאתָ
	2여단	מָצָאת	נִמְצֵאת	מִלֵּאת	מֻלֵּאת	הִתְמַלֵּאת	הִמְצֵאת	הָמְצֵאת
	1단	מָצָאתִי	נִמְצֵאתִי	מִלֵּאתִי	מֻלֵּאתִי	הִתְמַלֵּאתִי	הִמְצֵאתִי	הָמְצֵאתִי
	3남복 3여복	מָצְאוּ	נִמְצְאוּ	מִלְּאוּ	מֻלְּאוּ	הִתְמַלְּאוּ	הִמְצִיאוּ	הָמְצְאוּ
	2남복	מְצָאתֶם	נִמְצֵאתֶם	מִלֵּאתֶם	מֻלֵּאתֶם	הִתְמַלֵּאתֶם	הִמְצֵאתֶם	הָמְצֵאתֶם
	2여복	מְצָאתֶן	נִמְצֵאתֶן	מִלֵּאתֶן	מֻלֵּאתֶן	הִתְמַלֵּאתֶן	הִמְצֵאתֶן	הָמְצֵאתֶן
	1복	מָצָאנוּ	נִמְצֵאנוּ	מִלֵּאנוּ	מֻלֵּאנוּ	הִתְמַלֵּאנוּ	הִמְצֵאנוּ	הָמְצֵאנוּ
미완료	3남단	יִמְצָא	יִמָּצֵא	יְמַלֵּא	יְמֻלָּא	יִתְמַלֵּא	יַמְצִיא	יָמְצָא
	3여단	תִּמְצָא	תִּמָּצֵא	תְּמַלֵּא	תְּמֻלָּא	תִּתְמַלֵּא	תַּמְצִיא	תָּמְצָא
	2남단	תִּמְצָא	תִּמָּצֵא	תְּמַלֵּא	תְּמֻלָּא	תִּתְמַלֵּא	תַּמְצִיא	תָּמְצָא
	2여단	תִּמְצְאִי	תִּמָּצְאִי	תְּמַלְּאִי	תְּמֻלְּאִי	תִּתְמַלְּאִי	תַּמְצִיאִי	תָּמְצְאִי
	1단	אֶמְצָא	אֶמָּצֵא	אֲמַלֵּא	אֲמֻלָּא	אֶתְמַלֵּא	אַמְצִיא	אָמְצָא
	3남복	יִמְצְאוּ	יִמָּצְאוּ	יְמַלְּאוּ	יְמֻלְּאוּ	יִתְמַלְּאוּ	יַמְצִיאוּ	יָמְצְאוּ
	3여복	תִּמְצֶאנָה	תִּמָּצֶאנָה	תְּמַלֶּאנָה	תְּמֻלֶּאנָה	תִּתְמַלֶּאנָה	תַּמְצֶאנָה	תָּמְצֶאנָה
	2남복	תִּמְצְאוּ	תִּמָּצְאוּ	תְּמַלְּאוּ	תְּמֻלְּאוּ	תִּתְמַלְּאוּ	תַּמְצִיאוּ	תָּמְצְאוּ
	2여복	תִּמְצֶאנָה	תִּמָּצֶאנָה	תְּמַלֶּאנָה	תְּמֻלֶּאנָה	תִּתְמַלֶּאנָה	תַּמְצֶאנָה	תָּמְצֶאנָה
	1복	נִמְצָא	נִמָּצֵא	נְמַלֵּא	נְמֻלָּא	נִתְמַלֵּא	נַמְצִיא	נָמְצָא
명령	남단	מְצָא	הִמָּצֵא	מַלֵּא		הִתְמַלֵּא	הַמְצֵא	
	여단	מִצְאִי	הִמָּצְאִי	מַלְּאִי		הִתְמַלְּאִי	הַמְצִיאִי	
	남복	מִצְאוּ	הִמָּצְאוּ	מַלְּאוּ		הִתְמַלְּאוּ	הַמְצִיאוּ	
	여복	מְצֶאנָה	הִמָּצֶאנָה	מַלֶּאנָה		הִתְמַלֶּאנָה	הַמְצֶאנָה	
분사	능동	מֹצֵא	נִמְצָא	מְמַלֵּא		מִתְמַלֵּא	מַמְצִיא	
	수동	מָצוּא			מְמֻלָּא			מָמְצָא
부정사	연계형	מְצֹא	הִמָּצֵא	מַלֵּא		הִתְמַלֵּא	הַמְצִיא	
	절대형	מָצוֹא	נִמְצֹא	מַלֹּא		הִתְמַלֵּא	הַמְצֵא	
바브연속	미완료	וַיִּמְצָא	וַיִּמָּצֵא	וַיְמַלֵּא	וַיְמֻלָּא	וַיִּתְמַלֵּא	וַיַּמְצֵא	וַיָּמְצָא

2.5 라메드-헤 동사

인칭, 성, 수		칼	니팔	피엘	푸알	히트파엘	히필	호팔
완료	3남단	גָּלָה	נִגְלָה	גִּלָּה	גֻּלָּה	הִתְגַּלָּה	הִגְלָה	הָגְלָה
	3여단	גָּֽלְתָה	נִגְלְתָה	גִּלְּתָה	גֻּלְּתָה	הִתְגַּלְּתָה	הִגְלְתָה	הָגְלְתָה
	2남단	גָּלִיתָ	נִגְלֵיתָ	גִּלִּיתָ	גֻּלֵּיתָ	הִתְגַּלִּיתָ	הִגְלִיתָ	הָגְלֵיתָ
	2여단	גָּלִית	נִגְלֵית	גִּלִּית	גֻּלֵּית	הִתְגַּלִּית	הִגְלִית	הָגְלֵית
	1단	גָּלִיתִי	נִגְלֵיתִי	גִּלִּיתִי	גֻּלֵּיתִי	הִתְגַּלִּיתִי	הִגְלֵיתִי	הָגְלֵיתִי
	3남복	גָּלוּ	נִגְלוּ	גִּלּוּ	גֻּלּוּ	הִתְגַּלּוּ	הִגְלוּ	הָגְלוּ
	3여복							
	2남복	גְּלִיתֶם	נִגְלֵיתֶם	גִּלִּיתֶם	גֻּלֵּיתֶם	הִתְגַּלִּיתֶם	הִגְלִיתֶם	הָגְלֵיתֶם
	2여복	גְּלִיתֶן	נִגְלֵיתֶן	גִּלִּיתֶן	גֻּלֵּיתֶן	הִתְגַּלִּיתֶן	הִגְלִיתֶן	הָגְלֵיתֶן
	1복	גָּלִינוּ	נִגְלֵינוּ	גִּלִּינוּ	גֻּלֵּינוּ	הִתְגַּלִּינוּ	הִגְלִינוּ	הָגְלֵינוּ
미완료	3남단	יִגְלֶה	יִגָּלֶה	יְגַלֶּה	יְגֻלֶּה	יִתְגַּלֶּה	יַגְלֶה	יָגְלֶה
	3여단	תִּגְלֶה	תִּגָּלֶה	תְּגַלֶּה	תְּגֻלֶּה	תִּתְגַּלֶּה	תַּגְלֶה	תָּגְלֶה
	2남단	תִּגְלֶה	תִּגָּלֶה	תְּגַלֶּה	תְּגֻלֶּה	תִּתְגַּלֶּה	תַּגְלֶה	תָּגְלֶה
	2여단	תִּגְלִי	תִּגָּלִי	תְּגַלִּי	תְּגֻלִּי	תִּתְגַּלִּי	תַּגְלִי	תָּגְלִי
	1단	אֶגְלֶה	אֶגָּלֶה	אֲגַלֶּה	אֲגֻלֶּה	אֶתְגַּלֶּה	אַגְלֶה	אָגְלֶה
	3남복	יִגְלוּ	יִגָּלוּ	יְגַלּוּ	יְגֻלּוּ	יִתְגַּלּוּ	יַגְלוּ	יָגְלוּ
	3여복	תִּגְלֶינָה	תִּגָּלֶינָה	תְּגַלֶּינָה	תְּגֻלֶּינָה	תִּתְגַּלֶּינָה	תַּגְלֶינָה	תָּגְלֶינָה
	2남복	תִּגְלוּ	תִּגָּלוּ	תְּגַלּוּ	תְּגֻלּוּ	תִּתְגַּלּוּ	תַּגְלוּ	תָּגְלוּ
	2여복	תִּגְלֶינָה	תִּגָּלֶינָה	תְּגַלֶּינָה	תְּגֻלֶּינָה	תִּתְגַּלֶּינָה	תַּגְלֶינָה	תָּגְלֶינָה
	1복	נִגְלֶה	נִגָּלֶה	נְגַלֶּה	נְגֻלֶּה	נִתְגַּלֶּה	נַגְלֶה	נָגְלֶה
명령	남단	גְּלֵה	הִגָּלֵה	גַּלֵּה		הִתְגַּלֵּה	הַגְלֵה	
	여단	גְּלִי	הִגָּלִי	גַּלִּי		הִתְגַּלִּי	הַגְלִי	
	남복	גְּלוּ	הִגָּלוּ	גַּלּוּ		הִתְגַּלּוּ	הַגְלוּ	
	여복	גְּלֶינָה	הִגָּלֶינָה	גַּלֶּינָה		הִתְגַּלֶּינָה	הַגְלֶינָה	
분사	능동	גֹּלֶה	נִגְלֶה	מְגַלֶּה		מִתְגַּלֶּה	מַגְלֶה	
	수동	גָּלוּי			מְגֻלֶּה			מָגְלֶה
부정사	연계형	גְּלוֹת	הִגָּלוֹת	גַּלּוֹת		הִתְגַּלּוֹת	הַגְלוֹת	
	절대형	גָּלֹה	נִגְלֹה	גַּלֵּה		הִתְגַּלֵּה	הַגְלֵה	
바브연속	미완료	וַיִּגֶל	וַיִּגָּל	וַיְגַל	וַיְגֻלֶּה	וַיִּתְגַּל	וַיֶּגֶל	

2.6 페-요드 동사

인칭, 성, 수		칼		니팔	히필		호팔
완료	3남단	יָשַׁב		נוֹשַׁב	הוֹשִׁיב	הֵיטִיב	הוּשַׁב
	3여단	יָשְׁבָה		נוֹשְׁבָה	הוֹשִׁיבָה	הֵיטִיבָה	הוּשְׁבָה
	2남단	יָשַׁבְתָּ		נוֹשַׁבְתָּ	הוֹשַׁבְתָּ	הֵיטַבְתָּ	הוּשַׁבְתָּ
	2여단	יָשַׁבְתְּ		נוֹשַׁבְתְּ	הוֹשַׁבְתְּ	הֵיטַבְתְּ	הוּשַׁבְתְּ
	1단	יָשַׁבְתִּי		נוֹשַׁבְתִּי	הוֹשַׁבְתִּי	הֵיטַבְתִּי	הוּשַׁבְתִּי
	3남복	יָשְׁבוּ		נוֹשְׁבוּ	הוֹשִׁיבוּ	הֵיטִיבוּ	הוּשְׁבוּ
	3여복						
	2남복	יְשַׁבְתֶּם		נוֹשַׁבְתֶּם	הוֹשַׁבְתֶּם	הֵיטַבְתֶּם	הוּשַׁבְתֶּם
	2여복	יְשַׁבְתֶּן		נוֹשַׁבְתֶּן	הוֹשַׁבְתֶּן	הֵיטַבְתֶּן	הוּשַׁבְתֶּן
	1복	יָשַׁבְנוּ		נוֹשַׁבְנוּ	הוֹשַׁבְנוּ	הֵיטַבְנוּ	הוּשַׁבְנוּ
미완료	3남단	יֵשֵׁב	יִיטַב	יִוָּשֵׁב	יוֹשִׁיב	יֵיטִיב	יוּשַׁב
	3여단	תֵּשֵׁב	תִּיטַב	תִּוָּשֵׁב	תּוֹשִׁיב	תֵּיטִיב	תּוּשַׁב
	2남단	תֵּשֵׁב	תִּיטַב	תִּוָּשֵׁב	תּוֹשִׁיב	תֵּיטִיב	תּוּשַׁב
	2여단	תֵּשְׁבִי	תִּיטְבִי	תִּוָּשְׁבִי	תּוֹשִׁיבִי	תֵּיטִיבִי	תּוּשְׁבִי
	1단	אֵשֵׁב	אִיטַב	אִוָּשֵׁב	אוֹשִׁיב	אֵיטִיב	אוּשַׁב
	3남복	יֵשְׁבוּ	יִיטְבוּ	יִוָּשְׁבוּ	יוֹשִׁיבוּ	יֵיטִיבוּ	יוּשְׁבוּ
	3여복	תֵּשַׁבְנָה	תִּיטַבְנָה	תִּוָּשַׁבְנָה	תּוֹשֵׁבְנָה	תֵּיטַבְנָה	תּוּשַׁבְנָה
	2남복	תֵּשְׁבוּ	תִּיטְבוּ	תִּוָּשְׁבוּ	תּוֹשִׁיבוּ	תֵּיטִיבוּ	תּוּשְׁבוּ
	2여복	תֵּשַׁבְנָה	תִּיטַבְנָה	תִּוָּשַׁבְנָה	תּוֹשֵׁבְנָה	תֵּיטַבְנָה	תּוּשַׁבְנָה
	1복	נֵשֵׁב	נִיטַב	נִוָּשֵׁב	נוֹשִׁיב	נֵיטִיב	נוּשַׁב
명령	남단	שֵׁב		הִוָּשֵׁב	הוֹשֵׁב	הֵיטֵב	
	여단	שְׁבִי		הִוָּשְׁבִי	הוֹשִׁיבִי	הֵיטִיבִי	
	남복	שְׁבוּ		הִוָּשְׁבוּ	הוֹשִׁיבוּ	הֵיטִיבוּ	
	여복	שֵׁבְנָה		הִוָּשַׁבְנָה	הוֹשֵׁבְנָה	הֵיטֵבְנָה	
분사	능동	יֹשֵׁב	יֹטֵב	נוֹשָׁב	מוֹשִׁיב	מֵיטִיב	
	수동	יָשׁוּב					מוּשָׁב
부정사	연계형	שֶׁבֶת		הִוָּשֵׁב	הוֹשִׁיב	הֵיטִיב	
	절대형	יָשׁוֹב		הִוָּשֵׁב	הוֹשֵׁב	הֵיטֵב	
바브연속	미완료	וַיֵּשֶׁב	וַיִּיטַב	וַיִּוָּשֵׁב	וַיּוֹשֶׁב	וַיֵּיטֶב	וַיּוּשַׁב

2.7 페-눈 동사

인칭, 성, 수		칼			니팔	히필	호팔
완료	3남단	נָפַל	נָסַע	נָתַן	נִגַּשׁ	הִגִּישׁ	הֻגַּשׁ
	3여단	נָֽפְלָה	נָֽסְעָה	נָֽתְנָה	נִגְּשָׁה	הִגִּישָׁה	הֻגְּשָׁה
	2남단	נָפַלְתָּ	נָסַעְתָּ	נָתַתָּ	נִגַּשְׁתָּ	הִגַּשְׁתָּ	הֻגַּשְׁתָּ
	2여단	נָפַלְתְּ	נָסַעְתְּ	נָתַתְּ	נִגַּשְׁתְּ	הִגַּשְׁתְּ	הֻגַּשְׁתְּ
	1단	נָפַלְתִּי	נָסַעְתִּי	נָתַתִּי	נִגַּשְׁתִּי	הִגַּשְׁתִּי	הֻגַּשְׁתִּי
	3남복 / 3여복	נָֽפְלוּ	נָֽסְעוּ	נָֽתְנוּ	נִגְּשׁוּ	הִגִּישׁוּ	הֻגְּשׁוּ
	2남복	נְפַלְתֶּם	נָסַעְתֶּם	נְתַתֶּם	נִגַּשְׁתֶּם	הִגַּשְׁתֶּם	הֻגַּשְׁתֶּם
	2여복	נְפַלְתֶּן	נָסַעְתֶּן	נְתַתֶּן	נִגַּשְׁתֶּן	הִגַּשְׁתֶּן	הֻגַּשְׁתֶּן
	1복	נָפַלְנוּ	נָסַעְנוּ	נָתַנּוּ	נִגַּשְׁנוּ	הִגַּשְׁנוּ	הֻגַּשְׁנוּ
미완료	3남단	יִפֹּל	יִסַּע	יִתֵּן	יִנָּגֵשׁ	יַגִּישׁ	יֻגַּשׁ
	3여단	תִּפֹּל	תִּסַּע	תִּתֵּן	תִּנָּגֵשׁ	תַּגִּישׁ	תֻּגַּשׁ
	2남단	תִּפֹּל	תִּסַּע	תִּתֵּן	תִּנָּגֵשׁ	תַּגִּישׁ	תֻּגַּשׁ
	2여단	תִּפְּלִי	תִּסְּעִי	תִּתְּנִי	תִּנָּֽגְשִׁי	תַּגִּישִׁי	תֻּגְּשִׁי
	1단	אֶפֹּל	אֶסַּע	אֶתֵּן	אֶנָּגֵשׁ	אַגִּישׁ	אֻגַּשׁ
	3남복	יִפְּלוּ	יִסְּעוּ	יִתְּנוּ	יִנָּֽגְשׁוּ	יַגִּישׁוּ	יֻגְּשׁוּ
	3여복	תִּפֹּלְנָה	תִּסַּעְנָה	תִּתֵּנָּה	תִּנָּגַשְׁנָה	תַּגֵּשְׁנָה	תֻּגַּשְׁנָה
	2남복	תִּפְּלוּ	תִּסְּעוּ	תִּתְּנוּ	תִּנָּֽגְשׁוּ	תַּגִּישׁוּ	תֻּגְּשׁוּ
	2여복	תִּפֹּלְנָה	תִּסַּעְנָה	תִּתֵּנָּה	תִּנָּגַשְׁנָה	תַּגֵּשְׁנָה	תֻּגַּשְׁנָה
	1복	נִפֹּל	נִסַּע	נִתֵּן	נִנָּגֵשׁ	נַגִּישׁ	נֻגַּשׁ
명령	남단	נְפֹל	סַע	תֵּן	הִנָּגֵשׁ	הַגֵּשׁ	
	여단	נִפְלִי	סְעִי	תְּנִי	הִנָּֽגְשִׁי	הַגִּישִׁי	
	남복	נִפְלוּ	סְעוּ	תְּנוּ	הִנָּֽגְשׁוּ	הַגִּישׁוּ	
	여복	נְפֹלְנָה	סַעְנָה	תֵּנָּה	הִנָּגַשְׁנָה	הַגֵּשְׁנָה	
분사	능동	נֹפֵל	נֹסֵעַ	נֹתֵן	נִגָּשׁ	מַגִּישׁ	
	수동	נָפוּל	נָסוּעַ	נָתוּן			מֻגָּשׁ
부정사	연계형	נְפֹל	נְסֹעַ	תֵּת	הִנָּגֵשׁ	הַגִּישׁ	
	절대형	נָפוֹל	נָסוֹעַ	נָתוֹן	הִנָּגֹשׁ	הַגֵּשׁ	
바브연속	미완료	וַיִּפֹּל	וַיִּסַּע	וַיִּתֵּן	וַיִּנָּגֵשׁ	וַיַּגֵּשׁ	וַיֻּגַּשׁ

2.8 아인-요드/바브 동사

인칭, 성, 수		칼		니팔	히필	호팔
완료	3남단	קָם	שָׂם	נָכוֹן	הֵקִים	הוּקַם
	3여단	קָמָה	שָׂמָה	נָכוֹנָה	הֵקִימָה	הוּקְמָה
	2남단	קַמְתָּ	שַׂמְתָּ	נְכוּנוֹתָ	הֲקִימוֹתָ	הוּקַמְתָּ
	2여단	קַמְתְּ	שַׂמְתְּ	נְכוּנוֹת	הֲקִימוֹת	הוּקַמְתְּ
	1단	קַמְתִּי	שַׂמְתִּי	נְכוּנוֹתִי	הֲקִימוֹתִי	הוּקַמְתִּי
	3남복	קָמוּ	שָׂמוּ	נָכוֹנוּ	הֵקִימוּ	הוּקְמוּ
	3여복					
	2남복	קַמְתֶּם	שַׂמְתֶּם	נְכוּנוֹתֶם	הֲקִימוֹתֶם	הוּקַמְתֶּם
	2여복	קַמְתֶּן	שַׂמְתֶּן	נְכוּנוֹתֶן	הֲקִימוֹתֶן	הוּקַמְתֶּן
	1복	קַמְנוּ	שַׂמְנוּ	נְכוּנוֹנוּ	הֲקִימוֹנוּ	הוּקַמְנוּ
미완료	3남단	יָקוּם	יָשִׂים	יִכּוֹן	יָקִים	יוּקַם
	3여단	תָּקוּם	תָּשִׂים	תִּכּוֹן	תָּקִים	תּוּקַם
	2남단	תָּקוּם	תָּשִׂים	תִּכּוֹן	תָּקִים	תּוּקַם
	2여단	תָּקוּמִי	תָּשִׂימִי	תִּכּוֹנִי	תָּקִימִי	תּוּקְמִי
	1단	אָקוּם	אָשִׂים	אֶכּוֹן	אָקִים	אוּקַם
	3남복	יָקוּמוּ	יָשִׂימוּ	יִכּוֹנוּ	יָקִימוּ	יוּקְמוּ
	3여복	תְּקוּמֶינָה	תְּשִׂימֶינָה	תִּכּוֹנָּה	תָּקֵמְנָה	תּוּקַמְנָה
	2남복	תָּקוּמוּ	תָּשִׂימוּ	תִּכּוֹנוּ	תָּקִימוּ	תּוּקְמוּ
	2여복	תְּקוּמֶינָה	תְּשִׂימֶינָה	תִּכּוֹנָּה	תָּקֵמְנָה	תּוּקַמְנָה
	1복	נָקוּם	נָשִׂים	נִכּוֹן	נָקִים	נוּקַם
명령	남단	קוּם	שִׂים	הִכּוֹן	הָקֵם	
	여단	קוּמִי	שִׂימִי	הִכּוֹנִי	הָקִימִי	
	남복	קוּמוּ	שִׂימוּ	הִכּוֹנוּ	הָקִימוּ	
	여복	קֹמְנָה		הִכּוֹנָּה	הָקֵמְנָה	
분사	능동	קָם	שָׂם	נָכוֹן	מֵקִים	
	수동	קוּם	שִׂים			מוּקָם
부정사	연계형	קוּם	שִׂים	הִכּוֹן	הָקִים	
	절대형	קוֹם	שׂוֹם	הִכּוֹן	הָקֵם	
바브연속	미완료	וַיָּקָם	וַיָּשֶׂם	וַיִּכּוֹן	וַיָּקֶם	וַיּוּקַם

2.9 아인-중복 동사

인칭, 성, 수		칼		니팔	히필	호팔
완료	3남단	סָבַב	תַּם	נָסַב	הֵסֵב	הוּסַב
	3여단	סַבָּה	תַּמָּה	נָסַבָּה	הֵסֵבָּה	הוּסַבָּה
	2남단	סַבּוֹתָ	תַּמּוֹתָ	נְסַבּוֹתָ	הֲסִבּוֹתָ	הוּסַבּוֹתָ
	2여단	סַבּוֹת	תַּמּוֹת	נְסַבּוֹת	הֲסִבּוֹת	הוּסַבּוֹת
	1단	סַבּוֹתִי	תַּמּוֹתִי	נְסַבּוֹתִי	הֲסִבּוֹתִי	הוּסַבּוֹתִי
	3남복	סַבּוּ	תַּמּוּ	נָסַבּוּ	הֵסֵבּוּ	הוּסַבּוּ
	3여복					
	2남복	סַבּוֹתֶם	תַּמּוֹתֶם	נְסַבּוֹתֶם	הֲסִבּוֹתֶם	הוּסַבּוֹתֶם
	2여복	סַבּוֹתֶן	תַּמּוֹתֶן	נְסַבּוֹתֶן	הֲסִבּוֹתֶן	הוּסַבּוֹתֶן
	1복	סַבּוֹנוּ	תַּמּוֹנוּ	נְסַבּוֹנוּ	הֲסִבּוֹנוּ	הוּסַבּוֹנוּ
미완료	3남단	יָסֹב	יֵתַם	יִסַּב	יָסֵב	יוּסַב
	3여단	תָּסֹב	תֵּתַם	תִּסַּב	תָּסֵב	תּוּסַב
	2남단	תָּסֹב	תֵּתַם	תִּסַּב	תָּסֵב	תּוּסַב
	2여단	תָּסֹבִּי	תֵּתַמִּי	תִּסַּבִּי	תָּסֵבִּי	תּוּסַבִּי
	1단	אָסֹב	אֵתַם	אֶסַּב	אָסֵב	אוּסַב
	3남복	יָסֹבּוּ	יֵתַמּוּ	יִסַּבּוּ	יָסֵבּוּ	יוּסַבּוּ
	3여복	תְּסֻבֶּינָה	תְּתַמֶּינָה	תִּסַּבֶּינָה	תְּסִבֶּינָה	תּוּסַבֶּינָה
	2남복	תָּסֹבּוּ	תֵּתַמּוּ	תִּסַּבּוּ	תָּסֵבּוּ	תּוּסַבּוּ
	2여복	תְּסֻבֶּינָה	תְּתַמֶּינָה	תִּסַּבֶּינָה	תְּסִבֶּינָה	תּוּסַבֶּינָה
	1복	נָסֹב	נֵתַם	נִסַּב	נָסֵב	נוּסַב
명령	남단	סֹב	תַּם	הִסַּב	הָסֵב	
	여단	סֹבִּי	תַּמִּי	הִסַּבִּי	הָסֵבִּי	
	남복	סֹבּוּ	תַּמּוּ	הִסַּבּוּ	הָסֵבּוּ	
	여복	סֻבֶּינָה	תַּמְנָה	הִסַּבֶּינָה	הֲסִבֶּינָה	
분사	능동	סֹבֵב	תַּם	נָסָב	מֵסֵב	
	수동	סָבוּב				מוּסָב
부정사	연계형	סֹב	תֹּם	הִסֵּב	הָסֵב	
	절대형	סָבוֹב		הִסֹּב	הָסֵב	
바브연속	미완료	וַיָּסָב	וַיֵּתַם	וַיִּסַּב	וַיָּסֶב	וַיּוּסַב

히브리어 알파벳의 숫자 값

1	א	21	כא	41	מא	61	סא	81	פא
2	ב	22	כב	42	מב	62	סב	82	פב
3	ג	23	כג	43	מג	63	סג	83	פג
4	ד	24	כד	44	מד	64	סד	84	פד
5	ה	25	כה	45	מה	65	סה	85	פה
6	ו	26	כו	46	מו	66	סו	86	פו
7	ז	27	כז	47	מז	67	סז	87	פז
8	ח	28	כח	48	מח	68	סח	88	פח
9	ט	29	כט	49	מט	69	סט	89	פט
10	י	30	ל	50	נ	70	ע	90	צ
11	יא	31	לא	51	נא	71	עא	91	צא
12	יב	32	לב	52	נב	72	עב	92	צב
13	יג	33	לג	53	נג	73	עג	93	צג
14	יד	34	לד	54	נד	74	עד	94	צד
15	טו	35	לה	55	נה	75	עה	95	צה
16	טז	36	לו	56	נו	76	עו	96	צו
17	יז	37	לז	57	נז	77	עז	97	צז
18	יח	38	לח	58	נח	78	עח	98	צח
19	יט	39	לט	59	נט	79	עט	99	צט
20	כ	40	מ	60	ס	80	פ	100	ק
200	ר	300	ש	400	ת	500	ך	600	ם
700	ן	800	ף	900	ץ	1000	א̈	2000	ב̈

부록5 문법용어

한글 – 영어

간접명령	indirect imperative
강동사	strong verb
강세	stress
강조	emphasis
개음절	open syllable
결과적	resultative
과거	past
관계대명사	relative pronouns
관형적	modified
구	phrase
권유형	cohortative
규칙동사	regular verb
기본형	basic form
기수	cardinal numerals
남성	masculine
능동	active
니팔	Niphal
다게쉬	Dagesh
단모음	short vowel
단수	singular
단순쉐바	simple Shewa
단어	word
단어순서	word order
단어쌍	word pair
대명사접미사	pronominal suffix
대화체	dialogic style
동명사	gerund
동사	verb
동사 없는 문장	verbless sentence
명령	imperative
명사	noun
명사문장	nominal sentence
명사에서 유래한	denominative
모음	vowel
모음문자	matres lectionis
목적격 불변사	objective particle
목적어	object
문장	sentence
미래	future
미완료	imperfect
바브연속법	waw consecutive
반모음	semi-vowel
법	mood
복수	plural
부사	adverb
부정사	infinitive
부정사 연계형	inf. construct
부정사 절대형	inf. Absolute
부정어	negative
분사	participle
불규칙동사	irregular verb
불변사	particle

불완전철자법	scriptio defectiva
비교급	comparative
비한정명사	indefinite noun
사역적	causative
산문체	prose
상태동사	stative verb
서수	ordinal
서술적	predicative
서술체	descritive style
성	gender
성경 히브리어	Biblical Hebrew
수	number
수동	passive
수사	numeral
술어	predicate
시제	tense
쌍수	dual
쎄골명사	segholate noun
악센트	accent
알파벳	alphabet
약동사	weak verb
어근	root
여성	feminine
연계형	construct
완료	perfect
완전철자법	scriptio plena
운문체	poetry
유형	stem
음절	syllable
의문대명사	interrogative pronoun
의문불변사	interrogative particle
이중모음	diphthong
인칭	person
인칭대명사	personal pronoun
자음	consonant
작위적	factitive
장모음	long vowel
재귀	reflective
전치사	preposition
절	clause
절대형	absolute
접두사	prefix
접미사	suffix
접속사	conjunction
정관사	article
존대의 복수	plural of respect
주어	subject
지시대명사	demonstrative pronoun
지시형	jussive
최상급	superlative
치환	permutation
칼	Qal
폐음절	closed syllable
푸알	Pual
피엘	Piel
한정명사	definite noun
합성쉐바	compositive Shewa
현대 히브리어	modern Hebrew
현재	present
형용사	adjective
호팔	Hophal
후기 성경 히브리어	Late Biblical Hebrew
후음	Guttural
히트파엘	Hithpael
히필	Hiphil

영어 - 한글

absolute	절대형	future	미래
accent	악센트	gender	성
active	능동	gerund	동명사
adjective	형용사	Guttural	후음
adverb	부사	Hiphil	히필
alphabet	알파벳	Hithpael	히트파엘
article	정관사	Hophal	호팔
basic form	기본형	imperative	명령
Biblical Hebrew	성경 히브리어	imperfect	미완료
cardinal numerals	기수	indefinite noun	비한정명사
causative	사역적	indirect imperative	간접명령
clause	절	inf. Absolute	부정사 절대형
closed syllable	폐음절	inf. construct	부정사 연계형
cohortative	권유형	infinitive	부정사
comparative	비교급	interrogative particle	의문불변사
compositive Shewa	합성쉐바	interrogative pronoun	의문대명사
conjunction	접속사	irregular verb	불규칙동사
consonant	자음	jussive	지시형
construct	연계형	Late Biblical Hebrew	후기 성경 히브리어
Dagesh	다게쉬	long vowel	장모음
definite noun	한정명사	masculine	남성
demonstrative pronoun	지시대명사	matres lectionis	모음문자
denominative	명사에서 유래한	modern Hebrew	현대 히브리어
descritive style	서술체	modified	관형적
dialogic style	대화체	mood	법
diphthong	이중모음	negative	부정어
dual	쌍수	Niphal	니팔
emphasis	강조	nominal sentence	명사문장
factitive	작위적	noun	명사
feminine	여성	number	수

numeral	수사	regular verb	규칙동사
object	목적어	relative pronouns	관계대명사
objective particle	목적격 불변사	resultative	결과적
open syllable	개음절	root	어근
ordinal	서수	scriptio defectiva	불완전철자법
participle	분사	scriptio plena	완전철자법
particle	불변사	segholate noun	쎄골명사
passive	수동	semi-vowel	반모음
past	과거	sentence	문장
perfect	완료	short vowel	단모음
permutation	치환	simple Shewa	단순쉐바
person	인칭	singular	단수
personal pronoun	인칭대명사	stative verb	상태동사
phrase	구	stem	유형
Piel	피엘	stress	강세
plural	복수	strong verb	강동사
plural of respect	존대의 복수	subject	주어
poetry	운문체	suffix	접미사
predicate	술어	superlative	최상급
predicative	서술적	syllable	음절
prefix	접두사	tense	시제
preposition	전치사	verb	동사
present	현재	verbless sentence	동사 없는 문장
pronominal suffix	대명사접미사	vowel	모음
Pronoun	대명사	waw consecutive	바브연속법
prose	산문체	weak verb	약동사
Pual	푸알	word	단어
Qal	칼	word order	단어순서
reflective	재귀		

Memo